权威·前沿·原创

皮书系列为
"十二五""十三五""十四五"时期国家重点出版物出版专项规划项目

河北蓝皮书

BLUE BOOK OF HEBEI

河北旅游发展报告
（2024）

ANNUAL REPORT ON TOURISM DEVELOPMENT OF
HEBEI (2024)

变革重塑与创新发展
Transformation and Innovation

主　　编／吕新斌
执行主编／边继云
副 主 编／白翠玲　徐　宁　姚丽芬

社会科学文献出版社
SOCIAL SCIENCES ACADEMIC PRESS (CHINA)

图书在版编目（CIP）数据

河北旅游发展报告 . 2024：变革重塑与创新发展／
吕新斌主编 . --北京：社会科学文献出版社，2024.7
（河北蓝皮书）
ISBN 978-7-5228-3422-1

Ⅰ. ①河… Ⅱ. ①吕… Ⅲ. ①地方旅游业-旅游业发
展-研究报告-河北-2024 Ⅳ. ①F592.722

中国国家版本馆 CIP 数据核字（2024）第 065418 号

河北蓝皮书
河北旅游发展报告（2024）
——变革重塑与创新发展

主　　编／吕新斌
执行主编／边继云
副 主 编／白翠玲　徐　宁　姚丽芬

出 版 人／冀祥德
组稿编辑／高振华
责任编辑／王玉霞
文稿编辑／李惠惠
责任印制／王京美

出　　版／社会科学文献出版社 · 生态文明分社（010）59367143
　　　　　　地址：北京市北三环中路甲 29 号院华龙大厦　邮编：100029
　　　　　　网址：www. ssap. com. cn
发　　行／社会科学文献出版社（010）59367028
印　　装／天津千鹤文化传播有限公司

规　　格／开本：787mm×1092mm　1/16
　　　　　　印张：21.5　字数：319 千字
版　　次／2024 年 7 月第 1 版　2024 年 7 月第 1 次印刷
书　　号／ISBN 978-7-5228-3422-1
定　　价／138.00 元

读者服务电话：4008918866

主编简介

吕新斌 河北省社会科学院党组书记、院长，中共河北省委讲师团主任，河北省社会科学界联合会第一副主席，中国李大钊研究会副会长。

吕新斌同志长期在宣传思想文化战线工作，曾先后在原中国吴桥国际杂技艺术节组委会办公室、原省文化厅、省委宣传部任职。在省委宣传部工作期间，先后在文艺处、城市宣传教育处、宣传处、办公室、研究室（舆情信息办）、理论处等多个处室工作，后任省委宣传部副部长、省文明办主任，长期分管全省理论武装、哲学社科、政策研究、舆情信息、精神文明建设等工作。

吕新斌同志多次参与中宣部和省委重大活动，组织多批次重要文稿起草和重要读物编写等工作。高质量参与完成《习近平新时代中国特色社会主义思想学习纲要》编写任务，得到中宣部办公厅、省委主要领导同志肯定，受到省委宣传部通报表扬；曾牵头完成中央马克思主义理论研究和建设工程重大课题，参与编写或主编完成多部著作；在《求是》《光明日报》《人民日报》等中央大报大刊组织刊发多篇成果。

摘　要

《河北旅游发展报告（2024）》由河北省社会科学院主持编撰，河北省社会科学院旅游研究中心组织省内外科研机构、高等院校、政府部门及各领域专家学者撰写。本书紧密围绕河北省委、省政府重大决策部署和全省旅游发展面临的重点、难点、热点问题开展研究，旨在为社会各界全面准确了解河北旅游产业发展进程与成果提供途径，为河北旅游强省建设提供理论依据与决策支持，具有较高的理论价值和实践意义。

2023年，全国旅游业在疫情过后迎来了恢复性增长，河北聚焦建设文旅融合、全域全季的旅游强省，以自我革新的勇气和胸怀，统筹推进旅游业创新发展、融合发展和高质量发展，以打造品牌、引客入冀为重点，全面打造"这么近、那么美，周末到河北"品牌，成效显著。1~11月，全省共接待游客8.06亿人次，实现旅游收入9123.67亿元，分别恢复至2019年的110.05和108.48%。2024年，在国务院办公厅《关于释放旅游消费潜力推动旅游业高质量发展的若干措施》等系列政策的落地及重点国际旅游目的地免签政策的带动下，旅游业必将进入繁荣发展的新阶段。与此同时，随着人们对美好生活品质需求的不断增长和"补偿性"旅游消费之后的理性回归，旅游产品和旅游服务品质将成为各地旅游竞争力的关键。加快旅游消费业态和模式创新，通过变革重塑与创新发展，推动旅游业实现深层次突破与高品质提升，将成为各地旅游业发展的必然，河北同样如此。

本书聚焦"变革重塑与创新发展"这一主题，形成总报告、创新研究、热点透视、案例分析四个研究板块，包括1篇总报告和20篇专题报告，力求为新时代河北省高质量旅游供给体系和旅游强省建设提供借鉴与参考。总报告回顾了2023年河北省旅游业发展的总体情况、主要特征，新阶段旅游业发展的新趋势及河北发展面临的新问题，明确了2024年河北省旅游产业创新变革的重点与推动举措。创新研究板块从全域全季旅游强省建设、世界冰雪爱好者首选目的地建设、北京居民周末休闲度假首选地建设、"这么近、那么美，周末到河北"文旅消费新场景建设等角度对当前河北文旅发展的重点、难点问题进行了探索。热点透视板块聚焦京津冀旅游协同发展、河北旅游恢复力提升、雄安新区旅游高质量发展、太行山文化旅游带高质量发展、大运河文化带、长城国家文化公园建设等热点问题进行了综合研究。案例分析板块对唐山城市休闲旅游、平山县域文旅融合发展、青县盘古文化旅游开发、张家口大境门景区明德口街遗产保护与商业化平衡进行了实证分析与研究。

关键词： 河北省　旅游业　文旅融合　乡村振兴

Abstract

The *Annual Report on Tourism Development of Hebei* (*2024*) is compiled by Hebei Academy of Social Sciences, and the Tourism Research Center of Hebei Academy of Social Sciences organized research institutions, universities, government departments and experts and scholars in various fields inside and outside the province to study and write. This book closely focuses on the major decision-making and deployment of Hebei Provincial Party Committee and provincial government and the key, difficult and hot issues faced by the province's tourism development, aiming to provide a comprehensive and accurate understanding of Hebei's tourism development process and results, and provide theoretical basis and decision-making support for the construction of Hebei's tourism strong province, with high theoretical value and practical significance.

The tourism industry ushered in a recovery growth in 2023 throughout the country after the pandemic. Focusing on the construction of a strong tourism province with culture and tourism integration and the whole region and season tourism, Hebei, with the courage and mind of self-innovation, promoted the tourism innovation and development, the integrated development the and high-quality development in 2023. To build tourism brands and attract more customers into Hebei, Hebei innovated the brand "so close, so beautiful, come to Hebei at the weekend" and it got significant results. From January to November, Hebei province received 806 million tourists and achieved 912. 367 billion yuan in tourism revenue, recovering to 110. 05% and 108. 48% of 2019 respectively. In 2024, with the implementation of a series of good policies such as "Several Measures on Releasing Tourism Consumption Potential to Promote high-quality Tourism Development" and the positive impact of visa-free policies in key countries and regions, the tourism industry will surely enter a new stage of prosperity and development. At the same time, we should also realize that with the continuous improvement of people's demand for a better quality of life and the rational return of "compensatory" tourism consumption, the quality of tourism products and tourism services will become the key to determine the tourism competitiveness of various places. To promote the innovation of tourism consumption formats and models, to promote the "deep breakthrough" and "high-quality improvement" of tourism through reform and reshaping and innovative development, all the above will become the inevitable development key factors of tourism in all places, including in Hebei.

This book focuses on the research theme of "reform and reshaping and innovative development", constituted by four research sections: the general report, innovation researches, hot spots and case analysis. In general, the book includes 1 general report and 20 specific reports, which strive to provide reference and reference for the establishment of high-quality tourism supply system in Hebei Province in the new era and the construction of a strong tourism province. The general report reviews the overall situation and main characteristics of tourism development in Hebei Province in 2023, the new trend of tourism development in the new stage and the new problems faced by the development of Hebei Province, and clarifies the key points and promotion measures for the innovation and reform of Hebei tourism industry in 2024. The innovation research section has carried out innovative researches on the current key and difficult issues in the development of Hebei cultural tourism from the following perspectives: the construction of a strong province for all-season tourism, the construction of the preferred destination for snow and ice lovers in the world, the construction of the preferred weekend leisure destination for Beijing people, and the construction of new scenes of cultural tourism consumption of "so close, so beautiful, come to Hebei at the weekend". The hot spots section focuses on the Beijing-Tianjin-Hebei tourism coordination, Xiong'an new area tourism high-quality development, Taihang Mountain cultural tourism belt innovative development model, the Grand Canal cultural tourism belt, the Great Wall National Cultural Park cultural tourism depth integration, Hebei tourism resilience and other hot spots for comprehensive research. The case analysis section makes an empirical analysis and research on Tangshan city leisure tourism, Pingshan County cultural and tourism integration development, Qingxian Pangu culture tourism development and Mingdekou Street of Dajingmen Scenic Area in Zhangjiakou.

Keywords: Hebei Province; Tourism; Integration of Culture and Tourism; Rural Revitalization

目 录 ❰

Ⅰ 总报告

B.1 2023~2024年河北省旅游发展报告

…………………………… 河北旅游发展报告课题组 / 001

　一　2023年河北省旅游业发展的总体情况 ……………… / 002

　二　2023年河北省旅游业发展的主要特征 ……………… / 006

　三　2024年旅游业发展趋势预测 ………………………… / 008

　四　2024年河北省旅游业发展面临的有利环境与存在的问题

　　………………………………………………………… / 010

　五　2024年河北省旅游业发展的对策和建议 ……………… / 015

Ⅱ 创新研究篇

B.2 河北省打造全域全季旅游强省的发力点与推动举措 …… 边继云 / 024

B.3 把崇礼打造成为世界冰雪爱好者首选目的地研究 ……… 李　晓 / 034

B.4 把河北省建设成为北京居民周末休闲度假首选地研究

　…………………………………………… 王春蕾　刘诗涵 / 045

B.5 丰富文旅消费场景强化"引客入冀"对策研究············ 贾子沛 / 056

B.6 新时代河北省文旅融合的重点及难点研究·············· 朱丽娇 / 068

B.7 优化营商环境助推河北文旅企业发展壮大的对策研究

·················· 张 葳 康 敏 / 081

Ⅲ 热点透视篇

B.8 京津冀旅游协同发展水平测度分析

········· 杨丽花 魏建业 孙玛珩 阮佳慧 / 093

B.9 河北省旅游恢复力提升路径研究······ 和文征 魏建业 白翠玲 / 117

B.10 河北省乡村旅游促进乡村振兴创新路径研究

················· 雷 欣 白翠玲 / 130

B.11 新资源观下雄安新区旅游高质量发展研究·············· 刘 娅 / 143

B.12 以山地旅游创新推进太行山文化旅游带高质量发展研究

·················· 张 葳 / 155

B.13 长城国家文化公园建设中的文旅融合发展路径探析

——以河北省为例 ·················· 和 冰 / 167

B.14 高质量推进大运河文化带文旅深度融合发展研究····· 朱丽娇 / 180

B.15 河北省户外运动旅游消费调查与提升策略研究

················· 胡 颖 章叶童 姚丽芬 / 192

B.16 基于燕赵文化内涵的河北旅游"文创+"发展

········· 张祖群 吴秋雨 贺婷婷 陈正坤 / 220

B.17 河北省民宿产业创新发展研究·········· 和 冰 / 235

Ⅳ 案例分析篇

B.18 文旅融合推进城市休闲旅游发展模式探索

——以唐山市为例 ················· 胡 颖 章叶童 姚丽芬 / 253

B.19 文旅融合赋能县域经济高质量发展模式探索

——以平山县为例 ·················· 章叶童 胡 颖 姚丽芬 / 270

B.20 活化利用非物质文化遗产促进县域旅游发展策略研究

——以青县盘古文化开发为例

·················· 张志国 边瑞雪 毛鹏辉 贾会敏 / 285

B.21 遗产保护与商业化平衡

——以大境门景区明德口街为例 ·················· 张祖群 / 301

皮书数据库阅读**使用指南**

CONTENTS ⤵

I General Report

B.1 Report on Tourism Development of Hebei Province in 2023-2024

Hebei Tourism Development Report Research Group / 001

II Innovative Research

B.2 The Starting Point and Promotion Measures of Hebei Province to Build
a Strong Province of All-region and All-season Tourism

Bian Jiyun / 024

B.3 Research on Building Chongli into the First Choice Destination for Ice
and Snow Lovers in the World *Li Xiao* / 034

B.4 Research on Building Hebei Province into the First Choice of Beijing
People's Weekend Leisure Vacation *Wang Chunlei, Liu Shihan* / 045

B.5 Enrich the Cultural Tourism Consumption Scene and Strengthen
the Countermeasures of "Attracting Customers to Hebei"

Jia Zipei / 056

B.6 Research on the Key and Difficult Points of Cultural and Tourism

Integration in Hebei Province in the New Period *Zhu Lijiao* / 068

B.7 Research on the Countermeasures of Optimizing the Business

Environment to Promote the Development and Growth of

Cultural Tourism Enterprises in Hebei *Zhang Wei, Kang Min* / 081

Ⅲ Hot Spot Perspective

B.8 Analysis on the Level of Coordinated Development of Tourism in

Beijing, Tianjin and Hebei

Yang Lihua, Wei Jianye, Sun Yuheng and Ruan Jiahui / 093

B.9 Research on the Path of Improving Tourism Resilience in Hebei

Province *He Wenzheng, Wei Jianye and Bai Cuiling* / 117

B.10 Research on Innovation Path of Rural Tourism Promoting Rural

Revitalization in Hebei Province *Lei Xin, Bai Cuiling* / 130

B.11 Research on the High-quality Tourism Development of Xiongan New

Area under the View of New Resources *Liu Ya* / 143

B.12 Research on Promoting High-quality Development of Taihang

Mountain Cultural Tourism Belt by Mountain Tourism Innovation

Zhang Wei / 155

B.13 Research on the Development Path of Cultural and Tourism Integration

in the Construction of the Great Wall National Cultural Park : A Case

of Hebei Province *He Bing* / 167

B.14 Research on the Deep Integration and Development of The Grand

Canal Cultural Belt Tourism with High Quality *Zhu Lijiao* / 180

B.15 Research on Outdoor Sports Tourism Consumption Survey

and Promotion Strategy in Hebei Province

Hu Ying, Zhang Yetong and Yao Lifen / 192

B.16 The Development of Hebei Tourism "Cultural and Creative +" Based on Yanzhao Cultural Connotation Mining

Zhang Zuqun, Wu Qiuyu, He Tingting and Chen Zhengkun / 220

B.17 Research on the Innovation and Development of the Homestay Industry in Hebei Province *He Bing / 235*

Ⅳ   Case Studies

B.18 Cultural and Tourism Integration Promotes the Development Mode of Urban Leisure Tourism: A Case Study of Tangshan City

Hu Ying, Zhang Yetong and Yao Lifen / 253

B.19 Exploring the High-quality Development Mode of County Economy Enabled by the Integration of Culture and Tourism: Taking Pingshan County as an Example

Zhang Yetong, Hu Ying and Yao Lifen / 270

B.20 Research on the Strategy of Activating Intangible Cultural Heritage and Promoting County Tourism Development : A Case Study of Pangu Culture Development in Qingxian County

Zhang Zhiguo, Bian Ruixue, Mao Penghui and Jia Huimin / 285

B.21 The Balance between Heritage Protection and Commercialization: A Case Study of Mingdekou Street in Dajingmen Scenic Area

Zhang Zuqun / 301

总 报 告

B.1

2023~2024年河北省旅游发展报告

河北旅游发展报告课题组*

摘 要： 2023年，全国旅游业迎来了恢复性增长，河北聚焦建设文旅融合、全域全季的旅游强省，从供需两端发力，持续优化文旅产业格局、提升旅游品质、增强文旅品牌影响力，旅游业整体复苏强劲。2024年，面对产业发展方式、旅游市场动力、业态发展模式、组织服务生态加速变革的新形势，河北省应打造文旅融合发展新模式、新业态，加强对特色化、差异化文旅项目的招引和落地跟踪，构建多层次、多渠道、多元化的文旅产业投融资体系，深化基础设施和公共服务体系建设，构筑河北文旅宣传大格局，通过变革重塑与创新发展，推动全省旅游业实现深层次突破与高品质提升。

---

* 课题组组长：边继云。成员：朱丽娇、李晓、王春蕾、贾子沛。执笔人：李晓、边继云。李晓，河北省社会科学院旅游研究中心助理研究员，主要研究方向为旅游经济；边继云，河北省社会科学院旅游研究中心主任、研究员，享受河北省政府特殊津贴专家，主要研究方向为旅游经济、创新经济、区域经济。

关键词： 旅游业　文旅融合　高质量发展　河北省

当前，在世界格局加速演变、逆全球化浪潮不断翻涌、全球通胀高企等复杂多变的外部环境下，我国经济迎难而上，保持了经济社会大局的稳定。审视投资、出口、消费"三驾马车"的驱动力，尤以消费表现最为亮眼。2023年中国经济半年报数据显示，消费对经济增长的贡献率达77.2%。文化旅游作为消费的重要组成部分，由于其较强的正外部效应和产业综合带动能力，被认为是有效促进消费和疫后经济复苏、持续优化经济运行结构、增强经济发展韧性的重要动力。2023年，河北省聚焦建设文旅融合、全域全季的旅游强省，以自我革新的勇气和胸怀，统筹推进旅游业创新发展、融合发展和高质量发展，成效显著。

一　2023年河北省旅游业发展的总体情况

（一）行业政策密集出台，旅游产业整体复苏强劲，区域热度大幅提升

2023年，为促进文旅产业加快发展，河北省先后出台了《河北省加快建设旅游强省行动方案（2023—2027年）》《关于推动文化和旅游市场恢复振兴的若干措施》《关于金融支持河北省文化产业和旅游产业高质量发展的若干措施》等一系列政策、举措，从税收减免到金融支持、行业补贴，再到审批管理，已形成促进文旅企业健康发展的多维政策支持体系。在政策的支持引领下，河北省从供需两端持续发力，实现了文旅产业的复苏增长，区域热度大幅提升。腾讯《2023五一出行大数据报告》显示，"五一"假期期间，河北以区域热度476%的同比增长居全国第4位，仅次于山东（586%）、辽宁（526%）和江苏（483%）。河北省文化和旅游厅发布数据显示，2023年1~11月，河北省共接待游客8.06亿人次，实现旅游收入

9123.67亿元，分别恢复至2019年同期的110.05%和108.48%。京津游客接待量稳定增长，1~11月全省接待京津游客1.11亿人次，占全省游客总量的13.8%。① 携程《2023年中秋国庆双节假期河北省数据简报》显示，2023年中秋、国庆双节假期，河北省整体旅游人次比2022年国庆假期增长407.53%、比2019年国庆假期增长59.62%，游客总体消费金额比2022年国庆假期增长329.49%、比2019年国庆假期增长30.1%。

（二）投资项目种类日益丰富，投资增速领跑宏观经济，旅游创新产品呈现多元化布局

河北省文旅产业信息管理服务平台数据显示，2023年1~8月，河北省实际完成文旅项目投资356.23亿元，其中文旅产业固定资产投资增速为23.6%，远高于全省固定资产投资6.2%和第三产业投资6.8%的增速水平，文旅产业投资增速领跑宏观经济。此外，2023年河北省重点跟踪的102个项目中，农文旅融合类项目17个，占项目总数的16.7%；度假区类项目12个，占项目总数的11.8%；特色小镇类项目12个，占项目总数的11.8%；景区建设及提升类项目9个，占项目总数的8.9%；文化旅游类（场馆设施建设提升）项目19个，占项目总数的18.6%。项目种类除涉及传统的景区建设提升、酒店、游乐等外，还涉及体育旅游、冰雪文化、康养、演艺、工业旅游、商旅融合等，文旅业态呈现全面化、多样化的发展态势，对于满足游客多种喜好、降低产业同质化风险起到了明显的支撑作用，旅游产业结构进一步升级。

（三）持续聚焦文旅融合，"五带"建设高质量有序推进，文旅产业空间格局进一步优化

2023年河北省委经济工作会议强调，聚焦建设文旅融合、全域全季的旅游强省，精心打造五个文化旅游带。基于此，河北省成立了"五带"建

---

① 《"这么近，那么美，周末到河北"何以成为新时尚》，《河北日报》2024年1月1日。

设工作专班，聚焦文旅融合项目建设，组织开展了全国重点文旅企业进河北、旅游强省"五带"项目招商推介等招商引资活动 90 次，[①] 发布推介各类文旅产业招商项目，涵盖文旅综合体、文旅度假区、文旅产业园区、文旅融合发展、景区开发建设、文旅基础设施建设、文旅特色小镇、乡村旅游及扶贫开发等领域。同时，开展了京张体育文化旅游带建设专题调研，指导张家口市谋划实施赤城新雪国旅游度假区、张家口堡文化保护旅游发展等项目 55 个，总投资 763.68 亿元，2023 年计划投资 46.32 亿元。[②] 2023 年 4 月 27 日，河北省政府新闻办召开"河北省加快建设旅游强省"新闻发布会，并于 2023 年 5 月 25 日召开京张体育文化旅游带建设协调推进工作机制联席会议，推动京张两地共同编制京张体育文化旅游带产业空间布局规划、文旅创新策划及三年行动计划，多措并举，有序有效推动了"五带"建设，进一步优化了河北文旅产业空间格局。

（四）持续提升旅游品质，文旅消费日益活跃，对经济增长的贡献度显著回升

河北省围绕以下四个方面持续提升旅游品质：一是开展河北旅游名县创建工作，起草了《关于开展河北旅游名县建设的实施意见》及相关配套办法等文件，首批遴选认定河北旅游名县创建县 30 个，让文化旅游资源大县变成旅游名县、强县，构建以名城带名县、以名县耀名城的整体格局；二是梯次化推进高等级旅游景区创建工作，指导北戴河旅游度假区成功创建国家级旅游度假区，滦平金山岭滑雪旅游度假地建成国家级滑雪旅游度假地，山海关中国长城博物馆主体建成并经中央编办批准成功冠名，中国曲阳雕塑文化产业园获批国家级文化产业示范园区，衡水市入选新一批国家对外文化贸易基地；三是开展旅游景区灾后重建指导专项行动，成功举办第五届河北省文创大赛、"文化进景区——文化和旅游新需求新供给对接"等系列重大活

---

① 河北省统计局 2023 年前三季度经济形势座谈会上的发言。
② 《河北多措并举加快文旅市场恢复增长》，《河北日报》2023 年 4 月 27 日。

动；四是落实国务院办公厅《关于释放旅游消费潜力推动旅游业高质量发展的若干措施》，举办旅游宣传推介、非遗展示、美食音乐节等各类促消费活动200余场，发放文化和旅游惠民卡（券）401万张，组织开展群众文化活动近10000场，惠及群众超1000万人次。[①] 通过实施品质提升行动，河北省文化和旅游厅数据显示，2023年1~11月，全省游客人均消费1132元，恢复到2019年同期水平，对经济增长的贡献度显著回升。

（五）创新开展营销宣传推广，"旅发大会"释放多重效应，文旅品牌影响力进一步增强

2023年，河北加强全省营销宣传工作统筹规划和协调联动，不断创新营销宣传推广方式，并以"旅发大会"为契机全方位展示"这么近、那么美，周末到河北"的新形象，文旅品牌影响力进一步增强。一方面，加强活动营销。在国内先后组织举办了"冬季游河北 福地过大年""春暖花开 香约河北""中国坝上草原欢乐季""中国渤海滨海旅游欢乐季""长城之约金秋旅游季""河北省金秋夜游欢乐季"等宣传推广活动，在美国艾奥瓦州、洛杉矶及西班牙马德里等地成功举办"欢乐春节·美丽河北"文化旅游海外推广活动，提升了河北文化旅游国内国际知名度和影响力。同时，举办第七届河北省旅游产业发展大会展示河北新形象，通过举行旅游强省主题展、重点项目观摩、河北城市金秋夜游推广系列宣传活动、周末休闲旅游发展论坛、投融资大会、文旅产业系列招商对接活动等，打造精彩纷呈的文旅盛宴，助推"这么近、那么美，周末到河北"品牌美誉度、知名度不断提升。另一方面，加强社群化、场景化营销。通过北京外卖和快递小哥、"燕赵福嫂"开展形象宣传，组织寻名人名角为家乡代言活动，广泛开展文旅短视频宣传推广活动，举办"这么近、那么美，周末到河北"主题歌曲全国征集推广活动，聚合社会力量，全媒体发力，持续扩大文旅品牌影响力。

---

① 河北省统计局2023年前三季度经济形势座谈会上的发言。

二 2023年河北省旅游业发展的主要特征

（一）金融突破，创新文旅投融资支持方式，助力文旅企业脱困振兴

河北省从金融"小切口"入手，通过优化金融服务文旅产业机制，助力文旅企业脱困振兴。建立河北省金融服务文旅产业高质量发展工作机制及金融政策服务"工具箱"，命名首批10家文旅金融特色服务单位，这10家单位2023年新增文旅贷款44.88亿元；全省文旅贷款余额554亿元，同比增长77.4%。组织"金融行"银企对接活动13次、促成柏里水乡等15家企业与银行达成9.85亿元贷款合作意向，中国银行河北省分行与10家企业签订意向协议，授信金额27.53亿元；全省42个文旅项目获得政府专项债券支持34.5亿元。同时，通过组织多样化招商活动，推动招商引资再上新台阶。成功举办京津冀文化产业赋能乡村振兴工作推进活动、2023年健康文旅产业发展大会、第七届河北省旅游产业发展大会、河北文化和旅游投融资大会、河北文旅产业系列招商对接活动，以及全国重点文旅企业进承德、进唐山及承德旅游康养项目对接会等。截至2023年9月，全省共组织召开招商引资活动91次，签约项目158个，签约金额1035.47亿元，其中5亿元以上项目46个。一批优质项目吸引龙头企业投资河北，如涿州市政府与大连万达集团京南新时代环球文旅综合项目签约金额100亿元。①

（二）细节入手，创新推出"促消费"和"优环境"的系列政策措施，全方位提升旅游服务水平和文旅市场活力

河北省从"细节"着眼，创新推出系列"促消费"优惠政策，如出台旅游包机和旅游专列奖励、旅游包车周末通行河北高速免费等系列优惠政策，给各地游客精准发送邀请函；推出《河北春季花海踏青日历》及28条精品线

---

① 数据来源于河北文化和旅游系统第三季度经济运行分析调度会。

路，发布旅游线路图，统筹全省近300家景区、酒店实行门票减免打折、加油优惠等措施，为广大游客提供越来越多的个性化选择和品质化服务。此外，河北省持续开展未经许可经营旅行社业务、"不合理低价游"专项整治行动；严格落实安全生产责任制，常态化抓好旅游安全隐患排查整治；完善"吃住行游购娱"全过程旅游服务标准规范，全面推行服务质量承诺制，为游客营造平稳有序的旅游市场秩序，全方位提升旅游服务水平。随着一系列"促消费"和"优环境"政策持续发力显效，市场活力不断增强。2023年1～11月，河北省限额以上单位住宿业营业额83.0亿元，同比增长37.8%；限额以上单位餐饮业营业额117.5亿元，同比增长36.1%。[①]

（三）品牌重塑，面向京津精准定位消费群体，提供更人性化、精准化服务，"这么近、那么美，周末到河北"成为新时尚

2023年，河北省坚持品牌引领理念，面向京津精准定位消费群体，从产品开发、平台打造、公服建设和品牌营销入手，不断优化旅游服务，让"这么近、那么美，周末到河北"成为新时尚。产品开发方面，高标准开发京津周末游旅游产品，做强自然深呼吸、文化漫步者、潮流畅玩家、康养微度假4类拳头产品，精心打造冰雪运动、海滨度假、温泉康养、乡村游乐、生态观光、科普研学等特色旅游产品，打造京津游客周末休闲首选目的地。平台打造方面，搭建"乐游京津冀一码通"平台，为京津游客提供景区门票、酒店住宿、美食餐饮、旅游线路等多样化综合服务，覆盖游前、游中、游后的各类需求服务。公服建设方面，加强区域合作、协同、联动，开通7条京津冀旅游直通车线路，构建更加完善的区域交通体系，满足京津游客的出行需求。品牌营销方面，印发实施《关于开展"这么近、那么美，周末到河北"旅游品质提升专项行动工作方案》，聚焦品牌营销，提升业态要素，优化营商环境和旅游服务，着力提升"这么近、那么美，周末到河北"品牌知名度和影响力。

[①] 《1至11月河北经济运行延续回升向好态势，主要经济指标增速稳中有升》，《河北日报》2023年12月20日。

（四）产品引领，度假产品引爆国庆假日市场，省外游客人次实现大幅上升

携程策略运营中心发布的《2023年中秋国庆双节假期河北省数据简报》显示，双节假期期间，游客总体消费金额比2022年国庆假期增长329.49%，比2019年国庆假期增长30.1%。其中，度假产品（含精品跟团游等产品）人均消费金额最高，为1691.98元；其次为机票和酒店，分别为717.04元、247.56元；门票最低，为87.50元。度假产品成为带动国庆假日市场消费的主力军。此外，游客行为监测与决策服务文化和旅游部技术创新中心发布的《2023中秋国庆假期旅游市场晴雨表》显示，基于省级层面，以跨市旅游（即离开日常生活城市）为指标，河北接待跨市游客总量排名第九，接待6~8天出游时长的游客量排名第五；以跨市出游量为指标，河北游客出游量排名第五，接待省外游客人次排名第六。这与河北作为文旅资源大省和位居全国第六的人口大省相匹配，旅游服务和旅游产品获得市场认可。

三　2024年旅游业发展趋势预测

（一）产业发展方式：由要素驱动转向创新驱动，全面推动旅游业进入高质量发展阶段

纵观我国旅游业发展历程，产业发展引擎不断动态变化。初期，依靠对外开放引擎奠定发展基础；中期，依靠资源、劳动和土地等要素驱动建立相对完整的旅游产业体系；过去10年，依靠投资驱动构建"大旅游"发展体系。进入新发展阶段，要实现旅游业高质量发展，仅依靠要素驱动是难以维系的，创新驱动是大势所趋，要通过制度创新构建新市场、通过产品创新构建新业态、通过技术创新构建服务新模式、通过管理创新构建旅游新机制、通过组织创新构建新生态圈，最终以全新产业链全面推动旅游业进入高质量发展阶段。

（二）旅游市场动力：由供给侧发力转向供需两侧发力，推动形成旅游市场新发展格局

传统旅游业是依托改革开放后外部旅游需求而慢慢发展的，旅游产品供给不足推动供给侧结构性改革。这种以供给决定需求的理念，推动智慧旅游、全域旅游、乡村旅游、红色旅游及度假区建设、休闲街区建设等有序发展和进行。进入新发展阶段，旅游产业体系日益完善，放大旅游对国民经济发展的效能、提升旅游贡献率，是当前旅游业发展的重要任务。因此，需要以构建新发展格局为出发点和落脚点，从供需两侧发力，继续进行旅游供给侧结构性改革，不断完善旅游产品供给体系；同时，通过旅游需求侧的制度性调整，完善旅游公共服务和监管体系，构建旅游市场信用体系，改善旅游消费体验，激活潜在需求，有效推动旅游业增长，形成旅游市场新发展格局。

（三）业态发展模式：由观光式景区旅游模式转向"沉浸式文化感知和体验+新消费综合体"模式，深度融入经济结构调整和社会经济发展大格局

早期，我国旅游业态的发展主要依托自然和历史文化资源禀赋，发展模式较为单一，以旅游目的地为核心的观光式景区旅游模式占主导。当前，自然资源和历史文化资源已经出现边际效应递减迹象，"就资源卖资源"的时代已经过去，资源是重要依托，但不是唯一依托，目前消费者更多关注的是体验不一样的文化，科技、文化、艺术、教育、农业、商业等多业态融合正在成为旅游业发展的新动能。因此，旅游业态发展需要以"全业态融合"理念为导向，通过产业升级、空间构建和产业链拉伸，打造更多拥有沉浸式文化感知和体验的新消费综合体，从而提升旅游产业的附加值，逐步实现新旧动能转换，深度融入经济结构调整和经济社会发展大局。

（四）组织服务生态：由企业组织为中心转向以平台组织为中心，实现旅游产业全方位改造和升级

传统旅游组织服务生态以企业为中心，旅游运行以旅行社组织为核心，旅行社成为旅游资源与要素的配置者、运营者，而酒店、景区等旅游要素供给者只能依照旅行社的标准配置自己的产品和服务。随着大数据、人工智能等数字技术的加速发展，旅游价值链和产业链不断升级改造，资源与要素配置不断优化，旅游组织生态圈也逐渐重构。数字赋能下的旅游组织服务生态是以平台为中心的。平台成为旅游资源配置的运营主体，不仅可以通过集合和链接旅游服务商为旅游者提供涵盖"吃住行游购娱"的多样化、个性化服务，还能借助数字技术推动文旅资源数字化再造，深化跨界跨域的融合创新，逐步提升旅游全要素生产率，推动"小旅游"进一步向"大平台""大生态"演进，实现旅游产业的全方位改造和升级。

四　2024年河北省旅游业发展面临的有利环境与存在的问题

（一）政策环境

1. 宏观上，从省级层面到各地方政府，已形成支持旅游业加快发展的合力

近年来，河北高度重视文旅产业的发展。中共省委十届二次全会高位部署文化和旅游工作，将"坚持弘扬北京冬奥精神，大力发展后奥运经济和文化旅游产业"作为全省重点推动的十项任务之一。中共省委十届三次全会提出到2035年建成文化强省、旅游强省，推动中国式现代化在河北展现美好图景。2023年，河北省委经济工作会议强调，聚焦建设文旅融合、全域全季的旅游强省，实施燕赵文旅品牌创建行动，面向京津精准定位消费群体，精心打造五个旅游带，让"这么近、那么美，周末到河北"成为新时尚。此后《河北省加快建设旅游强省行动方案（2023—2027年）》出台，

全省支持文旅产业加快发展的顶层设计日益完善。在旅游强省建设目标的指引下，各地市也纷纷出台符合区域实际情况的行动方案、工作意见，加快推动本地文旅产业的发展。如保定出台加快建设文化旅游强市行动方案，秦皇岛制定了打造国际一流旅游城市目标方案，张家口出台了加快建设旅游强市行动方案，承德印发旅游业高质量发展推进工作方案，邯郸出台促进旅游业快速发展的指导意见，等等。可以说，当前河北从省级层面到各地方政府，已形成支持文旅产业加快发展的合力。

2.微观上，从税收减免到金融支持、行业补贴，再到审批管理，已形成促进旅游企业健康发展的多维政策支持体系

为促进文旅产业加快发展，河北省先后出台了《关于推动文化和旅游市场恢复振兴的若干措施》《关于金融支持河北省文化产业和旅游产业高质量发展的若干措施》《关于规范旅游市场价格的指导意见》《关于文旅行业经营准入推行"一日办"改革实施意见》等一系列政策举措，通过"贷款贴息"、"以奖代补"、省政府专项债支持、限时审批办理等方式，以及旅游包机和旅游专列奖励、旅游包车周末通行河北高速免费等系列优惠政策，优化文旅企业发展环境。同时，加强对文旅产业发展的细化金融支持，会同省信用联社在崇礼创新设立文旅支行，联合邯郸银行等金融机构开发文旅业主贷、收费权质押贷等特色金融产品，争取各大银行授信1100亿元。2022年，省政府前8批一般债券和前55期专项债券中，文化和旅游项目61个，支持资金达到68.99亿元。[①]

（二）经济环境

1.整体经济向稳增长，且河北GDP增速连年超过京津，外部经济环境良好

旅游业作为宏观经济发展的成果性行业，发展成效与整体经济环境息息相关。"十三五"以来河北经济整体呈现向稳向好的发展态势，经济波动幅度明显小于全国，也明显小于京津。自2019年开始，河北GDP增速连续超

---

① 《河北：优存量强增量，推动文旅业高质量发展》，《河北日报》2022年7月20日。

过京津①，如2019年经济增速高于全国平均水平0.7个百分点，分别高于京津0.6个和1.9个百分点；2020年高于全国平均水平1.6个百分点，分别高于京津2.7个和2.4个百分点；2022年高于全国平均水平0.8个百分点，分别高于京津3.1个和2.8个百分点（见图1）。良好的外部经济发展环境给文旅投资提供了稳定的预期。

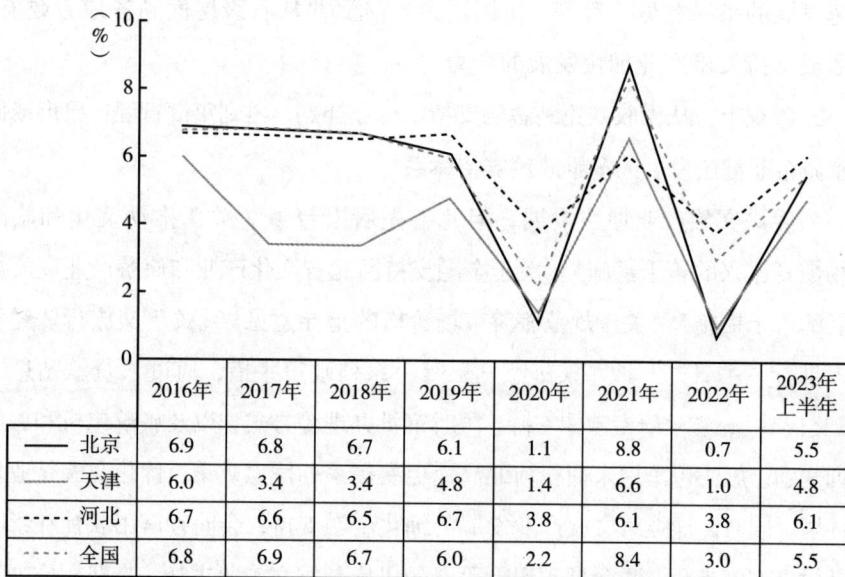

（%）	2016年	2017年	2018年	2019年	2020年	2021年	2022年	2023年上半年
北京	6.9	6.8	6.7	6.1	1.1	8.8	0.7	5.5
天津	6.0	3.4	3.4	4.8	1.4	6.6	1.0	4.8
河北	6.7	6.6	6.5	6.7	3.8	6.1	3.8	6.1
全国	6.8	6.9	6.7	6.0	2.2	8.4	3.0	5.5

图1　2016年至2023年上半年京津冀GDP增速对比

数据来源：《中国统计年鉴》。

2. 消费品市场潜力较大，为旅游业的发展提供了巨大的市场空间

尽管疫情对消费品市场造成较大冲击，但随着扩内需、促消费政策的显效发力，河北消费品市场整体规模依然保持稳定，消费品市场韧性强、潜力大、活力足的特点显著。2023年上半年，河北省社会消费品零售总额实现7090.6亿元，同比增长10.8%，较全国平均水平高2.6个百分点（见图2）。

---

① 2021年河北受疫情影响严重，经济发展异于常态，该增速剔除了2021年数据。

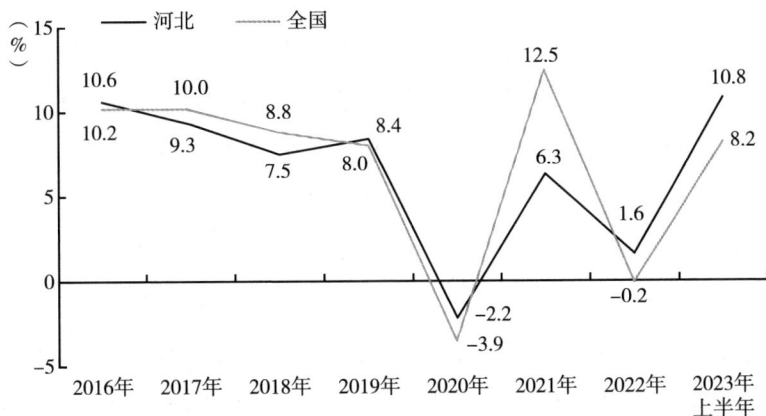

图2 2016年至2023年上半年河北与全国社会消费品零售总额增速对比

数据来源：《中国统计年鉴》。

（三）问题依然存在

1. 对文化主题、内涵和价值的挖掘不够，文旅融合的内容供给有待增加

河北秉承文旅融合理念，积极开展非遗进景区等行动，很多文化场所、机构中增加了旅游服务，旅游产品和旅游线路被赋予了丰富的文化内容，出现了一些深受市场欢迎、既叫好又叫座的产品。但整体来看，文旅融合实践存在重视建设和生产、轻视"软开发"的现象，轻视对文化主题、内涵和价值的挖掘，文旅融合的内容供给不足，很多文化和旅游项目的融合还停留在形式上，模仿和雷同者众多，甚至存在"为融而融"的现象，与2020年5月11日习近平总书记在云冈石窟考察时要求的"让旅游成为人们感悟中华文化、增强文化自信的过程"[①] 和2020年9月22日习近平总书记在教育文化卫生体育领域专家代表座谈会上指出的"让人们在领略自然之美中感悟文化之美、陶冶心灵之美"[②]

[①] 《习近平在山西考察时强调 全面建成小康社会 乘势而上书写新时代中国特色社会主义新篇章》，习近平系列重要讲话数据库，2020年5月12日，http：//jhsjk. people. cn/article/31706395。

[②] 《习近平在教育文化卫生体育领域专家代表座谈会上的讲话》，习近平系列重要讲话数据库，2020年9月23日，http：//jhsjk. people. cn/article/31871323。

还有较大差距。

2. 新业态投资占比不高, 旅游产业结构调整有待深化

根据文化和旅游部发布的《关于提升假日及高峰期旅游供给品质的指导意见》, 当前和今后文旅产业的发展要着力开发 11 个旅游新业态, 包括文化体验游、乡村民宿游、休闲度假游、生态和谐游、城市购物游、工业遗产游、研学知识游、红色教育游、康养体育游、游轮游艇游、自驾车房车游等。就河北文旅投资而言, 这些新业态都有涉及, 但占比都不高, 尤其是城市购物游、工业遗产游、研学知识游、游轮游艇游、自驾车房车游等业态占比都较低, 很难起到推动文旅产业结构调整的作用。比如, 在 2020~2023 年全省 98 个重点文旅项目中, 涉及文商旅融合的城市购物游和工业遗产游项目分别仅为两个, 而研学知识游、游轮游艇游、自驾车房车游等业态在重点项目中几近空白。

3. 产品雷同化、低质化较为明显, 高质量文旅产品有待丰富

对标先进省份或地区, 对照广大居民高品质文旅需求, 河北省优质文旅产品供给不足。一方面是产品雷同化、低质化现象比较明显。在传统文化要素、特色娱乐等方面挖掘不够, 对特色建筑、文化民俗甚至周边环境的利用不足, 高附加值文旅产品较少, 缺乏品牌意识, 导致河北省"出圈"的文旅产品不够多。另一方面是产品多元化、个性化发展不足。随着河北省经济形势的变化, 游客的旅游倾向和消费需求都发生了一些变化, 河北文旅产品供给在内容、数量、档次、时间和空间分布等方面, 与现实和潜在的游客需求不匹配, 产品结构不能灵活地适应多样、多变的旅游消费需求。

4. 重点轻面、重建设轻管理、重硬件轻软件, 旅游公共服务体系仍有待完善

目前, 河北省旅游基础公共服务设施仍存在短板, 公共服务明显滞后, 重点轻面、重建设轻管理、重硬件轻软件, 区域公共服务体系尚未完善, 具体来看, 主要体现在以下三个方面。在硬件方面, 公共服务设施的建设层次和管理水平不高, 在选址、体量、风格、功能等方面与实际需求还有差距, 甚至出现空置现象, 标准化、信息化、智能化发展滞后于旅游业的整体发展需要。铁路、海运、航空等旅游服务能级偏低, 互联互通不够, 旅游专线等公共交通不完善, 旅游集散接驳和"最后一公里"交通衔接瓶颈较为突出。在软件方面, 河北省旅游服务水平整体不高，主要体现为旅游服务意识不足、服务技能不强、服务氛围营造不充分，同时河北省旅游综合管理水平相对不高，与快速发展的旅游者的需要存在明显差距。在技术方面，河北省整体旅游产品技术含量较低，这主要体现为智慧景区投入不足、科技旅游发展不充分、技术研发能力较低、企业智能化程度较低、与实力雄厚的旅游科技企业缺乏合作等。

五　2024年河北省旅游业发展的对策和建议

（一）以系统工程理念构筑文旅融合发展新模式，强化文旅产业支柱作用

"旅游资源无边界、旅游产业无边际、旅游生活无边框"，以系统工程理念开展全方位底层创新，梳理文旅融合发展新思路，打造文旅融合发展新模式，发展文旅融合新经济，强化文旅产业支柱作用。

1. 文化赋魂

文化是推进文旅高质量融合的关键变量，无文化不旅游，文化品位决定旅游品质，文化"爆款"催生旅游"爆点"，文化变现驱动旅游增值。河北要深入挖掘景区历史文化资源，建设历史文化资源数据库，结合旅游文化消费规律，提炼彰显河北历史文化的元素符号，创意生产具有强大生命力的文化旅游内容产品，为文旅融合高质量发展提供有力支撑。还要以新思维、新理念引领文旅融合高质量发展，坚持内容为王、流量说话、创新制胜、以融提效，以理念重塑推动格局重构；要创新打法，以人文资源、文化设施、文化精品、新兴业态、融媒传播赋能文旅深度融合。

2. 业态赋形

文化与旅游相生共兴。要立足河北省文旅资源禀赋和产业基础，深化文化、旅游与交通、体育、商贸、教育等各行各业融合，拓展休闲农业、工业展示、运动健身、在线旅游、休闲购物、研学旅行等新领域，催生新业态，延伸产业链，构建多产业融合发展新模式。根据消费需求和消费喜好，选择

适当的业态配比，不断推动产品迭代和业态创新。

3. 科技赋能

数字技术是文化与旅游深度融合的助推器。深度运用虚拟现实、增强现实、人工智能、声光电、5G、元宇宙等技术，将资源、人才、资本等相关要素有机结合，激发文化旅游产品和服务的创新活力，营造虚实结合、身临其境的数字文旅场景，全方位调动观众的"视、听、嗅、味、触"五感体验，让体验更为生动、更为深刻。

4. 创意赋新

适应新一代消费者从"看"到"玩"的需求和喜好，创意推出剧本杀、"文旅+音乐"、"文旅+电竞"、"文旅+定向"、"文旅+研学"以及非遗市集、书茶雅集、国风国潮、露营房车等休闲娱乐"新玩法"，让场景更好玩、体验更沉浸、消费更多样。同时，聚焦空间"微创新"，在原有的物理空间，叠加一个新的体验内容，如"切割时间换空间"，把一个观赏性文旅产品，创意拓展出晨赏、午赏、暮赏、夜赏四个场景，成就一个"新物种"。

5. 生活赋美

旅游消费不仅走向体验经济，而且已经进入"颜值经济"。以匠心创作创美精品，以科技表达炫美场景，以美学呈现扮美生活，打造众多美好生活目的地，让游客"从文化进去、从旅游出来，从旅游进去、从生活出来"，在情景美、音乐美、色彩美、画面美、艺术美中体验美好的生活场景。

（二）强化特色化、差异化文旅项目的招引和落地跟踪，促进文旅产业转型升级

深入挖掘地域特色文化，打造特色文旅产业，是"十四五"时期河北省文旅产业发展的重要内容。这就需要加大优质文旅项目引进力度，进一步推进重点项目建设，促进文旅产业转型升级，为河北省文旅产业高质量发展提供有力支撑。

1. 强化区域价值的稀缺性，突出抓好全域化布局、差异化定位、特色化发展

要结合河北省及各市县旅游产业在区域综合发展中的定位，根据客源消费能力、区位条件、基础配套、文化与自然资源基础，有序引导市场主体打造旅游项目。

2. 抓实优质文旅项目招引、建设

围绕国家战略和"五带"建设，高标准谋划、引进、建设、竣工一批优质文化和旅游项目。聚焦京津冀协同发展、雄安新区建设等国家战略及后奥运经济发展等重点任务，谋划引进建设具有世界级影响力的旅游项目。深入推进中国古动物馆等北京非首都功能疏解项目、张家口堡文化保护旅游发展等国家文化公园项目、翠云山国际旅游度假区等融合标杆项目建设，聚焦温泉康养产业谋划落地一批旅游休闲业态项目。

3. 优化项目全要素全流程服务管理

各地在全面、细致地研究区域旅游产业发展现状的基础上，明确旅游招商重点，导入全要素招商服务模式，实现地方全要素招商引资，并做好后续落地、建设、运营全环节保障工作。

（三）持续丰富文旅融合新业态，激发文旅消费活力

立足河北文旅资源基础以及市场需求变化，围绕大运河、长城、雄安新区及冬奥会等拓宽视野、整合资源，持续丰富文旅融合新业态，全面优化文旅产品布局，力争用"大流量"激活"大留量"，让游客有看头、有玩头，有效带动文旅消费。具体来看，主要包括以下五个方面。

1. 鼓励发展城市旅游业态

结合城市更新，打造城市旅游业态和文旅消费场景。将创意美术元素、文化艺术元素广泛应用到工业遗址、老旧厂房、老宅老屋的创意化设计和改造，推动文化和旅游消费业态及公共服务功能融入各类商业设施、产业园区、街区、社区，打造城市文化生活街区和高品质文旅产业功能区，营建体验式、沉浸式、互动式文旅融合消费新空间。重点推动传统商业综合体转型升级为文体商旅综合体，鼓励传统特色购物基地提档升级，

如辛集皮革、白沟箱包、肃宁裘皮等，建设一批高品质的步行街和消费集聚区。深入探索自贸区旅游新业态，抢抓雄安片区、正定片区、曹妃甸片区、大兴机场片区（廊坊区域）4个河北自贸试验区发展机遇，建设国际旅游自由购物区、跨境旅游和边民互市贸易区，拓展河北省旅游创新发展路径。

2. 大力发展康养度假类业态

根据第七次全国人口普查数据，京津冀三地60岁及以上人口占比分别为19.63%、21.66%和19.85%，均高于全国平均水平（18.70%），三地老年人口数量达到2211万人。此外，据中国保健学会对我国16个百万人口城市亚健康率的调查，北京亚健康人群占比在全国百万以上人口城市中排名第一，达75.31%；天津亚健康人群占比达70%。国家统计局北京、天津调查总队抽样调查结果显示，2021年京津两地居民人均可支配收入分别达7.5万元和4.7万元，人均医疗保健支出分别达4285元和3747元，均远超全国平均水平（2115元）。庞大的老年人口、亚健康人口群体及其较强的消费能力，催生了京津冀巨大的康旅市场。就河北发展而言，结合自身温泉资源、生态资源及中医药资源丰富的优势，大力开发温泉康养、生态康养、中医康养、避暑康养、治未病中心、老年康养等旅游产品，重点在环京津区域开发集高端医疗、康复疗养、休闲休养、户外运动于一体的健康旅游产品，构建"医、养、游、食、研"全链条康养旅游体系。

3. 大力发展体育运动休闲类业态

围绕崇礼冰雪、秦唐沧滨海、坝上森林草原等自然资源，沧州武术、邯郸太极拳等特色文化，大力发展体育运动休闲类业态。借力后冬奥遗产可持续利用，依托山地资源、冰雪资源和国家体育总局训练基地资源丰富的优势，进一步丰富崇礼赛事体系，包括竞技性体育赛事、参与性体育赛事、群众性体育活动、体育节庆活动、体育民俗活动及冰雪体育旅游活动等。同时，以京张体育文化旅游带建设为重要契机，坚持体育牵引、文化赋能、旅游带动，推动冰雪运动与文化、旅游产业深度融合，培育发展"冰雪运动+文化旅游"新业态。此外，鼓励发展精致露营、徒步、飞盘、海钓、攀岩、蹦极、滑翔伞、低空飞行、滑雪等户外运动业态。

4. 大力发展农文旅高质量融合类业态

河北省将乡村旅游纳入乡村振兴战略以来，打造了环首都、燕山、太行山、张承坝上、大运河、冀中南六大乡村旅游片区，培育了平山西柏坡、阜平天生桥、涞水野三坡、崇礼冰雪小镇、吴桥杂技大世界等一批乡村旅游精品片区。独特而富有魅力的乡村风景、农耕文化、民俗风情，在乡村振兴战略的加持下，急需一批农文旅高质量融合类项目予以支撑。因此，河北应重点打造农商旅综合体、休闲农业、餐饮民宿、创意农业、农耕体验、康养基地、农耕主题博物馆、村史馆，传承农耕手工艺、曲艺、民俗节庆的农耕研学、非遗研学等农文旅融合类业态。

5. 鼓励发展工业遗产旅游

整理和挖掘河北省近现代工业遗存，培育一批能够满足游客观光、休闲、教育、展示、参与等不同旅游需要的工业遗产旅游示范点或特色村镇。同时，完善提升开滦国家矿山公园、南湖工业遗产主题公园、京张铁路工业文化主题公园、君乐宝优致牧场、德龙钢铁文化园等，鼓励坝上地区、燕山太行山地区建设新能源主题的风电公园、光能公园，推进中国长城葡萄酒、衡水老白干、刘伶醉、华北石油等企业深入开发参与性、互动性强的工业遗产旅游体验项目，打造一批全国知名的工业遗产旅游品牌。

（四）构建多层次、多渠道、多元化的文旅产业投融资体系，为文旅高质量发展提供强有力的金融支撑

河北省立足文旅投融资堵点痛点，着力创新文旅投融资支持方式，拓展文旅企业融资渠道，构建多层次、多渠道、多元化的文旅产业投融资体系，营造良好的投资环境，为文旅高质量发展提供强有力的金融支撑。

1. 运用多种货币政策工具，多措并举持续降低文旅企业社会融资成本，解决文旅企业"融资难"的问题

探索建立信贷风险补偿机制，发挥财政资金杠杆作用，破解中小文旅企业贷款难题。积极开展新型信贷方式，灵活运用"再贷款+""再贴现+"

等货币政策工具，引导银行业金融机构改善和加强对文旅项目的信贷服务。可鼓励银行创新授信产品，比如中国建设银行河北省分行为非遗企业创新专属信贷产品"非遗贷"，中国银行河北省分行为旅游住宿行业量身定制了"北戴河石塘路商圈贷""北戴河区民宿商圈贷"等产品，都值得推广。

2. 建立完善文旅企业资产及产品评估体系，夯实金融服务支撑

可通过对文旅企业资产及产品的产品力、市场竞争力、运营能力、客源情况、市场消费能力、交通可达性、旅游市场发育程度、外部资源、环境指标等方面进行综合评估，探索设立"存量文旅项目白名单""文旅融资重点推介企业名录"等，开展形式多样的融资对接活动，加强存量项目与金融资本的联系与合作。因地制宜指导、支持文旅存量项目发行专项债，加大对存量文旅项目的信贷支持力度，优化融资担保服务，不断提升信用贷款比例。

3. 优先支持符合条件的文旅类企业和数字文化类企业上市，支持符合条件的文旅类资产发行公募不动产投资信托基金（REITs）

创新股权融资方式，支持直接上市融资，可以优先推进文旅类企业和数字文化类企业结合自身经营状况和上市需求，选择区域性股权交易市场（四板市场）、新三板、北交所、创业板、科创板和主板等不同板块上市，通过资本市场加快存量项目融资发展。

（五）深化基础设施和公共服务体系建设，打造优质旅游新环境

按照"补齐短板、完善功能、提升品质"的要求，深化旅游基础设施和公共服务体系建设，加快构建立体的旅游交通网、便捷的旅游服务网、智慧的旅游管理网和完善的旅游监管网，为河北旅游业高质量发展提供良好的环境支撑。

1. 着力构建"海陆空铁"立体式快旅慢游交通体系

在公路方面，完善公路路网布局，实施通景公路质量提升工程，推动旅游客运线路覆盖3A级以上景区；完善乡村驿站、骑行绿道、观景平台、休闲步道等硬件设施，特别是对以太行山高速为代表的生态走廊沿线公共服务

设施及文化景观进行统一设计、统一标识，打造文化鲜明、功能突出的文化景观与公服设施。在风景道方面，建设提升张承坝上、长城、太行山、大运河、滹沱河、渤海沿线等旅游风景道，构建"三横三纵"环京津旅游风景道体系。在铁路方面，以北京、雄安新区、石家庄等高铁枢纽为核心，培育京广、京沪、京沈、京雄、石太、石津等高铁旅游线路。在航空方面，借力京津冀民航协同发展，打造"三地四场"世界级航空机场群，畅通境外游客入冀交通；优化省内航线网络结构，推进重点旅游地区、交通节点建设通用机场，发展低成本航空、国内旅游包机和通勤航空业务，进一步完善空铁联运和中转联程服务。在码头方面，推动秦皇岛游轮码头加快完善配套服务体系，发展培育海上旅游客运和游轮航线。

2. 持续改善旅游公共服务设施

继续推进旅游"厕所革命"，推进建设科技环保的"生态厕所"、人文关怀的"智能厕所"和文艺情怀的"主题厕所"。推动构建"中心城区—旅游城镇—旅游景区（点）—服务驿站"旅游集散咨询服务体系，推进旅游集散中心和高速公路服务区的景区化与产品化改造，加强智能信息服务、餐饮购物品牌植入、服务板块重置和品质升级，塑造一批"网红服务区"。大力推进旅游服务设施数字化、智能化改造升级，推动河北旅游重点县旅游产业运行监测平台建设实现全覆盖，统筹推进省内各级智慧旅游管理服务平台实现互联互通、数据共享。强化旅游大数据研究应用，推动大数据、人工智能、区块链等新技术在旅游信息服务、市场运营、管理决策等工作中的创新应用，推动全省"互联网+旅游"服务水平实现整体跃升。完善生态停车场、车辆租赁、交通接驳、自驾车旅居车营地、标识系统等配套设施，整体提升河北旅游公共服务品质。

（六）构筑河北文旅宣传大格局，讲好河北故事

1. 聚焦京津核心客源市场，精准拓展周边旅游客源市场，持续提升"这么近、那么美，周末到河北"品牌影响力

发挥"近"优势，做足"美"文章，创新打出系列"组合拳"，全方

位、立体化、集中式精准开展营销宣传，形成裂变式传播效应，将河北文旅品牌宣传推广从京津延伸至河南、山东、山西、内蒙古、辽宁等地，让"这么近、那么美，周末到河北"成为金字招牌。首先，要筑牢主流媒体宣传阵地，全面擦亮河北省旅游品牌。以重点报道与媒体投放相结合的方式，增加央级媒体稿件刊发的数量，提升稿件品质；强化与河北省三大主流媒体的战略合作；用活新媒体宣传平台，构建新媒体创作生态群，如"河北文旅"官方微博号、微信公众号、抖音号、快手号、百度号、今日头条号，聚焦热点、集中策划、联动发声，壮大宣传声势，打造宣传品牌矩阵。其次，要强化全维度营销方式创新。加强原创IP营销，引导扶持主题创作与创意植入相结合，充分利用文学、艺术、影视等多种形式打造河北旅游热点IP；加强消费体验营销，精准策划营销卖点，通过邀请"网红"打卡体验、设置互动话题等方式开展互动式兴趣营销；加强科技场景营销，借助元宇宙、XR（扩展现实）等新技术新形式，打造河北旅游虚拟体验馆，推出系列数字文化和旅游体验产品，实现虚拟与现实融合的体验营销。最后，要摒弃以往的"单打独斗"，注重打破市、县行政区划限制，构建"省市县三级联动"的宣传格局，根据季节特点、资源特点统筹谋划活动主题，"上下一盘棋"集中开展品牌形象、精品线路、优惠措施等宣传，梳理推选"十大必游"网红打卡地、周末休闲目的地、最美自驾线路等畅销产品，以"多方协同、产品联动、组合营销"的方式形成品牌宣传推广合力。

2. 拓展国际交流新平台，讲好河北故事

作为"一带一路"的重要节点，河北省应抢抓机遇，加强与共建"一带一路"国家的旅游交流与合作，积极搭建和拓展国际旅游交流的高端平台。政府部门组织重要旅游企业与国外相关机构进行合作洽谈，定期举行高品质旅游项目海外发布会，借助国内外重要媒体，通过多种方式加强宣传和促销，用高质量的产品和高水平的服务铸就河北旅游的市场品牌。同时与海外旅游中间商和旅游协会等组织建立良好关系并加强联系，探索和创新符合双方利益且切实可行的旅游合作模式和运营机制，充分利用旅游产业发展大会，整合全省旅游资源和各方力量，立足河北、面向世界，积极拓展河北旅游国际交流平台，依托我国驻外使领馆和中国文化中心等，开展丰富多彩的河北文化旅游宣传推广活动，持续扩大"京畿福地·乐享河北"品牌的境外影响力，用产品实力、运营经验、精心服务讲好新时代的"河北故事"，促进入境旅游市场发展，切实推进河北省旅游业发展再上新台阶。

参考文献

范杰逊、胡安静：《"城市漫步"兴起文旅融合新场景》，《新华日报》2023年8月13日。

陈波、涂晓晗：《旅游休闲街区消费场景的模式类型与文旅融合策略》，《南京社会科学》2023年第8期。

宋杰：《旅游市场未来有哪些新趋势？听听全球旅游业供应商怎么说》，《中国经济周刊》2023年第18期。

尹婕：《透视旅游消费新趋势》，《人民日报海外版》2023年11月15日。

贾楠、马朝丽：《"这么近，那么美，周末到河北"成为新时尚》，《河北日报》2023年10月30日。

创新研究篇

B.2
河北省打造全域全季旅游强省的
发力点与推动举措

边继云*

摘　要：　旅游是具有较强经济拉动作用的综合性产业。打造全域全季旅游强省，就是要通过全要素统筹、全产业共融、全过程服务、全方位供给、全社会参与、全市场共治，突破旅游产品的季节性与时间性限制，形成较强的产业竞争力、游客吸引力、综合带动力，实现以高品质旅游推动高质量发展。对照打造全域全季旅游强省的要求和发展目标，河北省亟须在规模、效益、阶段、业态、服务支撑能力等方面补齐短板、缩小差距。本文从做大市场规模、提升产业竞争力、优化旅游结构体系、强化服务支撑、完善政策保障等方面提出相关建议。

---

*　边继云，河北省社会科学院旅游研究中心主任、研究员，享受河北省政府特殊津贴专家，主要研究方向为旅游经济、创新经济、区域经济。

关键词： 全域旅游　全季旅游　旅游强省　河北

旅游业是资源消耗低、综合效益高的产业，其因门槛低、就业机会多、渗透性强的特点，已成为现代社会经济系统中最具活力的产业，又因强大的业态链接、叠加优势，目前已成为产业跨界融合的最佳载体和推动区域发展的综合平台。河北省旅游资源丰富而独特，山水林田湖草沙与厚重悠久的历史文化相得益彰，是自然与人文相辅相成、完美融合的旅游胜地，其在旅游业发展上具备突出优势。建设全域全季旅游强省，把握其建设内涵、明确其发展要求、找准建设的突破点和发力点是前提，也是基础。

一　全域全季旅游强省的内涵与发展要求

（一）全域全季旅游强省以"全"为重点，但这个"全"不是全要素的简单堆积和累加，也不是全域无差别的景区景点建设，而是全部资源要素围绕旅游发展的统筹优化配置

2016 年 1 月召开的全国旅游工作会议上首次提出"全域旅游"的概念。此后，国家先后出台了《全域旅游示范区创建工作导则》《国家全域旅游示范区验收标准（试行）》等一系列政策文件，全域旅游已经有了严格的标准，全域旅游的内涵在实践中不断发展、不断提升。全域旅游以"全"为重点，但并不是全部要素的堆积、全部资源的累加，更不是到处都是景区景点，其核心是按照全域化的要求，对旅游资源进行优化配置，对公共服务进行全面提升，促进产业深度融合，实施综合性和系统性管理，开展策略性营销活动。同时，将整个区域视作一个完整的旅游目的地，进行一体化建设、运营和管理，实现景区内外无缝衔接，确保全员参与旅游形象塑造和旅游环境营造，全要素统筹、全产业共融、全过程服务、全方位供给、全社会参与、全市场共治是其核心精髓。在全域旅游基础上延伸出来的全域全季旅游

重点是突破旅游产品的季节性与时间性限制，激活冷闲资源，弥合消费"落差"。

（二）全域全季旅游强省的核心目标是"强"：竞争力强、吸引力强、综合带动能力强

当前，全国31个省（区、市，不含港澳台）中提出建设旅游强省的已接近20个，竞争之激烈可见一斑。客观来看，"旅游强省"这一概念并非新近提出，也非个别地区的短期发展目标。实际上，早在2000年前后，四川、陕西、山东、江苏、浙江等省份就已经明确提出了建设旅游强省的发展方向。基于对各省旅游产业发展实际情况的综合分析，以及旅游业在新时代所承担的重要职责和使命，本文认为旅游强省的"强"至少应体现在以下两个方面。

一是立足自身发展，具有较强的产业竞争力和游客吸引力。旅游综合收入、市场规模、品牌优势、旅游效益、人均旅游消费、人均逗留时间等旅游主要指标能够进入全国前列；旅游新业态开发能力、旅游科技综合运用能力等代表旅游可持续发展的指标能够进入全国前列。

二是立足区域发展，具备显著的区域发展综合带动力。打造旅游强省，务必充分发挥旅游业综合性强、关联度高的产业功能[①]，全力实现旅游业"以旅彰文"的时代使命。旅游业能够成为助推区域经济创新发展、融合发展、转型发展、高质量发展的全新动力，能够成为提振区域消费、扩大区域开放的重要渠道，能够成为缩小城乡差距、地区差距和推进"共同富裕"的重要依托，能够成为弘扬区域文化、擦亮区域品牌、增强区域自信，以及区域引人、留人的重要载体。

二 河北省打造全域全季旅游强省面临的差距

全域全季旅游强省战略提出以来，河北省做了大量工作，出台了《河

[①] 根据世界旅游组织数据，旅游业关联的行业多达110个，旅游产业每增加1元收入，可促使相关产业收入提升4.3元。

北省加快建设旅游强省行动方案（2023—2027 年）》《关于开展"这么近、那么美，周末到河北"旅游品质提升专项行动工作方案》《关于推动文化和旅游市场恢复振兴的若干措施》等方案和措施，取得了非常显著的成效。2023 年中秋、国庆八天假期，河北游客量、接待游客人数、外地游客占比均位居全国第一梯队，其中接待国内游客人数排名全国第六。但也要清醒认识到河北省旅游产业还没有从根本上摆脱粗放发展的格局，转型升级进程仍相对缓慢。对照全域全季旅游强省的建设要求和发展目标，河北省还存在一定的差距。

（一）效益和竞争力的差距

一是旅游人气较旺，但对经济的带动效应亟待提升。目前，河北省旅游业态仍以观光游为主，旅游的发展仍停留在人次的增长而非人均消费的增长上，旅游消费仍处于"来去匆匆、两手空空"的境地。2023 年 1~11 月，河北共接待游客 8.06 亿人次，实现旅游收入 9123.67 亿元，分别恢复至 2019 年同期的 110.05% 和 108.48%，旅游人气较旺。但人均旅游消费仅为 1132 元，远低于江苏（1457 元）、云南（大理，1459 元）等地的平均水平，乡村旅游人均消费仅为 216 元，远低于全国（569 元）的平均水平。[①]

二是旅游企业综合效益不高，带动能力不强，"小弱散差"的基本特征亟须改变。2019 年[②]，河北省共有旅行社 1513 家，在全国排第 8 位；旅行社旅游业务利润为 17.9 亿元，在全国排第 22 位；旅行社平均业务利润仅为 11.8 万元，在全国排第 29 位，远低于全国（42.6 万元）的平均水平。星级饭店人均实现利润 -1.4 万元，远低于全国（0.5 万元）的平均水平，在全国排第 28 位。一方面旅游经济依然高速增长，另一方面"九成景区和企业不赚钱"成为常态，这样的局面在近几年并没有发生实质性变化。提高

---

① 本报告数据来源于《中国县域旅游竞争力报告 2022》及河北省文化和旅游厅公布资料。
② 疫情期间旅游业遭受重创，数据可比性较差；2023 年由于疫情的长尾效应，旅游企业的发展多处于恢复期。基于此，部分指标采用疫情前数据。

旅游企业综合效益，将是旅游强省建设的基石。

三是旅游区域竞争力不足。2019 年全国县域旅游竞争力百强县市中，河北省入选县市虽少于浙江（17 个）、贵州（9 个）、江苏（7 个）、湖南（7 个）、江西（7 个）、云南（7 个）、山西（5 个）、四川（5 个），但仍有平山、涉县、武安、遵化四县市入选。到 2023 年，全国县域旅游竞争力百强县市中，河北仅有迁安和平山两县市入选，且分列第 76 位和第 90 位，与浙江、四川、江西、江苏、贵州、云南等地的差距更加明显。

（二）阶段和业态的差距

一是发展阶段滞后和结构调整不足。世界旅游组织研究表明，旅游业发展一般要经历"观光游—休闲游—度假游"三个阶段。2022 年，河北省人均 GDP 突破 8000 美元，旅游业应该步入以度假游为主的阶段，但河北省旅游业仍整体处于观光阶段，局部呈现休闲度假特征，还远未达到度假经济时代。以国家级旅游度假区为例，截至 2023 年 5 月，全国共有 63 家国家级旅游度假区，河北省仅有 2 家，分别为崇礼冰雪旅游度假区和秦皇岛市北戴河旅游度假区，与浙江（8 家）、江苏（7 家）、山东（6 家）等省份还有差距。

二是产品、业态滞后。当前河北省的旅游产品可谓遍地开花，但仔细梳理会发现结构单一、品牌不响、产品同质仍是其主要特征。一方面，丰富的景观资源和历史文化资源没有转化成具有独特吸引力的当代创新产品。传统 IP 如长城、大运河、燕赵文化、皇家文化等虽有旅游化开发，但文化的融合与演绎有待升级，与用旅游的方式弘扬区域文化还有很大的差距。另一方面，核心旅游要素配置失衡。食、住、购、娱等方面存在明显"短腿"，很多特色小吃和美食尚未作为旅游吸引物被开发利用。

（三）服务支撑能力的差距

作为重要的消费型服务业，文旅产业的根本属性在于提供服务，这是其核心价值和竞争力的体现。2023 年"五一"期间，山西文旅《山西欢迎您》

宣传片向观众展示了山西丰厚的自然和人文景观，却惹来较多评论吐槽，且多集中在外地游客车辆违停罚单、停车场费用高、打车难、堵车、住宿涨价等服务领域。分析此次山西的"反面出圈"会发现，旅游服务已成为决定旅游形象和旅游口碑的关键环节。旅游服务已不再仅是文旅部门的职责，还涉及交通、市场监管、城市管理等多个部门。就河北省而言，旅游服务的发展与先进省市和新时代旅游市场的需求相比，仍存在一定差距。《2023 年中秋国庆双节消费维权舆情分析报告》显示，2023 年中秋、国庆假期，河北省热点景区"阿那亚社区私圈沙滩"引发了游客的大规模消费吐槽，应引起关注。

三　河北省打造全域全季旅游强省的着力点与推动举措

（一）立足当前，做好游客"招引"先手棋，做大旅游市场规模

一是细化"引客入冀"政策支持，提升旅行社和外地游客"入冀"的积极性。借鉴内蒙古、山东的经验，实施更加友好的外地游客"入冀"政策。例如，周末及节假日期间外地车辆在核心商圈、酒店和景区停车免费，省外游客持身份证可享受全省景区免费畅游，对入境石家庄、张家口、唐山的往返机票拿出一定比例的机票低价打折等。

二是立足京津市场，拓宽"引客入冀"渠道，以特定人群的引入推动河北省旅游口碑效应的加速扩散提升。瞄准京津客源市场，与京津文旅部门联合制订年度互送游客计划。加强与北京、天津各级党政机关、企事业单位、大中专院校及各类社会团体的对接合作，采取协议合作、往返接送、门票赠送等方式，吸引京津中直、市直单位等来冀开展工会、社团、党建、爱国主义教育、廉政教育、生态文明教育等活动。

三是重视省内旅游市场和旅游消费的价值，发起"河北人游河北"活动。2019 年省内游客占比为 51.8%，2023 年"五一"期间省内游客占比达

66.9%。在继续做好吸引省外游客入冀的基础上,高度重视本省居民仍然是河北省旅游最大的客源市场的现实,启动"河北人游河北"活动,着力提升微度假、近郊游产品的精细化水平,将全省视为一个互惠互利、相互输送客源的整体市场,协同推进各地市实现资源共享、市场共建和客源互送,从而促进旅游消费需求在省内迅速释放。

(二)从小切口入手变革重塑,围绕"吃、住、行、游、购、娱"丰富文旅消费场景,从游客根本需求出发打造文旅消费新引擎,提升打造全域全季旅游强省的产业竞争力

一是重视美食作为旅游吸引物的强大效能,以"吃"为突破口,打造一批餐饮微度假目的地、体验地和消费地。借鉴河北省"唐山宴"①、湖南长沙超级"文和友"的发展经验,推动其他地市打造标志性的,整合城市文化历史,融区域特色、非遗表演、民俗体验、艺术展览为一体的美食"微度假"目的地和餐饮体验地,最大限度发挥美食的引流和引领消费作用。

二是适应度假时代游客需求,以"住"为突破,狠抓一批星级酒店和特色民宿建设提升,让旅游"流量"变"留量"。突破传统旅游住宿的局限,创新并强化"为住而来"的理念,探索多元化、综合体模式,塑造品牌化、情景式体验,更好地满足不同群体尤其是年轻人日益丰富的住宿需求。推动每个县至少打造2~3家"地标"型民宿,加大国家级民宿的创办推荐力度,以创提质。同时,促进酒店业与等级民宿错位发展,打造冀系酒店品牌矩阵。充分依托民宿和酒店资源,积极拓展文旅体验、休闲娱乐、艺术品鉴等新空间,使之从旅游住宿地进一步转化为旅游吸引物。

三是全面把握旅游体验下的消费逻辑,以"娱"为突破,打造城市文旅商消费综合体。借鉴广州"正佳星球"、长春"这有山"的建设模式,以城市商业综合体、购物中心为依托,引入创意演艺、潮流体验、主题娱乐等

---

① 2023年"唐山宴"日均接待游客1.5万人次,真正成为流量密码。

消费新业态，布局建设沉浸式室内景观街区、沉浸式商业演艺空间，打造城市中心文化旅游目的地和文旅消费聚集地。借鉴洛阳"唐宫夜宴"和西安"大唐不夜城"沉浸式文旅的建设经验，择优推动 4~5 个设区的市重点打造反映城市特色历史、文化传承、民风民俗的沉浸式示范型文旅项目，加快城市风貌重塑，提升游客对城市的辨识度和认同感。

（三）加强结构调整，强化业态创新，建立稳观光、大休闲、强度假的旅游结构体系，夯实打造全域全季旅游强省的长远支撑

一是推动实施"微改造、精提升"行动。破解河北省景区游客体验不佳的问题，从挖掘文化内涵和提升游客微观感受入手，全面启动全省旅游业"微改造、精提升"行动，对全省 A 级以上景区、休闲度假区、文博场馆等旅游核心吸引物实施"微改造、精提升"。通过对景观、设施的"微改造"和餐饮、住宿、交通、管理、业态等的"精提升"，打造更多集观光休闲、度假康养、特色购物、生态旅居于一体的体验场景，推出更多分众、特色化的互动体验产品，赋予传统景区更多文化内涵、生态内涵、特色内涵。

二是围绕康养、乡村、运动"三箭齐发"，打造全国领先的"大健康+度假旅游"产业集群。一方面必须承认，河北省度假产品远远落后于发达省份，难以满足消费分层升级需求；另一方面也必须看到，河北省度假旅游资源富集，温泉、生态、中医药、避暑、冰雪和民俗体验等主题各具特色。建议聚焦优势资源，瞄准康养、乡村、运动三大领域，培育全国领先的"大健康+度假旅游"产业集群。具体而言，康养度假可借鉴四川经验，紧盯京津用户需求，以承德、张家口、保定、秦皇岛等环首都各市旅游资源富集的县为重点，打造康养旅综合体，全面引进高水平医疗、养老服务机构，在康养产品研发、技术规范、人力配备等方面全面与国际接轨，打造全国领先的高端康养旅游聚集地。乡村度假可借鉴浙江经验，以大城市周边、景区景点周边以及拥有独特资源的乡村小镇为重点，实施"万村景区化"工程，深入挖掘农耕文化，推进农文旅融合，探索发展未来乡村旅游、乡村旅居。借力后冬奥效应，依托京张体育文化旅游带建设，统筹引

进全天候山地运动中心、户外运动基地、越野跑驿站、国际标准户外小径体系、国际 IP 户外运动赛事等系列重大公共吸引物，抢占产业先行和高端形象，打造运动度假旅游目的地，促成康养、乡村、运动"三箭齐发"的度假旅游产业格局。

三是创新业态发展，推动政策突破，抢占旅游细分领域发展高地。探索以石家庄正定综合保税区为核心打造免税旅游购物中心或国际旅游自由购物区。以全品类、国际化、高品质评价商品为核心吸引物，以当地商贸文化为主题，以休闲娱乐、康体保健为辅助，以高档酒店、特色餐饮为配套，打造全方位的舒适购物环境。与此同时，加强房车、低成本航空等新领域的政策创新，如争取全域低空开放试点及通用航空先行示范政策，占领旅游细分领域高地等。

（四）牢牢把握旅游业发展趋势和服务特质，全力实施"旅游服务"提质工程，在文旅配套服务上下功夫，强化全域全季旅游强省的服务支撑

全力实施"旅游服务"提质工程，树立"服务即宣传"理念，叫响"宁可一人来千次，不愿千人来一次"口号。借鉴淄博、哈尔滨旅游服务提升经验，推动旅游要素由关注旅游资源开发向全方位提升旅游环境转型。改变以部门为核心的行业管理体系，构建以旅游领域为核心的社会管理体系，狠抓城市旅游管理综合服务质量提升和旅游从业人员综合服务素质提升。出台"更细化"的旅游服务管理规范和标准，对包括亲情化服务、食品安全、安全管控、统一管理、诚信经营等在内的服务内容设置细化标准，确保每一位游客都能在河北获得安全感、归属感。

（五）完善政策保障，加强对全域全季旅游强省建设的综合支持

一是探索实施文旅产业点状供地。借鉴浙江经验，改变文旅发展供地难、产业发展与房地产深度捆绑的现状，推进文旅项目宗地供地改革，以点状供地节约用地指标和土地成本。二是推广可移动装配式建筑。将河北省装

配式建筑的产业基础和旅游业发展的需求充分结合，发挥可移动装配式建筑几乎没有现场土方量、拆装运输效率高、全周期生态干扰小的优势，出台政策措施，明确可移动装配式建筑不占土地指标，在用地、环评和延长使用期限等方面给予政策扶持，推动全省旅游新业态的繁荣。三是创新对旅游业的消费支持政策。如鼓励行政事业单位及国有企业通过公开招标方式，委托旅行社承担交通、住宿、餐饮、会展、会务以及出境服务等业务。

B.3

把崇礼打造成为世界冰雪爱好者
首选目的地研究

李晓*

摘 要: 国家先后出台发展冰雪旅游、冰雪体育等领域相关政策和文件,"冬奥会效应"将更大程度地激发全国人民的冰雪热情,推动冰雪消费成为大众消费,从而产生巨量冰雪市场需求,为冰雪旅游集聚巨大的发展潜能。本文以"把崇礼打造成为世界冰雪爱好者的首选目的地"为着眼点,从设施布局、赛事体系和产业发展三个方面,梳理世界冰雪爱好者首选目的地的特征,剖析崇礼与世界冰雪爱好者首选目的地的差距,并提出相应的对策建议,以期进一步巩固河北省冰雪旅游领先地位,持续放大全省冰雪旅游发展优势,促进全省文旅产业高质量发展。

关键词: 冰雪旅游 冰雪消费 崇礼市

北京冬奥会的成功举办带来新一轮冰雪经济大发展市场机遇。习近平总书记指出:"北京冬奥会、冬残奥会就像是一个弹射器,可以推动我国冰雪运动和冰雪产业飞跃式发展。"① 国家先后出台发展冰雪体育、冰雪旅游等相关政策和文件,北京冬奥会的成功举办让崇礼这座小城一跃成为举世瞩目的冰雪胜地。2015年北京携手张家口获得冬奥会举办权以来,崇礼的发展步入了快车道,冰雪运动设施水平获得极大提升,索道、缆车、魔毯等设备

---

* 李晓,河北省社会科学院旅游研究中心助理研究员,主要研究方向为旅游经济。
① 《推动冰雪运动和冰雪产业飞跃式发展》,《人民日报》2022年4月28日,第14版。

国内一流，全程座椅加热功能的高速缆车世界一流，万龙、太舞、富龙、翠云山四家雪场入围"全国滑雪场十强"，崇礼成为国内最大的高端雪场集聚区，被评为冰雪旅游投资潜力区，并被《纽约时报》评选为 2019 年"全球52 个值得前往的旅游目的地"之一。根据中国旅游研究院大数据联合实验室发布的《中国冰雪旅游消费大数据报告（2022）》，崇礼的太舞、万龙、富龙等滑雪场已经成为很多滑雪爱好者冬季首选目的地。基于以上优势条件，中共河北省委十届二次全会提出"把崇礼打造成为世界冰雪爱好者的首选目的地"。要想达到此目标，了解崇礼与世界冰雪爱好者首选目的地的差距，聚焦短板弱项精准施策是重中之重，这对河北省发展后奥运经济、带动全省文旅产业高质量发展具有重要意义。

一　冰雪爱好者首选目的地的特征

1924 年以来全世界共举办了 24 届冬奥会，其中有的主办城市陷入了"后冬奥陷阱"，而有的城市依托冬奥会实现了快速发展，并且成为冰雪爱好者首选目的地。本文对法国夏慕尼、瑞士圣莫里茨、奥地利因斯布鲁克、加拿大温哥华、韩国平昌等冬奥会成功举办地进行综合分析，尤其是借鉴其赛后冰雪旅游发展经验，总结出冰雪爱好者首选目的地至少具备以下三个特征。

（一）设施布局完备化精益化：拥有选择丰富、设施完备的滑雪场馆以及系统配套的"吃住行游购娱"等服务设施集群

一流的雪场条件和完备的服务设施是冰雪爱好者首选目的地的核心和基础。依托欧洲最高峰勃朗峰的第一届冬奥会举办地法国夏慕尼是一个值得称赞的范例。夏慕尼旅游中心的数据显示，每年该市接待游客数量超过 450 万人次，其中 51% 来自法国，49% 来自其他国家，如此巨大的游客承载量首先得益于完备的设施布局。夏慕尼滑雪大区由勒图尔、佛列雷、阿让杰和莱坡尔四个主要滑雪区组成，共 13 个大型滑雪场，其中有 2 个独特的越野滑雪

场。滑雪区域的雪道分为高难度、中难度、低难度三个等级，部分雪道可穿越冰海地带，特色鲜明。同时，缆车有拖拽式、座位式、厢式三种，还有一条通往冰川的缆索，游客可根据自己的喜好随意选择。此外，夏慕尼小镇交通便利，有直达日内瓦、巴黎、里昂等多个城市的公共交通，还有勃朗峰高速列车、夏慕尼巴士、蒙坦威尔高山火车等滑雪场小交通。小镇的主要商业街全长不过 100 米，却拥有世界多数知名品牌的户外服装和用品的专卖店或专柜，还有 100 多家商店、超市、药房、餐馆和酒吧等。总之，滑雪场馆及配套服务设施完备、系统、多样、特色鲜明是夏慕尼滑雪大区闻名世界的必要条件。

（二）大型赛事体系化名片化：通过举办高水平、多层级、多样化知名赛事打造城市"独特气质"，持续提升城市知名度和影响力

通过大型赛事提升城市影响力是奥运会赋予主办城市的重要契机。许多奥运城市就是抓住各级知名赛事的举办机会，将自然环境、城市文化与赛事融为一体进行城市宣传，形成专属于这座城市的"独特印记"，从而打造成世界冰雪爱好者向往的圣地。

圣莫里茨是世界上顶级赛事的热门举办地之一，曾举办过 1928 年和 1948 年的冬奥会和五届滑雪世界冠军杯。同时，圣莫里茨还举办了第一场冰壶比赛、第一届欧洲滑冰锦标赛、阿尔卑斯地区第一场高尔夫比赛。此外，圣莫里茨还要在一年中的不同时间举办恩加丁滑雪马拉松、圣莫里茨雪地马球世界杯、圣莫里茨雪上赛马大会、圣莫里茨马术障碍赛、圣莫里茨城市越野滑雪赛等著名赛事。赛事期间圣莫里茨将原生态与运动休闲有机融合，城市街道变身为滑雪赛道，选手们在音乐和醇美香槟的陪伴下，向世界展现清新纯美的自然环境和传达奢华、高端、大气的城市氛围，使得滑雪爱好者热衷在这里度假，并通过他们的行为方式和口碑传播进一步引领大众，成为今天全球公认的世界冰雪爱好者的旅游天堂，"挥洒金钱的度假地"的城市名片由此而生。

加拿大温哥华力争办成最"绿色"的奥运。2010 年冬奥会结束后，温

哥华总结了以往冬奥会有关场馆利用的经验，将场馆中心延续建成社区体育中心，以保持现有标准来吸引国际赛事，如积极举办了 ISU 国际花样滑冰大奖赛总决赛、世界杯有舵雪橇锦标赛、国际无舵雪橇世界锦标赛等世界级大赛，还承办了许多公众赛事和特别活动，通过这些高水平、多层级赛事持续向大众展现宜居的城市自然环境和多元文化的城市氛围，吸引游客。据统计，温哥华游客量连续创纪录，2016 年以来年均超过 1000 万人次。夏慕尼则通过每年举办环勃朗峰超级越野赛、自由式滑雪世界巡回赛、世界攀岩锦标赛等一系列世界著名赛事凸显"竞技"精神，"死亡竞技的世界之都"成为夏慕尼的城市名片。

（三）产业功能融合化多元化：以冰雪产业为核心，推动运动、文化旅游、康养以及教育培训、装备制造等多产业融合发展

冰雪爱好者所青睐的国际一流滑雪旅游目的地均已实现融合型产业发展格局，这种发展格局并非一蹴而就的，它通常以冰雪产业为核心，逐步与其他产业相融合，从而使产业功能得以夯实、拓展、升级、跃迁。德国加米施-帕滕基兴以冰雪产业为核心，不断丰富冰雪运动项目和雪上赛事活动，同时将滑雪运动与温泉、旅游、户外运动、装备制造等业态有机融合，形成集休闲、观光、运动、娱乐、度假于一体的综合性冰雪旅游目的地。挪威利勒哈默尔借助冬奥会契机，一方面不断强化滑雪基础功能，大力发展滑雪运动，在周边开设雪场，以市区发展逐步带动周边郊区发展，并积极拓展了登山、骑行等多种体育运动，形成以体育运动为主题的多产业联动发展模式；另一方面将滑雪与文化旅游相融合，以其举办冬奥会的历史和奥运会博物馆来吸引游客，最终形成"滑雪+体育+旅游"的产业融合发展格局。韩国平昌开创了"冰雪+娱乐影视"产业融合发展格局，巧妙地将电视剧与滑雪场结合，吸引来自世界各地的粉丝前去打卡。法国夏慕尼十分重视"滑雪+教育培训"的融合发展，在政府层面将冬季项目逐渐纳入国家正规教育体系，又在夏慕尼修建了法国国家登山滑雪学校，不断强化冰雪目的地的综合发展能力。奥地利因斯布鲁克的产业发展格局较为特殊，是在已有的文化旅游、休闲度

假功能基础上，强化了滑雪功能。随着滑雪功能的发展与完善，为实现产业季节性平衡，大力发展户外运动和康养旅游，使得当地旅游业态更加丰富，市场影响力显著扩大。据统计，因斯布鲁克虽然只有 18 万人口，但每年接待游客达 150 多万人次，曾超越首都维也纳，成为奥地利观光游客最多的城市。

二 崇礼与冰雪爱好者首选目的地的核心差距

明晰崇礼与冰雪爱好者首选目的地的核心差距，是把崇礼打造成世界冰雪爱好者首选目的地的前提。对标冰雪爱好者首选目的地的特征，从设施布局、赛事体系和产业发展三个方面入手来分析核心差距，具体分析如下。

（一）设施布局：滑雪基础设施齐全且水平高，但配套服务设施还未达到世界级冰雪目的地的要求

目前崇礼已建成万龙、云顶、太舞、长城岭、富龙、多乐美地和银河 7 大滑雪场；169 条高、中、初级雪道，总长 162 公里；索道和魔毯共 70 条，总长 45 公里。此外，76 个冬奥会场馆和相关配套设施项目均高质量完成，国家滑雪中心、国家越野滑雪中心、国家冬季双项中心设施世界一流，竞赛场馆和冬奥村均达到绿色建筑三星级标准。但对标国际一流冰雪目的地，崇礼现阶段的配套服务设施需要提质升级：交通方面，虽然崇礼的高速、高铁四通八达，但与包含飞机、火车、公交、出租车、缆车、自行车等的立体式交通体系还有一段距离；餐饮、住宿和购物方面，虽然沿街雪具店国内外品牌云集，各档次餐厅配套齐全，洲际、凯悦、悦榕庄、万豪等一批知名酒店品牌落户崇礼，但这些服务设施处于初级发展阶段，多样化、品质化、特色化程度有待提升。

（二）赛事体系：赛事体系初步建立，但以大型赛事为载体凸显城市气质和提升城市知名度方面刚刚起步

目前崇礼已形成以国际赛事为标杆、国家级赛事为抓手、省级赛事为支

撑、市级赛事为基础的赛事体系。2019~2022雪季，崇礼承办了国际雪联世界杯赛、积分赛、亚洲杯赛、PSA亚洲单板职业联赛分站赛、ITU国际冬季铁人三项赛、雪耀中国·高山滑雪积分赛、全国越野滑雪青少年锦标赛、全国自由式及单板滑雪障碍追逐锦标赛等一大批国际、国内高端赛事。此外，第二届京张全季体育旅游嘉年华、京津冀定向越野赛、168国际超级越野赛、越山向海人车接力赛、斯巴达勇士赛、崇礼50公里国际山地越野赛等群众体育品牌赛事相继在崇礼举办。但对标国际一流冰雪目的地，崇礼举办的大型知名赛事仅限冰雪赛事，体育赛事供给结构还需优化。此外，尽管崇礼在夏季举办了一些户外、休闲运动赛事，不过整体来说赛事时间集中在冬季，赛事空间集中在滑雪场，对充分释放体育赛事在塑造城市气质、激发运动激情以及提升"雪国崇礼·户外天堂"品牌国际知名度和影响力等方面发挥的作用有限。

（三）产业发展：产业融合发展格局初露端倪，但与世界级"目的地"型产业生态差距很大

崇礼以冰雪产业为基础，不断培育发展体育运动、文化、旅游及会展、节庆赛事、装备制造等产业，初步构建起融合型产业发展格局。2022年7~8月，崇礼以赛事活动举办作为引流锁客、升级消费的重要抓手，推进文体旅持续深度融合，承办举办各类大型群众户外赛事活动超过20项，累计接待游客超过20万人次。此外，经过近年来的培育，冰雪装备产业实现了从无到有，产业初具规模，产品涵盖造雪机、压雪机、魔毯、索道、滑雪板、冰雪运动服饰等。但对标国际一流冰雪目的地，现阶段崇礼的产业融合深度广度还不够，尤其是冰雪装备产业基础仍比较薄弱，自主创新能力较低，缺乏知名品牌。此外，虽然冰雪产业区域联动效应初显，但冰雪产业区域联动融合发展程度与国际一流冰雪目的地还有一段距离，还需依托资源互补、区域联通、文化相融、政策支撑的区域协同条件，进一步推动京张冰雪产业协同发展。

三　借鉴国际先进经验，把崇礼打造成为世界冰雪爱好者首选目的地的对策建议

冬奥会比赛结束后，如何延续比赛所形成的体育文化资源及氛围，使之变成可持续发展的财富，是所有冬奥会举办城市必须面对的问题。特别是京张联合申办冬奥会，其区域影响力的特殊性和广泛性体现得更为显著。借鉴国际先进经验，依托河北省冰雪资源优势、历史文化底蕴和产业基础，紧抓后冬奥"长尾效应"，为把崇礼打造成为世界冰雪爱好者首选目的地，本文提出以下对策建议。

（一）补齐配套服务短板，强化"目的地"型服务设施集群

一是构建服务于滑雪场的"小镇"服务基地。借鉴瑞士圣莫里茨公共交通设置方式，优化太子城冰雪小镇、太舞滑雪小镇等公共交通系统，空间上以道路为线串联崇礼全域滑雪场馆、冰雪小镇、文旅景点和乡村旅游重点村镇，时间上将飞机、火车时刻表与公交系统、缆车等时刻表精确对接，形成安全、便捷、高效、绿色、经济的现代化综合交通体系。以"星级"为引领，梯次推进住宿设施提质升级。持续引进国际知名酒店入驻崇礼，着眼于挖掘和释放年轻群体的消费潜力，不断丰富青年旅舍、酒店式公寓、出租公寓、旅行拖车、木屋等设施形式；以文化为根、以特色为先、以创新为魂、以大众为基、以品牌为要，打造乡村精品民宿，并与国家旅游民宿行业相关标准接轨，培育一批乡村等级旅游民宿。锚定智能消费新热点，着力推动智能酒店、智能餐厅、无人商店等服务配套设施建设，逐步实现分时段预约、虚拟排队、虚拟导览、智能定位等服务功能，打造智慧旅游新空间，让泛在通用、智能协同、开放共享的智慧服务设施集群成为崇礼"流量"变"留量"的重要载体。

二是构建京张配套服务设施"骨干网"。以服务"同城化""一体化"为出发点，以延庆、崇礼为核心，构建"布局均衡、功能齐备、特色突出"

的"点—线—面—带"京张联动旅游配套服务设施体系。围绕健全网络、提高效能等关键环节,持续完善"大通道""都市圈"和"城乡一体"交通网,构建京张内外"大联通"的交通网络。增强北京首都、大兴国际机场辐射带动功能,完善张家口宁远机场航线网络,有序推进一批通用机场建设,加快建设"干支通、全网联"的航空运输服务网络。提升高铁站点与京张城区、奥运场馆以及重点旅游景区、度假区的便捷通达能力,打造"高铁+域内旅游公交"的新型旅游交通模式。完善京张区域内自驾车旅居车营地、驿站等服务站点,优化网上预订、送车、异地还车等服务功能,构建网络化的自驾车旅居车共享租赁服务体系。借力京张体育文化旅游带建设,统筹推进配套服务设施建设管理,协同推进京张体育文化旅游配套服务设施融合,探索建设、改造一批综合服务设施,提供体育与旅游、文化、科技、康养融合的多元化服务。

(二)建立名片化赛事体系,塑造"汇聚东西、融贯古今、激情四溢"的城市气质,打造世界知名冰雪运动、休闲胜地和人文交往新高地

一是构建"大型赛事+特色赛事"体育赛事体系,打造永久性赛事集聚地。以冰雪顶级赛事为引领,推动自主品牌赛事与地域特色赛事共同发展,打造立足地方、服务全国、辐射世界的顶级赛事集聚地。联合北京,依托奥运场馆积极承办国际雪联世界杯、洲际杯以及亚洲冬季运动会、全国冬季运动会等国内外顶级冰雪竞技赛事,持续提升崇礼冰雪"运动之城"的关注度。培育自主品牌赛事,逐步完善自主品牌赛事的认证和知识产权保护机制,各品牌系列赛事实现统一标识、各具特色、互为补充,建成丰富、多元、影响力大的自主品牌赛事体系。围绕滑雪运动的场地优势,开发足球、赛马、赛车、跳台滑草等多项特色赛事,确保"场馆不闲置、赛事不断档、活动有新意",全力打造"时尚崇礼""激情崇礼",逐渐打响世界知名冰雪运动、休闲胜地品牌。

二是塑造优秀文化品牌,发挥大型体育赛事"聚媒效应",打造人文交往新高地。一个城市只有具备了有特色的文化,才有可能以卓尔不群的姿态

屹立于世界城市之林。崇礼拥有独具特色的多民族融合文化，包含长城文化的坚韧、戎马文化的无惧、游牧文化的率直、农耕文化的忠厚、坝上文化的粗犷、中原文化的灵秀。基于此，凭借符号化、仪式化和产品化手段塑造核心 IP，以核心 IP 讲好崇礼故事和中国故事为运营主线，全力扩大崇礼元素，通过大型赛事全面宣传推介崇礼。比如进一步发挥"冰墩墩"等第三文化人效应，通过大型赛事这一系列仪式化媒介，让拟人化形象参与崇礼文化故事讲述，形成一道体育赛事文化风景线。

三是深化与历届冬奥会举办城市的交流和务实合作，提升崇礼国际知名度和影响力。依托博鳌经济论坛等具有全球影响的国际交流平台，联合北京主动建立以国际友好城市和全球著名冰雪城市为主渠道的冰雪赛事国际交往联盟，增强国际国内交往合作，加快引导与集聚国际优质冰雪资源，将京崇打造成为全球冰雪重要节点城市，提升京崇在国际冰雪领域的影响力和话语权。

（三）发挥"冰雪+"集聚倍增潜能，营造"目的地"型产业生态

一是打造世界级冰雪运动与休闲度假集聚区。挖潜赋能，培育以冬季滑雪、夏季户外为核心的运动休闲产业强劲发展动能。一方面，引进知名冬季体育品牌企业，与北京携手打造科技含量高、绿色环保的冰雪装备制造产业园区，构建集冰雪运动科研、生产、咨询、策划于一体的冰雪产业聚集区；另一方面，进一步开发夏季户外运动产品，完善崇礼所在沿太行山、沿丝绸之路、318 国道的户外产品体系，融入我国户外运动"三纵四横"的空间布局，以组团形式打造世界级冰雪运动产业集聚区。同时，通过"体育+文旅商养"多业态融合发展，将崇礼"三场一村"打造成集专业赛事、会展节演、康养度假、研学培训等功能于一体的世界级"体文旅"目的地。云顶滑雪公园以冰雪运动和山地度假为重点，打造成集运动、休闲、会议、度假于一体的山地型旅游度假区。国家跳台滑雪中心打造成集餐饮、演出、展览、娱乐、高端会议等于一体的商业综合体和大众跳台滑雪培训基地。国家越野滑雪中心改建成山地公园，组织冬夏两季的冰雪文体活动。国家冬季两

项中心在满足国家体育专项训练和赛事的同时，建成适合青少年的滑雪培训和冰雪体验基地。此外，围绕"一带一路"倡议，与吉林长白山（非红线区）、黑龙江亚布力、新疆阿勒泰等地合作共同建设冰雪丝路带，以"冰雪运动+文化旅游"的集聚产业形式带动崇礼与共建"一带一路"国家之间的冰雪经济互动。

二是打造京张冰雪"体文旅"融合发展集聚区。以京张体育文化旅游带建设为重要契机，坚持体育牵引、文化赋能、旅游带动，推动冰雪运动与文化、旅游产业深度融合，培育发展"冰雪运动+文化旅游"新业态。壮大冰雪体育旅游小镇新业态，以乡村为主体，与延庆共同打造独一无二的山区冰雪旅游小镇，采取高端切入策略，通过招商引资，开发冰雪度假或滑雪度假旅游产品，重点建设中高端度假村及度假酒店，并积极联手轻奢营地品牌，推出户外主题类"营地度假"新空间，打造集生态、户外、健康、时尚等于一体的野奢微度假营地。培育冰雪文化演艺新业态，充分利用崇礼文化优势，与北京文化资源相融合，搭建冰雪文化演艺剧院，打造具有故事情节的冰雪文化演艺剧目，开展冰上芭蕾、花样滑冰、冰球、冰壶等观赏性强的冰雪表演节目，在丰富冰雪运动产品类型的同时发扬中华优秀传统文化。发展冰雪文旅节事新业态，将春节文化、长城文化、大运河文化、民俗文化与冬奥元素有机融合，全年开展不同类型的冰雪文化旅游节、冰雪文化会展、"快乐市民"欢乐冰雪季、冬奥主题庙会灯会、奥运城市体育文化节等系列活动。

参考文献

周星磊：《冬奥背景下张家口崇礼区建设国际冰雪旅游目的地的对策研究》，首都体育学院硕士学位论文，2022。

王欣、黄迪、李莹：《国际一流滑雪旅游目的地的特征和发展经验》，《中国旅游报》2020 年 10 月 28 日。

《冬奥打开崇礼未来之门》，《河北日报》2022 年 2 月 12 日。

马国萍、侯鸿儒：《崇礼区亮出"赛旅一体"特色名片》，《张家口日报》2022 年 8 月 23 日。

曾磊、陈佳：《后冬奥时代京津冀体育旅游节点城市发展策略研究——以保定市为例》，《大舞台》2022 年第 2 期。

亢春宁：《"四大国家战略"融合推进》，《张家口日报》2022 年 10 月 17 日。

段光达：《推动黑龙江省冰雪经济快速发展》，《奋斗》2023 年第 3 期。

唐玲丽、王磊、程永军：《新时期推动辽宁冰雪经济高质量发展的对策建议》，《中国商论》2022 年第 11 期。

张云：《抓住冬奥机遇 打造冰雪产业链》，《河北日报》2019 年 9 月 11 日。

华南、陈晰、李菡丹等：《名城名人 留住地域的灵魂与温度》，《中华儿女》2019 年第 5 期。

《圆梦冬奥 再续荣光》，《张家口日报》2022 年 4 月 29 日。

《激发活力 写好"冰雪+"大文章》，《吉林日报》2022 年 2 月 15 日。

《今年谋划举办 30 余场重点赛事和展演活动》，《河北日报》2022 年 4 月 26 日。

王凯东、高越：《河北冰雪装备产业初具规模》，《中国旅游报》2019 年 12 月 16 日。

《淬炼，"冬奥小城"这样走向世界》，《河北日报》2022 年 7 月 11 日。

B.4
把河北省建设成为北京居民周末休闲度假首选地研究

王春蕾　刘诗涵*

摘　要： 将河北省建设成为北京居民周末休闲度假首选目的地，是充分发挥河北省资源优势、建设旅游强省的重要举措，也是充分发挥河北省区位优势，吸引北京居民爱上河北、服务河北的重要依托。北京高收入人群比例高居全国首位，旅游市场规模与消费能力巨大，因此打造北京居民休闲度假首选目的地，要明确北京居民周末休闲度假去向，对比竞争对手和建设目标要求，剖析河北省首选目的地建设的差距和存在的问题。本文从提升差异化竞争力、优化服务管理、提升吸引力和首选度等方面提出建议，以期为把河北省建设成为北京居民周末休闲度假首选目的地建设提供参考，为河北建设旅游强省提供助力。

关键词： 旅游强省　休闲度假资源　旅游市场　河北省

打造"京津周末休闲首选地"是打响河北旅游品牌的重要举措，也是推进河北省全域全季的旅游强省建设的重要路径。河北省与京津地脉相连、文脉相亲，休闲度假资源丰厚，具备打造首选地的先决条件。但也不得不承认，就河北省旅游发展现状而言，与首选地的建设目标还有一定差距。要建设打造首选地，需要将旅游市场规模和消费能力首屈一指的北京市场作为核心来抓，掌握当前北京居民周末休闲度假的需求与去向。

---

* 王春蕾，河北省社会科学院旅游研究中心研究实习员，主要研究方向为旅游发展与管理；刘诗涵，河北外国语学院航空旅游学院讲师，主要研究方向为旅游发展与规划。

一　北京居民周末休闲度假去向及发展趋势

近年来，北京周末游市场活力持续迸发，以本地休闲与京郊出游为主要特征的"微度假"已成为北京居民周末出游的主基调。北京市文化和旅游局发布的统计数据显示，2021年，北京居民在京游人数1.26亿人次，其中京郊接待北京出游人数达8416.8万人次，京郊游比重已从2019年的53.6%、2020年的55.2%上升到2021年的66.8%。从河北省文化和旅游厅发布的数据来看，2022年第三季度接待北京游客数量达917.2万人次，以此推算河北省全年接待北京游客数量可达3600余万人次，即使以这个较高的数据来参照对比，也仅为2021年北京京郊游客数量的四成左右、2020年北京京郊游客数量（6933.12万人次）的五成左右。与河北省相比，北京居民更加热衷前往京郊休闲度假。当前，游客出游愿望强烈，但北京居民本地"微度假"仍占据市场主体，跨区域休闲度假的增长势头依旧缓慢。

2019年，已有近七成的上海游客周末选择前往江浙出游，超五成的重庆游客周末选择前往四川、贵州出游。随着河北省旅游业态的不断成熟和竞争力的不断提升，北京居民周末扩大出游半径、进行跨区域出游是趋势也是必然。事实上，随着河北省"这么近、那么美，周末到河北"品牌的叫响和各地强力引客举措的出台，河北省对北京游客的吸引力正在提升。百度地图慧眼数据显示，2023年五一假期北京居民迁出目的地前十位中，河北省9座城市上榜，较2022年国庆假期增加4座。尽管如此，面对首选目的地的建设要求，河北省仍存在诸多问题与制约。

二　河北省建设成为北京居民周末休闲度假首选地面临的问题

（一）与京郊这一最大的竞争对手相比，河北省休闲度假业态和产品不具胜出的绝对优势

学界对北京进行分析的时候往往容易把北京视为一个大都市的整体，习

惯性地忽略"京郊"这一在北京休闲度假业态中存在感越来越强的区域。事实上,从休闲度假资源总量、分布密度来看,河北省虽然总面积为京郊的12倍多,但全国乡村旅游重点村、全国乡村旅游重点镇(乡)、甲级民宿等数量与京郊基本持平,国家森林公园、5A级景区数量仅约为京郊的2倍、4倍,与京郊相比,河北省自然与人文景观分布密度远远不足。从休闲度假业态来看,目前京郊已形成温泉度假(小汤山、凤山温泉)、休闲农业(密云区天葡庄园、延庆区小仓农场)、户外休闲(密云南山房车小镇、怀柔白河漂流、八达岭国家森林公园)、文化体验(唐人坊非遗技艺体验基地)、乡村休闲度假(门头沟区妙峰山镇炭厂村、昌平区兴寿镇下苑村)、冰雪休闲(密云南山滑雪场、平谷渔阳国际滑雪场)、康养度假(密云区太师屯镇仙居谷森林康养基地、怀柔区渤海镇)等多业态协同的发展态势。从京郊休闲度假产品类型来看,在"逛京郊·品京品·享京韵"、休闲农业"十百千万"畅游行动、"畅游京郊"计划等的实施带动下,陆续推出了京郊旅游购物精品线路、京郊美食游精品线路、"京郊之夏"精品农事体验旅游线路等主题产品,发布了涵盖六大片区的北京微度假目的地品牌,文旅商农体深度融合的优势组合产品层出不穷,并且能够较为广泛地覆盖北京游客多层次休闲度假需求。

表 1　2022 年京郊与河北省休闲度假点位数量对比

单位:平方公里,个

地区	面积	全国乡村旅游重点村	全国乡村旅游重点镇(乡)	国家森林公园	甲级民宿	5A 级景区
京郊十区	15071.24	44	6	13	2	3
河北省	188800	49	6	28	2	11

注:京郊十区为大兴区、通州区、顺义区、昌平区、门头沟区、房山区(远郊六区);怀柔区、平谷区、密云区、延庆区(近郊四区)。

数据来源:文化和旅游部、国家林业和草原局网站。

客观来看,京郊休闲度假资源总量多、密度大,业态齐全,产品品质高,"吃住行游购娱"的组合产品类型优于河北省,更具有天然的区位优势。就目前来看,在与京郊的客源"争夺战"中,河北省胜出的难度较大。

（二）河北省"粗线条"的旅游服务难以吸引对品质有更高要求的北京消费群体

《北京市 2022 年国民经济和社会发展统计公报》数据显示，2022 年北京居民人均可支配收入达 7.74 万元，在全国各大城市中位居第二，约为全国平均水平的 1.57 倍；旅游人均花费近年来已稳定在 3000 元以上，常年保持在全国平均数据的 3 倍以上，是国内购买力最高、消费能力最强的城市之一。在高消费支撑下，个性化、品质化、多样化的"高质量"旅游服务与体验已成为北京游客"刚需"。而河北省休闲度假目的地大多依靠当地旅游资源发展起来，虽经政府引导和市场考验，但因缺乏品牌化、精品化、细致化的多元支撑，仍难以走出游客对旅游服务期待值高，但管理水平低、经营不规范、设施不精良、体验不精致的怪圈，"粗线条"的旅游服务难以满足对品质有更高要求的北京消费群体。

（三）营销组合拳频出下，引爆点的缺失使品牌认可度和关注度仍不理想

当前河北持续深耕"这么近、那么美，周末到河北"宣传阵地，全平台策划"周末到河北"宣传话题，热度得到了前所未有的快速增长，但就各媒体数据来看，"这么近、那么美，周末到河北"话题爆点仍然缺失，北京游客对河北省旅游品牌的认可度与关注度仍不理想。

从反映北京游客对各地旅游关注度的百度指数来看，即使选取近 1 个月内公布的平均搜索指数进行分析，河北省与京郊仍存在明显差距：旅游品牌平均日搜索指数方面，北京游客对河北省各地旅游品牌关注度平均值仅为 4582，不足京郊（15605）的 1/3；高搜索指数区或地市数量等方面，河北省仅有石家庄一地的旅游品牌关注度突破 10000，九成以上的地市低于 10000，五成以上的地市低于 5000，而北京游客对京郊十区的旅游品牌关注度除密云区外均突破 10000，其中门头沟、昌平两区更是突破 20000。从反映网民群体意志的各平台数据来看，"这么近、那么美，周末到河北"话题

能够引起全网广泛关注的爆点内容仍然较少：各平台"话题排行榜"数据显示，与同平台旅游地点类榜单首位话题相比，微博话题累计阅读量不足其3%，哔哩哔哩视频累计获赞量仅为其1%、粉丝数量不足其4%，小红书笔记数量、抖音关键词月搜索量的差距则更大。

三　国内其他地区周末休闲度假游发展的经验

（一）临潼、呼和浩特：厘清发展顺序，以重点项目、重点区域突破，带动区域休闲度假产业高质量发展

既要着眼当前，又要放眼长远，在充分尊重各地产业基础的前提下，分清主次、先后顺序，防止简单片面的"一哄而上"，是区域休闲度假产业得以高质量发展的共同特征。其主要做法是：结合地区实际，出台相关政策、制定发展战略，以重点区域、重点项目引领，有序引导休闲度假产业整体推进。陕西临潼编制《西安临潼国家旅游休闲度假区总体规划（2010—2020）》，将知名度较高、发展基础较好的凤凰池国际景区、大唐华清池、芷阳湖生态谷等作为重点项目，走出了一条以重点项目带动临潼整体休闲度假产业快速发展之路，"十三五"期间临潼累计接待游客数超过2.37亿人次，综合收入达992.1亿元，荣获"中国最美休闲度假胜地"的荣誉称号。呼和浩特按照《呼和浩特市打造"区域休闲度假中心"三年行动方案（2022—2024年）》《呼和浩特市建设"宜游"城市三年行动方案（2022—2024年）》总体部署和规划，将北部敕勒川草原、南部黄河作为休闲度假优先发展的重点区域。

（二）浙江、山东威海等：理顺业态结构，以业态的系统布局与创新实践，强化休闲度假的差异化体验

发展的重点不宜千篇一律。现阶段，实现区域休闲度假业态的错位发展，必须增强全局意识、创新意识，深度挖掘地方特色，坚持系统推进、创新做法，找准自身定位与方向。

其一是形成"一盘棋"思维，在区域内进行业态布局的统筹安排，在

结合当地独特的资源优势基础上，以消费市场的细分需求为引导，形成分工合理、优势互补、错位发展的休闲度假产业发展态势。国内休闲度假产业发展的龙头——浙江省，紧紧围绕长三角地区游客休闲度假细分需求，贯彻"多业态错位经营"的理念，各地市休闲度假业态亮点纷呈：湖州市德清县立足于打造"莫干山国际旅游度假区"和"中国·德清莫干山国家山地户外运动基地"的定位，将商务休闲、户外运动、生态养生和农村体验作为休闲度假产业的发展方向；舟山市嵊泗县依托美丽海岛，重点发展渔家乐、渔家民宿；桐乡市、湖州市南浔区等地依托江南水乡特色古城镇打造高端休闲体验式文化空间；衢州市柯城灵鹫山、六春湖等地致力于成为长三角地区以生态养生、山地休闲为亮点的休闲度假区。

其二是增强"造血功能"，以创意为基础、以资源为依托、以体验为导向，通过创新优化旅游要素或利用现代科技手段，营造特色主题、审美情趣相融合的休闲体验新场景，创造新的吸引点。威海市以"新产品"——长达1001公里的千里山海自驾旅游公路错位进击，整合沿线周边的休闲基地、美丽乡村，实现自驾游、露营游、周边游、周末游等微度假文旅新消费的集聚，在全市范围内构建起全方位、多层次、差异化的周末游休闲度假品牌体系，升级更新赴鲁游客滨海休闲度假新体验，被誉为休闲度假的"威海样板"。安吉市帐篷客溪龙茶谷度假酒店则是以极具特色的"帐篷别墅"为核心卖点实现了"美食+休闲+露营+户外"的排列组合，迅速吸引了大量游客。云南省首个科技野奢摩旅主题度假营地——腾冲市世博牧云·悠所摩旅营地，将摩旅、温泉、营地、高科技四者结合在一起，借力高科技设施设备实现智能情景全面覆盖，为游客创造了个性化、多样化的"精品营地+休闲度假"服务与体验。据此，威海、安吉、腾冲皆以休闲度假资源的创意开发，创造出新的旅游吸引点。

（三）陕西袁家村：优化旅游体验，以高品质旅游服务来提升游客满意度与口碑，吸引游客多次来访

周末游的"近程、易到、高频"特性，决定了便捷、高效旅游公共服

务的必要性，就国内经验而言，往往围绕周末游客需求，通过提升周末游便利度、舒适度来优化"留人留心"的消费体验。在陕西省"自驾游目的地基础设施提升计划"的指导下，处于关中腹地的"中国乡村旅游第一村"袁家村扎实开展建设，建成可容纳1.5万辆车的大型停车场和临时停车位，极大提升了游客出游便利度。此外，袁家村民宿群在充分展示地方民俗特色的同时建立了合理的价格体系与人性化的服务体系，能够满足游客经济、精致、舒适的多层次住宿体验需求。当前袁家村已广泛吸引了西安、咸阳等周边城市居民周末来访，每年游客数量达600万人次，自驾游客占95%。

（四）烟台、张家港：重视网络营销，借助互联网平台展开品牌营销，提升游客黏性与首选度

通过互联网培养游客黏性，提升区域渗透率与游客首选度。国内城市往往顺应互联网和社群市场趋势，选择发挥好网络论坛、社交平台、各类自媒体App的作用，让休闲度假信息以社交化的形式传播。如烟台市、张家港市创新宣传形式，通过与"网红大V"的积极互动、合作，制作内容丰富、形式多样的宣传视频、旅游笔记，在社交群体中依靠真实且强大的关系链形成即时互动、口碑传播，挖掘潜在客户，将"小马尔代夫"——烟台养马岛、"日系小镰仓""台湾小垦丁"——张家港"慢岛"双山岛等，打造成知名休闲度假胜地。

四　加快推动河北省成为北京居民周末休闲度假首选地的几点建议

（一）打响更要打赢：积极对接市场，走差异化、精准化、创新性的产品路线，构建河北省周末休闲度假产品核心吸引力

1.强调河北省地方魅力，依托特色产业、地域文化等要素组合的差异化实现与京郊周末休闲度假产品的错位发展，凸显竞争优势

一是"医养同频"，加快布局"医养旅居"医联体康养项目，持续深化

打造北京居民医养"后花园"。按照"滨海养心、湖畔养性、温泉养身"的"三养"总体发展思路,重点在秦皇岛、衡水、承德等地按照"1+1+N"的发展模式加快布局一批医联体康养项目,即至少吸引"1项"北京优质医疗资源汇集,与"1家"省内顶级医院、顶尖医药科技公司、医学专业院校、中医药研发基地签订合作协议,配备"N个"健康管理中心、康复保健中心、医疗体检中心、文娱康体中心、妇幼全龄式健康促进中心,吸引并服务于北京亚健康人群、中老年人群体、青少年以及妇孕婴幼群体。

二是"民俗为魂",打造一批冀味文化微度假目的地,推动文旅消费场景升级。着力以河北文化内涵与意趣释放北京游客多元、高品质文旅消费需求,围绕武术、杂技、折纸剪纸艺术、曲艺、皮影、傩戏等特色民俗文化,集中在周末推出系列实景演出、音乐会、晚会、庙会、傩戏大巡游、民俗杂技剧场等活动,围绕春节、端午、中秋等开展"冀地过节"系列节日主题的民俗体验活动,开设一批具有互动体验功能的冀味民俗体验文化集市,打造一批休闲度假与文化体验相互融合的冀味文化主题休闲集聚区。

三是"以住为媒",抓好民宿品质升级与生活场景丰富"两大建设",创造北京人周末休闲度假新选择。走高端化、特色化、精品化道路,在提升民宿品质上下功夫,放大河北省自然山水优势,在长城、大运河、太行山、沿渤海、坝上草原等地做好一批品牌民宿群,与国内知名民宿公司展开合作,按照"一村一品"打造10个左右网红民宿村。按照"民宿+X"发展理念,鼓励民宿融入文化体验、图书馆、美食、音乐表演等元素,配置露营野餐、徒步线路、团建、年会等具有社交属性的热门活动,拓展民宿生活场景,落实"民宿即目的地"的一站式休闲度假功能,拓展北京人休闲度假选择范围。

2.快速响应市场需求,专注拳头产品做精做细,助力河北省尽快占领细分市场,抢占市场高地

"北京游客市场调查"显示,自然深呼吸、文化漫步者、潮流畅玩家、康养微度假四类产品更受北京游客青睐。建议河北省一边"解构市场",一边紧扣拳头产品要素再重构,关注不同休闲度假需求特点,推出更精、更细

的休闲度假产品种类。如瞄准休闲解压、户外运动等度假需求，在张家口、保定、承德、秦皇岛等山水资源集中的地市加快布局豪华露营、高空跳伞、尾波冲浪、山地越野、骑行、徒步、潜水等深受年轻群体喜爱的热门项目类型，推出公司团建类、拓展训练类组合休闲度假产品；瞄准北京居民亲子情感需求，做足"三代同游""2大1小""2大2小""2大3小"等类型家庭度假、教育、亲子互动文章，丰富"民宿+亲子农园/儿童营地""主题酒店+主题乐园"等亲子休闲度假产品，鼓励在父亲节、母亲节、儿童节等节日推出"节日主题型微度假活动"；瞄准疫情后北京居民高涨的文化、娱乐、体育等休闲需求，建议河北省积极争取国内足球联赛、篮球联赛、乒超联赛、冰雪赛事的举办权，支持音乐节、演唱会、艺术节、儿童剧、红色主题剧、传统曲艺等文娱活动举办，掀起"跟着赛事去河北""跟着演出去河北"的热潮。

3. "新老结合"，创造竞争新优势，创新性营造、策划一批特色主题、审美情趣相互融合的沉浸式休闲体验新场景

一是以"老资源+新商圈"打造夜间消费新场景。盘活老旧市场、老旧厂房、闲置商场等商业资源做好"夜经济"文章，在全省集中打造10个夜间消费地标、100个夜间消费网红打卡点，配套"夜游""夜购""夜食""夜秀"等丰富多彩的夜游文旅活动、夜间娱乐项目，同时配套夜间亮化工程、夜间营业时间延长、夜游交通服务等举措，提高夜游经济的便利度和游客满意度。二是以"老街区+新业态"打造文旅消费新场景。围绕"一城一主题"，在正定古城、龙泉古镇、广府古城、蔚县暖泉古镇等古城镇保留传统手工、特色美食等工艺作坊，积极引入非遗展示、主题民宿、文创服饰、行进式演艺、古镇剧本杀、主题音乐节等新业态，集休闲、美食、观光、娱乐、怀旧于一体，重塑主题鲜明、风格独特的古镇老街形象。

（二）做好更要做优：优化服务管理，以高品质服务切实增强游客旅游体验幸福感、获得感

一是实施旅游服务质量提升工程，下足"绣花功夫"回应北京居民休

闲度假高诉求。要求各景区、酒店、民宿等严格对照国家《旅游景区质量等级的划分与评定》《旅游饭店星级的划分与评定》《旅游民宿基本要求与等级划分》内容，全面对照自查、抓实抓细，对缺项和不达标的内容进行完善整改；鼓励对照更高一级标准，实施晋升计划，要求达到"四化"：净化、美化、绿化、亮化，所有经营项目均实现美观、安全、舒适、卫生，切实解决服务环节痛点、堵点。

二是出台系列友好举措，为北京游客纾困、解难、谋便利。聚焦北京游客切身需求，倡导便客的"柔性执法"，采取惠客的人性化服务举措，提升游客微观感受。如对北京自驾游客的轻微交通违法行为予以现场纠正、警告，实行"只警告不处罚，只提醒不贴单""首单免罚"等"暖心"举措，对北京来冀旅游车辆交通事故开通"绿色通道"，快速出警，原则上不扣留车辆；鼓励文化馆、美术馆、博物馆等公共文化空间，美食街区、美食城、网红饭店、知名老字号等周末延时开放，面向北京游客实施免预约入场、优惠券兑换等专属优惠及特权。

三是开展旅游环境"大整治大提升"专项行动，树立"人人都是旅游形象，处处都是旅游环境"风尚。强化规范管理整治，加大对食品卫生、游乐设施安全、消防安全等检查力度，提高街面"见警率"与市场监管"抽检率"，严防宰客、"黑导游""黑出租"、乱涨价、恶性社会事件等抹黑河北省旅游形象、降低北京游客赴冀意愿的现象发生；强化服务人员技能，提升主动服务意识，将导游、餐饮等一线服务人员，交通警察、城管等一线工作人员作为培训重点，引导广大从业者爱岗敬业、诚实经营、规范服务、热情待人、"急游客之所急"，做好河北省高品质休闲度假服务的"门面工程"。

（三）引热更要引爆：制造宣传爆点，提升河北省于北京周末休闲度假市场的吸引力和首选度

一是创造热点IP，主动出击。以河北省燕赵文化、红色文化、大运河文化、民俗、武术、曲艺、杂技等优质文旅资源为锦囊，推动周末休闲度假IP形象文学化、艺术化、影视化、演艺化，利用媒体强曝光、社交平台高

互动、明星达人效应、跨平台联动等策略实现"这么近、那么美，周末到河北"品牌推广引流，以热门IP引领营销新生态，打出"热点IP+平台流量+周末赴冀休闲度假"营销组合牌，变IP"流量"为游客"留量"。

二是强化社群营销，以口碑吸引和内容吸引为"这么近、那么美，周末到河北"增加品牌曝光，提高北京游客黏性。相关调查资料显示，超过80%的群体会在获取旅游信息、制订出游计划时听取亲朋好友的建议或通过网络获取出游信息，网络搜索、亲友推荐已成为北京居民获取出游信息的主要渠道。因此，河北省要主动将"周末赴冀休闲度假"融入北京游客互动交流的社交主题，提升北京网民参与分享互动积极性。建议主动面向北京游客征集赴冀周末休闲度假游的自撰体验，包括图文、小视频、Vlog，以体验式、日记体的连续报道为主要形式，推出一批吸引力强、参与度高、互动性好的"周末赴冀休闲度假笔记"，将周末赴冀休闲度假打造成为北京居民社交流行话题，尽快使北京游客与河北省周末休闲度假产品产生情感连接，提高北京居民与"这么近、那么美，周末到河北"品牌间的黏性。

参考文献

李创新、蒋蕾、王雪莉：《品质旅游时代的游客诉求与趋势分析——以北京为例》，《开发研究》2023年第1期。

徐伟楠、王聪、何忠伟：《北京休闲农业与乡村旅游发展障碍与对策研究》，《科技和产业》2022年第11期。

李捷：《上海国际旅游度假区打造市民休闲度假首选地》，《上海农村经济》2018年第7期。

吴立官、林宇、徐扬：《对省级旅游形象宣传推广创新发展的思考》，《中国旅游报》2019年8月13日。

郭赟等：《新媒体时代的旅游营销创新策略研究》，《中国市场》2023年第2期。

B.5
丰富文旅消费场景强化"引客入冀"对策研究

贾子沛*

摘　要： 随着"这么近、那么美，周末到河北"旅游品牌的宣传推广，河北旅游市场活力开始迸发。作为旅游资源大省，河北亟待借势吸引更多游客来到河北、留在河北、爱上河北，让"这么近、那么美，周末到河北"旅游品牌叫得更响。基于此，本文围绕现阶段河北省旅游发展现状，分析其在"引客入冀"领域存在的相关问题与不足，并提出河北应围绕游客"引得来""留得住""能再来"创新旅游引客渠道、丰富文旅消费场景、提升旅游消费黏性等建议。

关键词： 文旅融合　旅游市场　消费场景　河北省

一　现阶段河北省"引客入冀"现状

2023 年，随着"这么近、那么美，周末到河北"旅游品牌的宣传推广，河北省旅游市场持续升温、旅游需求加速释放。"五一"期间，河北省高速公路旅游包车免费通行 50348 辆次，是 2022 年同期的 16.73 倍、2019 年同期的 1.51 倍，机票预订量较 2019 年同期增长两成；酒店预订方面，"去哪儿"平台上"五一"期间河北酒店预订量比 2019 年同期增长 1.2 倍，预订量较高的目的地为秦皇岛、石家庄、承德等地，如石家庄共接待游客累计

---

* 贾子沛，河北省社会科学院旅游研究中心研究实习员，主要研究方向为旅游与区域发展。

723.83 万人次，恢复至 2019 年的 125.04%；旅游总收入 53.93 亿元，恢复至 2019 年的 123.72%。客观来看，河北省一直在围绕"引客"这一主线做文章，2021 年河北省就与全国百强旅行商代表共同发布了《全国旅行商"送客入冀"合作宣言》。此后，不论是"这么近、那么美，周末到河北"旅游品牌的多元推广，还是各地文旅局长对本地旅游景区的花式推介，抑或旅游包车河北段高速的免费通行，甚或河北省与北京游客集散中心合作即将开通的旅游直通车等，都是在解决游客"引得来"的问题。实事求是来看，在系列举措的加持下，河北省省外游客占比逐步增大，2023 年"五一"，北京和天津游客成为赴河北旅游的主力人群，在各地游客中占了五成，秦皇岛、保定、承德和张家口是最受北京游客青睐的城市。尽管如此，河北与先进省份仍有差距：如 2023 年"五一"期间，全国"吸客力"前十的城市为北京、上海、成都、杭州、广州、南京、重庆、西安、武汉和深圳①，杭州接待省外游客占比更是达到 48%。

二 现阶段河北省"引客入冀"存在的问题与不足

（一）旅游政策举措效用亟待提高

2023 年，面对国内外旅游的爆发式增长，各省都把"引得客来"作为旅游发展的关键一环进行全力攻坚。除江西的"引客入赣"工程、甘肃的"引客入甘"惠企奖补外，河北周边省份的"引客来"方案也实施得如火如荼。例如，内蒙古瞄准北京游客实施的"旅游倍增计划"（与北京签订合作协议，游客互推），山西瞄准山东和北京游客实施的"引客入晋"方案（对旅行社客源招徕进行重点奖励），山东瞄准河北和天津游客推行的"引客入鲁"奖励礼包，等等，都有针对性地对周边省份游客发出了引客邀约，各地的引客竞争尤其是对周边省份的引客竞争已进入白热化阶段。

---

① 《2023 年五一出游数据报告》，携程网，2023 年 5 月 3 日。

与此前竞争多为政策性激励不同，此轮竞争各地多拿出"真金白银"对客源招徕予以实际性奖补。例如，山东省级财政统筹5000万元专项资金，山西每年安排4000万元专项资金，武汉每年安排2000万元专项资金等，对旅行社引客、地接共享以及团队游进行实际奖励等。河北省在此轮引客竞争中有的措施虽然很早实施，如与全国旅行商的合作宣言，但因为缺乏"真金白银"的支持，在激烈的竞争中并不占优势。

（二）旅游景区缺乏文化内涵和地区特色

当前河北省旅游景区"有旅无文"现象普遍存在，旅游产品无法充分彰显文化内涵和地区特色，游客缺乏文化体验。旅游景区想要"留客"，必须深挖文化内涵，让地区文化特色通过特色美食、文娱项目、文创、民宿等旅游产品鲜明地展现出来，让"文化符号"和"地区形象"深入人心。但当前河北省的旅游产品普遍存在文旅融合不足、文化内涵表现能力不佳的问题，导致景区"有旅无文"，游客难以获得强烈的文化特色感知。以河北省5A级景区广府古城为例，携程网平台上"体验感差""毫无特色"是其差评的主要内容，如"这样一座古城空有其表，城墙还在维修，买了票上去两步就没路走了，府衙也很普通，感受不到一个两千多年的古城应该有的文化和魅力，央视推荐的酥鱼和缯肘不难吃，但也没有听说的那么惊艳"。"城里面除了写着太极两个字，一点也看不出来太极氛围，跟逛我家小县城一样，可能就是有古样式建筑的区别而已。"此外，从评价中可以发现，类似问题也出现在滦州古城、赵州桥、鸡鸣驿等旅游景区。

（三）旅游产品供给链条不完备

旅游产品结构单一，针对游客"吃住行游购娱"要素供给能力不足，留客链条不均衡、不完善。旅游产品能否充分对接大众的"最本质需求"，打造完备的"留客链条"，成为当前地区"留客"的关键。但目前河北省旅游产品结构普遍较为单一，要素供给不充分、不丰富，文旅产业联动性不强，难以给予游客充分的"需求选项"。以河北省5A级景区承德避暑山庄为例，网络平台很多游客反映景区产品不能满足多元化需求，关联性的文娱产品、食宿产品等也十分单一，如"不到三个小时就游完了，没地方可去""下午六点一到就把大门关了""就是打卡式旅游的地方，除了转转没什么可玩的"等。此外，夜游、夜宴、夜演等夜间旅游项目不够丰富、不够成熟，游客夜间旅游的可选择性不多，如对于"康熙大典夜间实景演出"，很多游客反映"没有震撼的感觉""故事内容一般，挺无聊"等。

（四）旅游服务细分化、精准化程度有待提升

当前，河北省景区缺乏精细化管理服务，留客"软实力"不足。景区、度假区"留客"须以大众需求和满意度为中心，充分满足人民群众对休闲度假旅游、高品质旅游服务的需求，发展度假旅游，提高精细化管理服务质量。但当前，河北省旅游景区、度假区旅游管理服务质量整体不高，尤其缺乏精细化、精准化的管理服务，导致大众满意度参差不齐，留客"软实力"不足。以遵化市的汤泉宫温泉度假村为例，根据网络平台大众消费后评价，缺乏精细化管理服务是游客反映最多、最突出的问题。例如"不便去餐厅，要求前台加叫餐服务，店家告知不可以""酒店服务几乎没有，也没人维持秩序""菜种品类极少""酒店设施老旧，环境潮湿还很吵，根本休养不好"等，这些问题凸显了河北省尤其是以康养度假为主的旅游景区、度假区"有硬件，无软件"、管理服务不精不细的问题。

三 当前先进省份在旅游引客领域的建设经验

（一）打造高品质的体验游产品，构建全国沉浸式文旅目的地

当前大众旅游需求已经由"观光""演艺"向"沉浸式体验"过渡，洛阳率先抢抓这一新机遇，培育"颠覆性创意、沉浸式体验、年轻化消费"文旅新业态。2022年，洛阳出台《洛阳市促进沉浸式文旅产业发展的实施意见》，提出推动沉浸式项目建设、加大沉浸式业态培育、强化沉

浸式场景打造、建立沉浸式长效引导机制，围绕游客"吃住行游购娱"等需求引入文化氛围浓、参与感强的沉浸式文旅业态。例如，洛阳鼓励沉浸式项目建设，周期性开展"洛阳十大沉浸式文旅项目"评选并给予奖补支持，推动更多景区从传统观光型向沉浸体验型转化，以当地文旅资源为依托打造了一批如"未来唐潮""全息石窟"等高品质的沉浸式旅游项目；加快推进 AR、VR 等前沿技术手段应用，确保每年实施 2 个以上数字化博物馆提升项目；做强"剧本杀"娱乐产业，出台《洛阳市加快发展剧本娱乐产业实施方案》，建立剧本娱乐产业总部经济园区以吸引全国头部企业，并推出房租补贴减免、优秀剧本孵化等优惠政策；举办汉服文化节、咖啡体验生活节等新型高质量的文旅消费活动，为游客提供全新的、高品质的沉浸式文旅体验。

（二）以美食作为旅游吸引物和导流入口，统筹推动旅游产业链发展

美食在游客旅行和地方文旅竞争中，具有强大的吸引功能及支撑功能。2019 年，浙江省文旅厅以"吃"为龙头，开始实施"百县千碗"工程，推动各县（市、区）评选出当地十碗热菜、十碗冷盘、十碗小吃，形成"1+1+1"美食体系，按照"一菜一品"要求修订菜品标准、保证菜品质量，并将"百县千碗"纳入全域旅游评定加分项目，对认定为省级"百县千碗"美食的体验店、示范店、街区（镇）的单位分别给予不同的奖励。此举获得极大引客成效，以浙江特色餐饮龙头缙云烧饼为例，2019 年，"缙云烧饼节"设摊位 159 个，共吸引各地游客 50 多万人次，实现营业额 680 万元；[1] 2021 年，缙云烧饼产值达 27 亿元，同比增长 12.5%。[2] "百县千碗"之后，浙江又持续推出"百县千宿""百县千礼""百县千艺""百县千集"建设工程，并提出围绕"吃住行游购娱"打造一批具有浙江辨识度的文旅融合产品，塑造具有长期"引客留客"影响力的区域文旅品牌。

---

[1] 《浙江运河畔打造美食文旅小镇 缩影"百县千碗"》，中国新闻网，2020 年 8 月 25 日。
[2] 《27 亿，缙云烧饼交出高分答卷》，缙云官网，2022 年 2 月 22 日。

（三）将"夜游"作为串联整合"吃住行游购娱"要素的红线和"引客留客"的强大手段

根据《夜间旅游市场数据报告2019》，我国对过夜游体验有需求的游客占比达92.4%。[①] 重庆市充分考虑当前大众日益增长的夜间旅游消费需求，支持主城都市区"两江四岸"核心区域提质建设夜间经济核心片区。首先，放大洪崖洞、南山一棵树等夜游拳头产品引客功能，打造了一批"不夜重庆"地标名片，并以"游"为引流点推出"两江夜游""南山观灯"等重点夜游项目。其次，利用"夜游"穿针引线，串联整合"吃住行游购娱"旅游要素。例如，推出"文旅大舞台·点亮山城夜"夜景文化节，内容涵盖夜景、夜游、夜秀、夜读、夜市、夜娱、夜养等多类业态；南岸区出台系列政策引导南滨路由"4小时经济活动区"发展为"24小时经济活动区"，建成集景区景点、城市公园、宾馆酒店、餐饮娱乐、文化体验等于一体的夜间消费综合体。重庆以"游"为核心放大夜游地标和夜游项目引客留客能力，率先串联布局"吃住行游购娱"夜间要素供给，仅2023年1~2月，全市累计接待过夜游客1517.82万人次，同比增长77.9%。

（四）加强文旅配套服务建设，打造全国文旅服务型城市样板

2022年5月，淄博市政府用当地特色产品"烧烤"送别隔离大学生的暖心行动获得回馈，2023年3月，大量学生组团游淄并带火了"淄博烧烤"。综合来看，淄博引流的核心并非仅依靠本地"烧烤"的特色，而是围绕"烧烤"迅速打造出"善抓人心"的文旅服务配套。面对热度，淄博依旧打好"人心牌"，迅速做好与流量相匹配的公共服务供给，是淄博游客激增、热度不减的关键。淄博专门开通"烧烤专列"，发布"淄博烧烤地图"，开设21条"烧烤公交摆渡专线"，支持酒店"坐地降价"、青年驿站"半价入住"，将机关单位停车场免费向游客开放，解决旅游"停车难"问题，让

---

① 张佳仪：《夜间旅游市场数据报告2019》，中国旅游研究院夜间旅游课题组。

游客游得省心；加大执法力度，对淄博物价、食品安全和治安的把控几近严苛，创造了安全感极强的市场环境，让游客游得放心；策划、举办多项以烧烤为主题的文旅活动，如"五一烧烤节"等，让游客玩得开心。这些举措极大激发了本市商家和市民的自豪感和参与感，市民主动参与城市管理、让桥让路、民居"自发供宿"等，将强大的社会力量引入文旅宣传和服务品质建设。通过高品质、无死角的文旅服务管理配套，2023年3月，淄博接待外地游客480多万人次，同比增长134%，旅游收入增长60%，4月更是接待游客超过500万人次。

四　丰富文旅消费场景强化"引客入冀"的建议

（一）创新引客渠道和引客方式，解决游客"引得来"的问题

面对全国其他省份尤其是周边省份"花样百出"的引客举措，河北省要想在激烈竞争中拔得头筹，必须在引客方式和引客渠道上进行创新，从更广领域和更宽渠道解决游客"引得来"的问题。

一是细化"引客入冀"政策支持，对旅行社给予实质性奖励，使其引客纽带作用得以充分发挥。学习内蒙古、山东的经验，设立引客专项奖励资金，对"引客入冀"的旅行社给予实质性奖励；加大对旅行社、旅游企业赴外引客促销补贴力度，对于参加各级文旅部门组团赴外开展文化旅游宣传推广与引客活动的旅行社及相关企业，提高其差旅、交通及住宿等报销与补贴标准；鼓励社会主体举办文旅节庆活动吸引外来游客，对于联合河北省A级景区组织举办文化旅游节庆活动引客留客的旅行社给予补助。例如，减少通过包机、旅游专列、自驾与房车游来冀享受奖补政策的天数限制，如通过专列包机等方式来冀的旅行团，只要在河北住宿1晚并游览1个A级景区即可享受相关奖励，在冀过夜游客在四星级旅游饭店住宿1晚、游览1个收费4A级旅游景区的，按照每人50元的标准给予奖励，观看1台（含）以上驻景区收费演出项目的，将额外给予每人10元补贴等，通过细化政策强化

"引客入冀"的激励效力。

二是拓宽"引客入冀"渠道，强化资源共享、游客互送。瞄准京津客源市场，着力谋划"京津冀万人互游"计划，利用好文旅招商推介会，推动三地 20 家以上文旅企业、旅行社签订"游客互送协议"，制订年度互送游客计划，对北京、天津专列旅游给予重点补贴优惠；加强与北京、天津各级党政机关、企事业单位、大中专院校及各类社会团体的对接合作，与北京签订深化京冀文旅合作框架行动协议，吸引中直单位等来冀开展工会、社团、党建、爱国主义教育、廉政教育、生态文明教育等活动；借鉴湖北"千家旅行社引客游湖北"做法，通过签约、协议等方式与中国旅游集团、康辉旅游等国内龙头旅游企业开展政企合作，利用好其全国营销网络和文旅企业调动能力，为河北省每年输送游客至少 100 万人次。例如，省文旅厅可与意向省份文旅部门策划开展"双向游"系列活动，如"京畿福地　好客山东"等系列行动，搭建好省外旅游客源互送的桥梁纽带；安排专项资金，鼓励各市县推出旅游包机、专列、大巴、自驾游、入境旅游等专项奖励政策，以"真金白银"的政策红利营造"近者悦、远者来"的"引客入冀"浓厚氛围；加强省内自驾环线和"旅游驿站""停车驿站"建设，推出系列自驾主题活动及线路。

（二）围绕"吃住行游购娱"丰富文旅消费场景

充分解决游客"留得住"的问题，须从解决景区全方位满足大众"吃住行游购娱"根本需求的问题入手。其中，精准对接当前大众由"观光游览"到"微度假"的需求趋势，加强旅居住宿、夜间旅游建设，延伸文旅产业链条，是延长游客留冀时间、丰富游客在冀要素供给、吸引在冀游客"留得久、留得住"的关键。

一是加快释放河北饮食引客留客的强大效能，以"吃"为抓手，深入推进"百县名吃"工程。借鉴浙江"百县千碗"建设经验，深入实施"百县名吃"工程，省文旅部门可联合行业协会形成"河北百县名吃"菜品标准，建立河北菜品名录美食库，并组织全省各县依据地区特色评选美食菜品，构建"一菜一品、一县一品"河北美食名吃体系；以项目建设为抓手，每年培育、认定一批美食体验店、美食街区和美食小镇；扩大"百县名吃"品牌影响力，加强与抖音、美团等新媒体平台合作，如开展"冀食冀味，百县名吃"线上推介；建立工作专班和考核评价机制，开展"百县名吃"示范市（县）评选活动，并出台政策激励美食商家串联文旅产品，发挥河北美食导流增收、引客留客的强大效能。

二是适应微度假时代游客需求，以"住"为突破，狠抓一批星级酒店和特色民宿建设提升，让旅游"流量"变"留量"。借鉴浙江经验，狠抓乡村民宿等级、酒店星级建设，推动各县（市、区）筛选出当地十大特色民宿和星级酒店，建立精品民宿培育名单，在全省建设50家5星酒店、1000家乡村风情等级民宿，尽快构建河北酒店民宿品牌矩阵。强化"星级"酒店引领与带动作用，积极引进知名酒店品牌落地河北布局运营、引导建设经营具有河北历史文化和地域特色的各类中高档酒店、发展经济型酒店。推动全省星级酒店与民宿深入开展"结对合作"，可将秦皇岛市作为试点城市，推动"1+N"（1家星级饭店与N家民宿）结对合作工作试点，星级酒店定期对试点城市民宿开展培训、帮扶及代理，有序推动河北省民宿提升服务质量。壮大特色民宿经营主体，扩大河北省特色民宿总量，支持自有住宅与个体户发展原汁原味的特色民宿，建立河北特色民宿"白名单"，对符合规范、服务质量硬、经营效益好的民宿予以奖补支持，形成一批国家标准的星级酒店、市场标准的商务酒店，以及获得市级以上质量认证的各类城乡民宿。设置"精品民宿培育基金"，对星级民宿、酒店进行实质性奖补，依托"冀忆乡居"民宿品牌基础，借鉴"百县千宿"做法，省文旅厅联合抖音等网络平台，开展"我的冀忆，潮拍乡居"短视频创作大赛，推出一批展示河北民宿魅力与特色的流量作品。借鉴晋城"百村百院"工程做法，精准对接京津养老度假需求，打好"康养+民宿"牌，鼓励赤城、怀来、遵化等康养资源丰富的地市筛选100个村落和100个院落建设"睡眠小镇""温泉小镇"等高品质康养旅居产品，作为河北省引客留客的重点产品予以推动。

三是实施"微改造、精提升"工程。借鉴浙江经验，首先要摒弃大拆大建，从闲置资源着手，做好景区、度假区、文博场馆、酒店民宿周边闲置建筑、荒地等"微节点"的改造、修缮、整合、盘活及环境整治工作，打造一批城市书房、老屋工坊、老屋民宿，采用"微改造"积极盘活"沉睡"的文旅资源，打通更多景观节点，破解河北省景区文娱产品关联性低、"无地可游"的问题。其次要围绕景区特色体验、设施环境、管理服务等五大领域深度开展"精提升"，如鼓励各地市深入开展"文化基因解码工程"，强化文化元素的挖掘、转化和植入、积极推广"燕赵有礼"服务，推动景区管理主体设立"优胜劣汰"制度，培育一批大众喜爱、热心热情的优秀旅游服务人员等，破解河北省景区"有旅无文"、游客体验不佳的问题。建议加快顶层设计，研究制定河北省"微改造、精提升"五年行动方案，建立省市县三级协同试点机制，在全省2~3个先行试点城市和20个试点县开展试点工作，各地市梳理"微改造、精提升"项目清单，并建立专项激励机制，每年以用地指标或资金奖补推进快、成效好的县（区），建设期内完成1万个"微改造"示范点建设。

（三）从提升旅游消费黏性着手提升游客重游率

我国旅游景区普遍存在"一次性游览"、重游率低、二次消费能力不足的问题。当前，部分先进省份已率先出台举措有序引导省外游客二次消费，解决游客"不再来"的问题。河北省须紧紧把握大众旅游需求与发展趋势，从产品供给与服务管理领域重点发力，不断探索新模式、新方法，切实提高游客满意度与景区重游率。

一是以提高"软实力"和"精细度"为切口，狠抓河北旅游管理与服务质量。借鉴淄博经验，转变以"优惠政策"引客留客思路，狠抓城市旅游管理服务质量，加强消防、文旅、市场监管等多部门联动，通过出台政策举措提高市场监管、治安、交通、旅游产品质量等"软吸引力"，提高引客留客持续性；对于河北省文旅营商环境要敢于"下猛药"，更要"粗中有细"，要出台"更细化"的旅游服务管理规范和标准，细化交通、游览、餐饮、住宿、购物、娱乐等各类指标，从游客需求出发，实现旅游景区管理服务质量持续提升。

二是做好"夜间旅游"文章，充分打造特色鲜明、场景丰富的"夜间留冀"环境。建议文旅相关部门统筹整合河北省夜间旅游资源，支持重点旅游城市推出"夜间旅游地图"，提高夜间旅游宣介能力和指引能力；鼓励夜间经济街区成立商会组织，加强自律规范；推广正定古城、恋乡水镇、唐山南湖经验，以大型购物中心、特色美食街区、著名旅游景点等为中心布局夜间经济业态，鼓励各地市加强"夜游"业态与场景布局，打造提升一批示范性强的夜间经济街区；出台支持政策，鼓励各地市文旅企业、文娱场所、个体商户延长经营时间，如百万以上人口城市的文化娱乐等场所，平时营业至23时30分以后、重大节假日通宵营业等；加强夜间旅游服务保障能力，推出"夜间旅游地图"、探索"夜间区长"制度；参考江苏"姑苏八点半"夜游品牌，完善河北夜间IP、夜间智慧服务、夜间交通服务等，培育"夜游河北"品牌。

三是紧紧把握个性化、智慧化、重体验的旅游趋势，"做新""做智"旅游产品，提升游客重游率。建议借鉴江苏经验，做实游客满意度调查工作，省文旅厅可委托第三方机构开展周期性全省游客满意度调查研究，全面研究全省文旅市场发展和旅游服务质量水平；出台政策举措鼓励景区旅游业态项目不断更新迭代，例如参考上海迪士尼采取"三三制"发展策略，即每年淘汰1/3的硬件设备、新建1/3的新概念项目、补充更新1/3的新体验内容；给予政策或资金支持各地市、景区推出举措提高游客黏性，如发售"旅游年卡"、推出景区签注次数梯度优惠政策与福利等；加强智慧景区建设，鼓励河北省A级旅游景区、主题公园、特色街区、乡村旅游区与互联网平台加强合作，推动景区利用虚拟现实、4K/8K、无人机等技术开发"一站式"游览、直播"云游"沉浸式体验项目，推出全息影像、无人机表演、夜间光影秀等产品；推进旅游景区在线预约预订、分时段预约游览、科学引导分流、智能导游导览；推广电子票、"云排队"等网络消费新方式，提高大众旅游满意度。

参考文献

陈晓红等:《网红城市、流量效应与旅游发展》,《管理科学学报》2022 年第 1 期。

傅才武、王异凡:《场景视阈下城市夜间文旅消费空间研究——基于长沙超级文和友文化场景的透视》,《武汉大学学报》(哲学社会科学版)2021 年第 6 期。

B.6
新时代河北省文旅融合的重点
及难点研究*

朱丽娇**

摘 要: 河北省是中华民族的重要发祥地之一,本报告以推动燕赵文化创造性转化、创新性发展为着力点,通过分析河北省文旅融合现状,剖析目前河北省文旅融合发展中面临的重点及难点问题,从建立文旅 IP 体系、做好文化遗产保护开发利用、打造特色历史文化街区三个层面,探索新时代河北省文旅融合高质量发展的路径。

关键词: 文旅融合 文化遗产 旅游资源 河北省

中国特色社会主义进入新时代,习近平总书记高度重视弘扬中华优秀传统文化,强调要处理好继承和创造性发展的关系,重点做好创造性转化和创新性发展。① 目前,文旅融合发展中文化赋能带动作用越来越明显,居民消费需求更加注重精神文化享受。因此,新时代河北省聚焦文旅融合、刺激文旅消费,要从挖掘、活化利用燕赵文化,对其进行创造性转化和创新性发展为突破口,以文化提升旅游品质、提升旅游业态要素、丰富旅游内涵、丰富游客文化体验,推动河北省旅游业行稳致远。

---

* 本文系河北省社会科学发展研究课题"文旅融合高质量发展促进河北省旅游强省的举措研究"(项目编号:20230302017)阶段性成果。

** 朱丽娇,河北省社会科学院旅游研究中心助理研究员,主要研究方向为旅游经济与发展。

① 习近平:《论党的宣传思想工作》,中央文献出版社,2020,第57页。

一 新时代河北省文旅融合发展的理论背景

习近平总书记强调:"我们坚持把马克思主义基本原理同中国具体实际相结合、同中华优秀传统文化相结合,不断推进马克思主义中国化时代化,推动了中华优秀传统文化创造性转化、创新性发展。"① 新时代河北省文旅融合的重难点就是如何促进燕赵文化创造性转化、创新性发展,如何做到河北省传统文化的古今为用、以古鉴今,如何做到坚持守正创新、与时俱进。

创造性转化,就是要按照时代特点和要求,对那些至今仍有借鉴价值的内涵和陈旧的表现形式加以改造,赋予其新的时代内涵和现代表达形式,激活其生命力。创新性发展,就是要按照时代的新进步新进展,对中华优秀传统文化的内涵加以补充、拓展、完善,增强其影响力和感召力。② "双创"既有联系又有区别,是密切联系的内在统一体,创造性转化聚焦"继往""转化",使中华优秀传统文化"活起来"之后由"传统"向"现代"转化,创新性发展重点在于补充和拓展中华优秀传统文化,使形成的新内容契合新时代发展要求,聚集于"发展""开来",在"双创"的互推中进一步创新传统文化的形式、更新传统文化的价值和内容。

中华优秀传统文化的创造性转化和创新性发展实际上就表现为在辩证基础上综合、在综合过程中创造、在创新创造中发展。新时代推动中华优秀传统文化的"双创"建设要处理好守正和创新之间的辩证统一关系,一方面要严守中华优秀传统文化的血脉,"中华文明五千多年绵延不断、经久不衰,在长期演进过程中,形成了中国人看待世界、看待社会、看待人生的独特价值体系、文化内涵和精神品质,这是我们区别于其他国家和民族的根本特征"③;另一方面,需要推进中华优秀传统文化与时俱进,"正本清源、守

---

① 习近平:《把中国文明历史研究引向深入,增强历史自觉坚定文化自信》,《求是》2022年第14期。
② 习近平:《论党的宣传思想工作》,中央文献出版社,2020,第57页。
③ 习近平:《论党的宣传思想工作》,中央文献出版社,2020,第406~407页。

正创新，一个国家、一个民族不能没有灵魂，作为精神事业，文化文艺、哲学社会科学当然就是一个灵魂的创作"①。在守正和创新的辩证统一中，优化中华优秀传统文化创造性转化、创新性发展的方式方法，强化科技支撑，打造中华优秀传统文化"双创"建设的平台载体，激发各类文化创新主体的积极性和创造性，培养中华优秀传统文化"双创"建设的人才队伍。这些理论为各地推动中华优秀传统文化创造性转化、创新性发展和深化文旅融合指明了方向。

二　河北省文旅融合发展现状

河北是中华民族的重要发祥地之一，历史厚重、文化璀璨，也是中国古代文化形成和发展的中心地区之一。燕赵文化是中华优秀传统文化的重要组成部分，要秉持开放包容的态度，守护好我们的精神家园，延续民族的灵魂和血脉。河北省委、省政府牢记习近平总书记嘱托，认真学习贯彻习近平新时代中国特色社会主义思想和党的二十大精神，坚定文化自信，促进文化繁荣，积极推动中华优秀传统文化创造性转化和创新性发展，全面深化文化和旅游融合发展，坚持以文塑旅、以旅彰文，讲好河北故事，不断增强河北文化影响力，让中华优秀传统文化融入现代生活，奋力谱写中国式现代化建设河北篇章。

（一）挖掘梳理深厚历史文化，打造河北文旅品牌

一是通过梳理总结河北历史文化命脉，融合"三个走来"文化名片和燕赵文化、京畿文化，建立"京畿福地　乐享河北"的河北文旅总品牌。二是丰富和完善这一品牌体系，河北省积极培育6个子品牌（创新雄安、冬奥冰雪、锦绣长城、风情运河、壮美太行、红色胜地），重点打造15个知名产品品牌（西柏坡、正定古城、白洋淀、塞罕坝、北戴河、吴桥杂技大

---

① 习近平：《一个国家、一个民族不能没有灵魂》，《求是》2019年第8期。

世界等），着力打响 8 个主题线路品牌（红色经典、绿色生态、蓝色滨海、银色冰雪、金色文化、多彩民俗、工业文明、文创精品等），突出河北深厚的文化内涵、彰显河北文化景观特色等。

（二）推动优秀传统文化创造性转化，打造河北文旅精品

一是推进优质旅游产品供给工程。深化文化和旅游融合，重点打造锦绣长城、风情运河、品位皇家世界级旅游产品，依托燕山太行山、草原天路和国家一号风景大道沿线、渤海滨海、环京津等优势区域，打造世界级和国家级旅游度假区；打造京张体育文化旅游带、太行红河谷旅游区、唐山湾国家海岛旅游区等 12 个特色鲜明的旅游产业聚集区，做强旅游产业聚集区。二是实施长城、大运河国家文化公园建设工程，大力加强长城和运河沿线文物保护修缮、文化发掘、活化传承、环境提升，谋划建设一大批文旅重点项目。三是加强文化遗产保护传承。实施重大文物考古工程，积极开展"中华文明起源与早期发展综合研究""考古中国"等重大项目，继续推进以东方人类探源工程等为代表的系列考古研究；推进重要文物保护工作，积极参与"海上丝绸之路""万里茶道"联合申遗工程，抓好清代皇家建筑、正定古城等重点文物保护修缮；提升文物展示利用水平，推动博物馆向参与型、体验型转变，鼓励文物、馆藏单位与景区景点、文创街区、创意设计机构等深度合作。四是河北省连续成功举办三届河北文创和旅游商品大赛，通过鼓励文化、文博、文物机构积极参与创意设计，有力推动了文化资源的创新性发展。2023 年 12 月，河北省唐山市迁安市入选"国家文化产业和旅游产业融合发展示范区"建设单位名单，这为推进河北省文旅融合发展发挥了积极作用。

（三）实施沉浸式传播，打造河北文旅宣传矩阵

河北省聚焦品牌、媒体、市场、资源和创意五个方面，以此为支点，构建"五位一体"的河北文旅宣传矩阵。一是完善品牌矩阵，树立河北形象，以"京畿福地 乐享河北"为总品牌，发展各地子品牌和主题线路品牌。二

是做大媒体矩阵，打响宣传声势，充分利用央视媒体、省级主流媒体以及新媒体平台，策划文旅宣传活动，展示河北优秀传统文化。三是强化市场矩阵，实现精准营销。开展"这么近、那么美，周末到河北"系列活动，做深做精京津核心客源市场，举办"爱家乡 游河北 发现身边的美"活动巩固激活省内及周边客源市场，发布优惠措施来拓展中远程客源市场。四是拓展资源矩阵，形成推广合力，加强与宣传、商务、外事、广播电视、体育等部门合作，构建跨部门宣传大格局。五是创新活动矩阵，提升河北文旅品牌。放大省市旅游产业发展大会举办效应，充分发挥"一带一路"·长城国际民间文化艺术节、中国吴桥国际杂技艺术节等重大活动，面向世界打响河北文旅品牌。

三 新时代河北省文旅融合的重点及难点分析

近年来，河北省文旅融合保持良好的发展态势，文旅产业规模不断扩大，但是文化资源向旅游资源转化过程中也会遇到瓶颈，成为新时代河北省文旅融合发展的难点问题，要实现河北省文旅融合高质量发展仍然存在一些不足和短板。

（一）河北文化缺乏超级 IP 文旅融合不深入不全面

1. 文化超级 IP 欠缺

河北作为文化大省，在文化 IP 塑造方面拥有许多得天独厚的优势，但河北文化 IP 的发展道路却走得举步维艰。一是河北省燕赵文化的挖掘阐释没能与时代价值紧密结合，对河北省文化进行诗歌、小说等多角度创作和多形式宣传不足，文化和资源优势没有转化成为产品和品牌优势，沉浸式演出节目匮乏且没有精品。二是文旅龙头企业较少，文旅企业应该是文旅融合的主角，由于管理体制和运行机制僵化，大多数企业市场主动适应不良，尚未形成自我发展能力，不利于充分发挥文旅企业的主观能动性。

2. 文旅融合浮于表面

很多景区和文化遗址缺乏联动和互补。河北虽然拥有丰富的历史文化资源，但这些资源的整合和利用还存在不足，绝大多数旅游景区还处在观光游览的浅层阶段，没有深入挖掘和充分显示文化内涵和价值，比如石家庄的土门关景区缺乏文化的有效加持，文化传承不足，没有让游客产生情感共鸣，导致游客体验度不高、印象不够深刻，大多是拍拍照就离开了，缺少持续的后发力。

3. 文化产业发展滞后

河北省在将传统文化资源转化为文化产业发展优势方面还缺乏有效举措，数字文旅、文化创意等新兴产业结构还不完善，文化产业园基础设施相对落后，阻碍了文旅要素在文化产业园中的整合和开发；文创产品创新不足，有些文创产品只是印上图案，缺乏独特性和创新性，文创产品的内容升级遇到瓶颈，缺乏与地域特色文化、科学技术的融合。

（二）文化遗产的保护利用和展示传播水平不高

1. 文化遗产的保护利用力度有待加大

河北省尚未建立文化遗产数字化资源库，文化遗产"数字化保护工程"进展缓慢，对石窟寺洞窟、雕像、摩崖造像等数字化处理工作还在持续进行中。河北省在文化遗产保护和修复中关键技术的缺失，使其必须依靠敦煌研究院的专业技术和人才进行辅助修复。

2. 文化遗产的活化利用水平有待提高

河北省在推进泥河湾国家考古遗址公园、山海关长城博物馆（暂定名）等重点项目建设过程中，更多的是注重对文化遗产本身的挖掘和保护，对其活化利用程度不足，利用数字化技术展示文化遗产，阐释文化价值和永续利用方面力度还不够，不能满足人民群众对这些文化遗产进行了解、学习和感受的需求，这也影响了优秀传统文化的传承。

3. 文化研究和文物保护专业人才支撑不足

文化行业对从业人员的专业性要求较高，不仅需要大量长期从事相关工作的专家型人才，而且需要众多了解中华文明和历史的专门人才加入，以适应时代的变迁和技术的升级迭代。河北省"双创"工作的推进过程中缺乏这种具有创新意识、文化和经济知识兼备的高端复合型人才，目前河北省文化研究和文物保护专业人才队伍现状不容乐观，人才队伍的学历和职称都处于劣势。

（三）历史文化街区创意不足

截至 2023 年，河北省历史文化街区数量达到 37 个，其中一些历史文化街区存在开发模式同质化、经营模式老旧、文旅业态单一等问题。一是粗放的开发模式缺乏规划引领，导致历史文化街区过度商业化，忽视了对历史文化遗产的保护；二是文旅业态没有按照历史文化街区不同片区的资源特色进行设计，使得这些本就单一的业态和街区环境氛围不协调，商铺和历史文化街区的契合度不高，传统和现代的隔阂比较明显；三是历史文化街区对年轻人的吸引力不足，可开发的文化遗产资源没有转化成为创意旅游产品，缺乏具有时尚感和潮流感的活动进行引流。

四 文旅融合优秀案例经验借鉴

平遥古城、敦煌莫高窟和成都宽窄巷子是以文塑旅、以旅彰文的典型案例，对推动河北省文旅深度融合有重要借鉴意义。平遥古城以品牌赋能文旅打造了演艺、产业和文化三大品牌，敦煌莫高窟以科技赋能文旅实现了文化遗产的保护利用和传承，成都宽窄巷子以创新赋能文旅实现了传统和潮流的结合。

（一）平遥古城：以文化寻根搭建文化 IP 体系

平遥古城的火爆"出圈"从根本上讲，在于对晋商文化的成功挖掘阐释和创造性转化，创作了《又见平遥》演艺文化品牌 IP，带动"又见"文化产业园，打造"又见"文化品牌，构建平遥古城文化 IP 体系。首先，它找寻到了文化的根：将平遥古城特有的票号文化、汉民族建筑文化、镖局文化、民俗文化等文化符号淋漓尽致地融入《又见平遥》，传达出"诚信守义、传承血脉"的主题精神，不仅激发了晋人的归属感和对故土的认同感，更引发了观众强烈的情感冲击和对中国传统文化的震撼和自信。其次，围绕《又见平遥》演艺文化品牌IP，打造"又见平遥"文化产业园，努力将"又见平遥"品牌拓展为一个兼具文旅全要素的产业IP。在园区发展演艺、酒店、餐饮、商业街区等核心产业，不断丰富文化和旅游业态、延伸演艺事业、完善配套设施，集成了文化创意、平遥传统老字号商业区，初步形成集文化、漫游、体验于一体的文化旅游综合体。最后，文化产业园持续深化文旅融合，扩大"又见平遥"品牌效应，打造国内外有影响力的文化品牌，比如平遥国际摄影大展、平遥中国年、平遥国际电影展、平遥国际雕塑节等重大文化品牌节展活动，成为平遥推动文化产业创新发展的成功实践。

《又见平遥》已经形成了"票房销售—拉动就业—带动旅游—商贸服务—吸引投资"的产业链条，这既是文化产业创新的大戏，又是旅游发展的标杆项目。

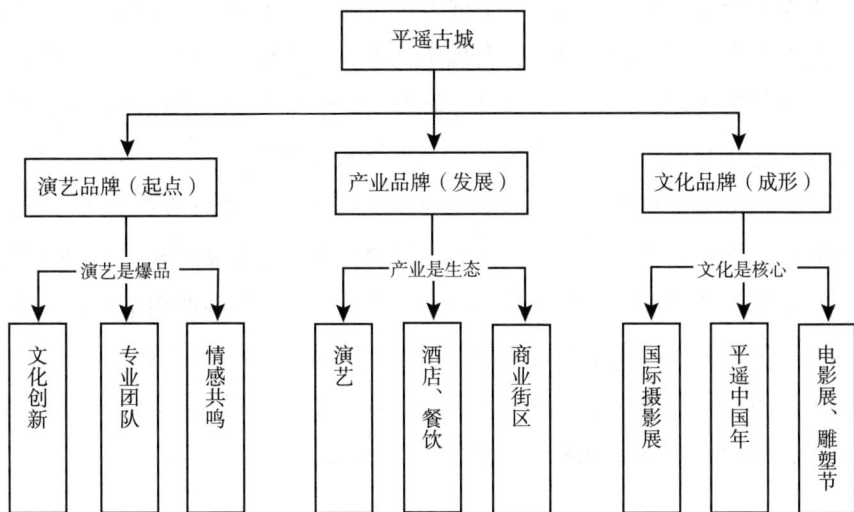

图1　平遥古城品牌化发展过程示意

（二）敦煌莫高窟：以科技赋能实现保护和开发并举

敦煌莫高窟以科技赋能文旅，推动科技在文化遗产保护、开发和活化利用方面的应用，构建了智慧文旅新模式。数字时代，互联网、云计算、人工智能等新兴技术的迭代更新，为文化遗产创造性转化、创新性发展提供了新平台。近年来，敦煌研究院力求"保护、抢救、复原、管理"好敦煌文化，建立敦煌文化信息档案数据库，上线"数字敦煌资源库"和"数字敦煌开放素材库"，服务于开展考古研究、文物保护等项目；利用新媒体和新科技不断优化和丰富旅游参观模式，推出"云游敦煌"小程序、"飞天"专题游览路线、敦煌莫高窟官方虚拟人"伽瑶"，从数字敦煌到数字藏经洞，从永久保存和永续利用到参与式、沉浸式、交互式，通过"文物+科技"的融合，探索开创文物展示体验新范式，有力促进敦煌文化资源的创造性转化、创新性发展，让文物"活起来"。

（三）成都宽窄巷子：以创新思维实现传统和现代的结合

宽窄巷子创新解题思路，改造提升步行街，通过承办多种城市推广活动实现传统与潮流的结合。首先，合理布局街区，实现差异化定位，在改造过程中基本保留了历史街区核心部分原有的空间形态格局，聚焦怀旧人群打造宽巷子为老成都闲适生活的再现，聚焦小资人群改造窄巷子为小资情调的延长线，聚焦活力青年提升井巷子成为开放、多元、动感的消费空间。其次，量身定制品牌店，消弭文旅街区同质化问题，入驻商家品牌和门店为宽窄巷子进行定制，找寻商业性和文化特色的有机结合，在热闹的巷子中植入成都文化基石。最后，迎合年轻人需求，举办音乐季、音乐会等活动，展示历史与现代、传统与潮流相结合的文化元素，使宽窄巷子成为集城市文化体验、特色餐饮休闲、精品主题零售等多功能于一体的新型文旅商业项目。

五　新时代河北省文旅融合高质量发展的对策

河北省立足本地历史文化资源优势，积极借鉴传统文化转化和发展的成功经验，深入挖掘和整合历史文化资源，不断放大地域优势，凸显文化特色，打造河北超级IP，推动河北文化遗产的保护利用和传承，改造历史文化街区，促进文化产业多元发展，以更具吸引力的方式让优秀传统文化走进千家万户，扎实推进河北省文旅融合高质量发展。

（一）高品位塑造河北省文旅 IP 体系

1. 全力打造河北文化超级 IP，培育龙头演艺精品

一是充分利用文学、艺术、影视等多种形式打造河北文旅热点 IP，全面深入挖掘燕赵文化相关文学作品，提炼其中的文化核心元素，对传统文化基因进行创新传承、跨界融合，创造出河北独有的文化符号。邀请专业成熟的团队以新创意、新突破、新跨越，将这一文化符号转化为演艺作品，通过高科技声光电的沉浸式演艺，让作品深入人心，成为品质、情怀的代名词。二是培育引进旅游演艺龙头企业，融入河北传统文化的精髓，开发中小型、主题性特色演艺项目，打造具有市场吸引力的旅游演艺精品。

2. 全面深化文旅融合，实现文旅相辅相成

采取旅游产品开发与文化内涵发掘相结合的方法，以文化遗产所蕴含的核心文化元素为中心，将周边文化旅游资源进行系统性整合，科学规划旅游路线，打造旅游亮点，面向大市场，形成区域联动、共同发展的大旅游格局。

3. 全要素融入，做好文化产业园

文化产业园区建设的关键是找准方向、突出特色、抓好核心、壮大产业，因此确立文旅产业融合、多元业态支撑的理念，创新文化产业园的文旅新业态，开发文旅商业区打造主题酒店和特色餐厅。河北省要着力培养核心业态，支持衡水内画、曲阳雕塑、大城红木等文化产业完善提升、做大做强，打造具有旅游功能的特色文化产业集聚区，做好文化价值挖掘、环境设施提升和特色品牌打造。

4. 加强创意驱动，树立文创 IP

文化与旅游的联结点在于创意，要通过"资源+创意"，提升河北省文旅产品品质，传播河北优秀传统文化价值。将深度提炼的河北省历史文化核心元素融入文化创意设计与前沿科技，研发独具特色的文化创意衍生品，充分利用各种载体，拓展河北优秀传统文化的表现形式，以游戏为载体开发河

北文化 IP 系列数字藏品，以产品为载体鼓励企业在产品开发设计中有效运用和融入河北各类文化元素。

（二）高标准做好文化遗产的保护开发和传承

1. 多方位做好"科技+文化遗产保护"工作

一是创建河北省文化遗产数据库，实现文化遗产数字化保存，加强数字赋能推动更多文物资源上"线"入"云"、破"屏"出"圈"，为科学开展文化遗产的保护工作提供保障。完善河北省文物数字化采集、加工、存储、展示等关键技术体系，利用数字化摄影采集、洞窟三维重建、洞窟全景漫游等手段收集海量数字化资源，为数字时代实现优秀传统文化创造性转化、创新性发展提供宝贵资源。二是最大限度保护好文物，减少人类活动对文化遗产的伤害，探索利用各种数字化传播技术，让游客不进入文化遗产场所也能清晰地看到细节，感受文化遗产所传递的优秀传统文化魅力，比如推出河北省文化遗产的"云游"系列小程序。

2. 多维度活化文化遗产

要创新文物利用和展示方式，做好融合文章，"让收藏在博物馆里的文物、陈列在广阔大地上的遗产、书写在古籍里的文字都活起来"，不断创造价值、赋能发展。一是以全新的理念和体验模式，建立河北省超时空参与式博物馆，在线上构建一个全真的数字博物馆，以互动体验的方式分享河北省出土文物背后的鲜活历史，以高精数字孪生、游戏引擎渲染和全局动态光照等技术让游客亲身"参与"河北厚重历史，直观地感受和了解河北文化艺术的价值与魅力，为公众提供身临其境的沉浸体验。二是开发官方虚拟人物与大众见面，随时随地与线上游客交流文化知识，带来更丰富的文化内容互动。

3. 多层面弘扬河北文化

弘扬河北文化，要坚持"走出去"和"引进来"相结合。为推动河北文化"走出去"，要在国内与国际、线上和线下不同层面和平台共同发力，在全国范围内启动文化遗产进校园全国宣讲活动，开展公益学术讲座等活动，通过抖音等平台开展相关主题线上直播；为推动研学培训"引进来"，开展世界文化遗产与青少年研学项目，构建河北文化研学体系，不断吸引国内外研学团队，推动河北省文旅融合和研学新业态发展。

4. 多举措加强人才队伍建设

一方面，加强对文物保护和考古专业人才的培养、培训和引进，提升从业人员的整体素养和专业水平，鼓励校企共建实习基地，培育一支熟悉掌握各种技能的专业人才队伍；另一方面，建立河北省文化遗产研究团队与敦煌研究院团队长效合作机制，定期为河北省开展人员培训，增进互学互鉴与交融互通，加强文化和旅游领域人才交流合作。

（三）高水平打造特色历史文化街区

1. 以科学规划，创新街区经营模式

历史文化街区是传承文化的重要载体，担负着维系城市记忆的重要使命。首先，在历史文化街区开发中要深谋规划设计，处理好保护与利用、历史与现代、建筑与人文、形态与业态、局部与整体等关系，保护好历史建筑、历史风貌，保存城市的历史文脉和历史价值。其次，坚持高水平运营，创新街区文旅商的经营模式，积极引入新型业态，充分利用地域特色文化，结合城市商业、休闲娱乐、文化民俗等新业态，进一步提升街区的历史价值、文化价值、艺术价值、商业价值，让历史文化建筑在活化利用中成为城市的特色标识。

2. 以多元价值，释放街区开发潜力

系统梳理历史文化街区的各类旅游资源，从文化、生态、居住、度假等多个层面，提升街区文旅开发潜力，根据不同区域不同的文化优势，打造传统文化度假地、时尚度假地、养生度假地、高端商务度假地等类型，并设计辅助型旅游产品，如街区观光产品、民俗体验产品、时尚休闲产品、生态休闲产品等，形成较为完善的街区旅游服务体系。

3. 以缤纷文化活动，满足多元化需求

聚焦年轻人活动新趋势，着力打造年轻人热爱的业态，满足多元化消费

增长新需求，通过市集形式打造网红夜经济，实现引流，举办以音乐、美术、摄影、茶艺、陶艺、香道等为主题的文化活动，吸引新文艺组织和新文艺群体。

参考文献

郭丽瑾、肖周录：《习近平中华优秀传统文化创造性转化和创新性发展的逻辑理路》，《学术探索》2022年第10期。

李新潮：《中华优秀传统文化创造性转化创新性发展的运行机理》，《理论学刊》2022年第2期。

《党建》杂志社等：《激活中华优秀传统文化生命力的实践探索——河南省坚持创造性转化、创新性发展的调研报告》，《党建》2023年第7期。

《河北新增5个"河北省历史文化街区"》，河北新闻网，2023年1月2日，https：//hebei. hebnews. cn/2023-01/02/content_ 8925796. htm。

B.7
优化营商环境助推河北文旅企业
发展壮大的对策研究

张葳　康敏*

摘　要：　营商环境是增强区域发展动力、激发市场主体活力的重要保障。近年来，先进省市在优化营商环境领域不断探索出新，本文深入分析河北文旅产业发展现状，研判当前文旅产业营商环境的堵点和痛点，总结先进省市已有经验，结合河北实际，从政务环境、法治环境、人文环境、要素环境、信用环境、激活市场动能、提升产业实力等方面提出了持续优化河北文化旅游产业营商环境的对策建议。

关键词：　文旅产业　营商环境　文化旅游

营商环境是增强区域发展动力、激发市场主体活力的重要保障，近年来，全国各省市在优化营商环境领域不断探索，北京、广州、厦门、上海、深圳、合肥都进行了有益实践，形成了先进经验。河北省委、省政府高度重视优化营商环境，提出要加快把河北建设成为投资创业首选地，让企业家更有归属感、获得感、成就感，将2023年作为"招商引资突破年"，有力推进了地方经济的持续健康发展。但当前来看，全省旅游经营主体承压仍然较大，满足新形势下市场主体对营商环境的需求，进一步加大助企纾困力度、优化营商环境，以稳定的经济发展环境、完善的基础设

---

* 张葳，河北省社会科学院省情研究所副所长，副研究员，主要研究方向为旅游经济、区域经济；康敏，石家庄学院经管学院讲师，主要研究方向为旅游经济。

施与优质的公共服务环境全面激发经营主体活力，是当前文化旅游市场恢复发展的重心所在。

一 河北文化旅游产业发展"软环境"不断优化

（一）文旅产业发展规划体系不断健全

近年来，省级层面出台了一系列政策文件推动文旅产业发展，如《关于进一步加快全省旅游产业高质量发展的意见》《河北省旅游高质量发展规划（2018—2025年）》《河北省文化和旅游发展"十四五"规划》《河北省加快建设旅游强省行动方案（2023—2027年）》等，顶层设计不断优化细化，雄安新区、长城、大运河、京张体育文化旅游带等一系列专项规划相继出台，国家战略优势叠加，河北文化和旅游产业进入快速发展阶段。截至2023年9月，河北省5A级旅游景区达到11家，4A级景区151家，全省共有2100多个村发展乡村旅游，国家级乡村旅游重点村镇45个，省级乡村旅游重点村镇243个。

（二）政策频出为文旅企业发展保驾护航

新冠疫情发生后，文化和旅游产业受到重创，河北省文化和旅游厅会同发改、财政、教育等部门认真研究纾困惠企政策措施，2022年印发《关于进一步支持旅行社纾困发展的措施》《关于促进文化产业和旅游业恢复发展的八条政策措施》等，2023年出台《关于推动文化和旅游市场恢复振兴的若干措施》等，帮助全省旅游企业凝聚行业共识、增强发展信心。各地持续推动各类惠企政策落地见效，全面推进新一轮优化营商环境。《关于文旅行业经营准入推行"一日办"改革实施意见》提出对不涉及听证的文化和旅游企业设立许可事项全面推行告知承诺制和"一日办"，对行政备案事项全部实行告知性备案，对原来法定20个工作日、承诺13个工作日办结事项直接减为1个工作日办结。正定县出台了推进旅行社保证金履约保证保险替代现金交纳旅游服务质量保证金试点工作、减免注册导游员 2022 年度会员费等 17 条实际措施。高阳县文化广电和旅游局、威县文化广电体育和旅游局、张家口市桥西区文化广电和旅游局入选先行先试改革试点单位。怀安县常态化开展"营商环境提升年""服务企业家日"、一对一"结对帮扶"等活动，为德源农场等文旅企业投入涉农整合资金 3300 多万元，推进全县文旅企业基础设施建设。积极搭建文旅企业供需对接平台，解决市场主体对接合作难的问题。现已梳理全国 500 余个重点投资企业清单，并通过全省文旅产业信息管理服务平台与各地市文旅部门共享企业信息，指导项目单位和企业对接洽谈招商和融资合作。2023 年 11 月，《河北省优化营商环境条例》出台，推动河北省营商环境法治化水平不断提升，为文旅企业在冀顺利发展保驾护航。

（三）文旅项目正在成为拉动地方经济增长的重要力量

近年来，河北省通过举办省市旅游产业发展大会和省旅游投融资大会，持续引入优质社会资本，搭建旅游资本平台、实现旅游项目高效对接，打造了众多投资超千万元的旅游项目，北戴河新区阿那亚文创小镇、赤城海坨山谷、磁县磁州水墨园、灵寿县锦绣大明川休闲度假康养小镇、兴隆县中冶·长城十里春风镇等项目已具有较强的市场影响力。2022 年是全省文化和旅游系统"项目建设年"，全年文化和旅游投融资项目共 651个，项目总投资达 5642.21 亿元。全年计划完成投资额 557.9 亿元，实际完成投资额 545.77 亿元，投资完成率为 97.83%。2023 年，省文化和旅游厅进一步完善项目管理平台，组织开展项目观摩拉练，推动项目谋划建设，全省文旅系统共推进建设项目 799 个，在建项目总投资 4116.2 亿元。组织举办了全国重点文旅企业进河北暨承德旅游康养项目对接会、"五带"建设重点项目招商推介活动、京津冀健康文旅项目对接活动，17 个项目签约金额达 42.01 亿元。[①]

---

① 数据来自河北省文化和旅游产业信息管理服务平台。

（四）优化要素环境保障文旅项目顺利推进

一是切实加强金融服务，省级层面印发了《财政引导金融支持实体经济发展十条措施》《关于金融支持河北乡村旅游发展的通知》《关于金融支持河北省文化产业和旅游产业高质量发展的若干措施》等，实施税费减免、贷款贴息、退还旅行社质保金相关政策措施，推动中国工商银行为省内多家优质景区及旅游企业提供文旅场景融资产品，截至 2022 年 10 月为 25 家景区提供了融资帮扶，实现融资贷款 2250 万元。着力解决市场主体"融资难""融资贵"的问题，探索建立金融服务文化和旅游产业高质量发展工作机制，如崇礼特色支行，推动邯郸银行等金融机构开发文旅特色金融产品，各大银行授信 1100 亿元。二是积极探索旅游"用地难"对策，省文化和旅游厅积极对接省自然资源厅，抓紧制定文化和旅游项目用地政策手册，在符合规划的前提下，对生态观光、休闲度假等建设项目用地实行点状配套设施建设用地布局开发。

（五）强化法治环境保障文旅产业健康发展

近年来，河北省文化和旅游厅不断加强市场监管和诚信建设，着力营造公平竞争的市场环境。2021 年，印发《河北省文化和旅游行业信用分级分类管理办法》，推进行业信用体系建设。2022 年，联同河北省司法厅发布了《关于命名第一批"河北省诚信文明示范景区"的决定》，选出石家庄抱犊寨风景区等 15 家单位。探索建立联合执法机制，河北省文化和旅游厅综合执法监督局会同多部门开展文化和旅游市场联合执法行动，组织指导各地开展线上培训 13 场，共培训执法人员 3000 余人次。进一步梳理了各级文旅部门"权力清单""责任清单"，对政府和市场边界予以区分。全省各级文化市场综合行政执法机构及时将执法检查、案件办理、举报投诉等相关数据录入平台，截至 2023 年 6 月通过平台办理执法案件 373 件，同比增长 34%。①

---

① 数据来自河北省文化和旅游厅。

起草了河北省旅游景区、星级饭店、演出经纪机构信用评定实施细则，制定全省旅游景区、星级饭店、演出经纪机构信用等级评定指标并公开征求意见。

二 当前河北文旅营商环境的堵点痛点分析

（一）旅游业发展支撑环境还需进一步优化

一是难以突破现有体制机制的限制，创新意识和担当意识不强，求稳不求新，对优质项目的吸引力度不足。二是政策体系缺乏系统性，下达效果、持续性、连贯性差。旅游是综合性产业，很多政策既涉及文旅部门，也涉及农业、金融、科技、发改、财政等多个部门，这就需要各政府部门之间的有效联动，但各部门之间未形成合力，沟通协作不足。三是激励政策的有效性不足，招商引资优惠政策未全面落地，"内培外引"举措不足，支撑项目发展的保障和激励机制有待健全，对资本、人才、技术的实际吸引力还不高。

（二）政策供给与行业需求还有距离

一是政策"悬空"，惠企政策落实难。调研发现很多企业表示目前的制度和企业的诉求没有实现特别好的对接，如政策落实分工方案不具体、惠企政策具体举措未明确，导致很多惠企政策落地慢且效果不好。二是政企沟通不畅、政策宣贯不到位。很多文旅企业对于政府出台的惠企政策知晓滞后，并且存在理解不准确的现象，往往政策发布很久后才知道可以申请财政补贴政策，或纳税时才知道有项目可以退税，这给企业造成了一定的损失。三是关键节点把控滞后，政策时效性欠缺。政策的发布并未及时跟随关键节点，发布不够及时，对现实的把握不足。政策制定中缺乏对全局的统筹规划，包括对政策内容、政策体系等方面的把控。

（三）要素制约仍待进一步破解

一是现有文旅项目土地、资金等要素制约依然普遍。特别是对于旅游资源贫瘠、土地集约区域，存在有限资源与连续增长贡献的矛盾，政府会考虑有限的稀缺资源能否创造可持续的税收贡献。由于各地农用地红线、生态环保红线等限制，文旅项目落地难问题普遍存在，如何用好政策突破"土地指标"之困是各地亟待解决的现实问题。如石家庄市中以农科康养小镇，是2018年市旅发大会重点项目，但因无土地指标而无法建设旅游服务设施，让游客难以停留，大大影响了小镇的后续经营和发展。有的项目与国家生态保护区重合，开发审批难度较大，如承德丰宁县大面积国土空间纳入生态保护红线范围，禁止开发性、生产性建设活动，生态保护与旅游开发统筹推进难度较大，客观上导致优质投资商的流失。二是金融支持文旅产业发展政策有效落地不足。大部分文旅项目存在资金需求量大、建设周期长、资金回收缓慢等特点，这与商业银行经营的"收益性、流动性、安全性"等原则相冲突，导致金融机构对文旅企业的信贷投放持谨慎态度，降低了金融机构提供信贷产品的积极性。

（四）城乡基础设施和公共服务仍待进一步提升

以目的地为视角，省内多数城市特色还不明显，配套基础设施和旅游综合服务功能还不完善，景区内热热闹闹，景区外却冷冷清清、杂乱无章。城乡旅游基础设施和公共服务配套不均衡现象仍然突出，农村区域基础设施较差，交通通达性欠优，旅游厕所、生态停车场、旅游咨询服务中心、智慧旅游等旅游公共服务设施建设与现代游客需求差距还较大，交通"最后一公里"问题仍普遍存在，有的区域公共服务体系尚未形成，住宿、餐饮等配套不完善，不能充分满足游客基本休闲需求。

三　先进省市优化文旅营商环境的经验做法

（一）在优化营商环境政策上精准迭代

2023年9月，湖南省株洲市推出了《株洲市不刁难企业负面清单（试行）》，该清单梳理出 155 条刁难企业行为，精准画出底线和红线，真正以为企服务为宗旨。宁波市着力金融产品创新，解决文旅中小企业融资难题，从 2014 年就开始创立文化金融专营机构，截至 2023 年 10 月已有 14 家，整合银行、保险、政策性担保等机构在全国率先成立了文化产业信贷风险补偿金，为全市文化企业提供无抵押、无担保、纯信用贷款产品，大大减轻了文旅企业资金压力。

（二）在产业链打造上敢于创新

云南省大力延伸文旅产业链，针对产业融合推出了具体指导措施，推动旅游与体育、亲子、研学、休闲、会展、康养、民宿等相结合，印发《关于进一步优化营商环境激发文旅市场主体活力的指导意见》，探索旅游与会展、节事、商务观光、康体休闲、文化体验等业态相结合，不断创新产品和服务供给，打造文旅"新产业链"。

（三）主动盘活旅游存量项目和资产

贵州推出"招商用地地图"，企业可更加直观地了解文旅项目的土地位置、用途、规模，以及周边基础设施配套情况，破解政府存量土地闲置、企业满山找地的难题，实现政府精准招商、企业精准找地、土地高效配置。

（四）探索精细化管理与服务的平衡点

2023 年淄博烧烤成为现象级顶流城市 IP，淄博市在全国首创"技改专项贷"，出台行政审批全领域"一证化""承诺即入"等一系列举措，致力于打造极速审批、全领域"无证明城市"。坚持诚信经营，烧烤商家合力"为城市荣誉而战"，多部门深度"组团"推进，淄博在打造当地文旅环境、城市形象营销、城市综合治理等方面做好了现代城市管理的微妙平衡。

四 持续优化营商环境助推河北文旅企业 发展壮大的对策建议

（一）进一步优化政务环境，全方位提升政府服务能力

一是围绕顶层设计谋划招商引资。围绕《河北省文化和旅游"十四五"发展规划》《河北省加快建设旅游强省行动方案（2023—2027年）》，在顶层设计上加强统筹，全局谋划招商引资。建立招商项目动态管理机制，出台高等级景区、度假区、民宿等品牌创建激励措施，提升市场主体的积极性。二是进一步细化惠企政策。对标营商环境先进省市相关政策，结合河北实际，研究制定对文旅重点企业和重点项目关于用地指标、税收优惠、费用减免、资金奖补等相关优惠政策及具体落实方案，切实帮助文旅企业发展壮大。畅通政企沟通渠道，及时回应和解决民营企业合理诉求，为文旅企业提供全方位、专业化政策信息服务，用暖心服务吸引优质项目、优质企业在冀落地开工。三是优化政务服务流程，持续推进"放管服"改革。持续推进政务服务清单化、标准化、规范化工作。加快推进旅游领域政企分开、政事分开，切实发挥各类旅游行业协会作用，深入推进体制机制创新，深化旅游企业改革，更好地发挥政府引导作用，以让在冀文旅企业享受快捷、高效的政务服务为目标，大力推进"网上办、一次办、我帮办"，加快实现"一网通办""跨省通办"。四是优化扶持政策，为中小企业创造更大的成长空间。鼓励引导为中小文旅企业提供技术创新支持和服务，积极配合出台科技推动文旅融合发展的相关政策，鼓励新技术企业与传统文旅经营主体合作发展；针对互联网企业，推出平台优惠政策和税收优惠等，通过多样化扶持政策，为中小企业创造更大的成长空间，壮大在线新文旅市场发展的后备力量。

（二）进一步优化法治环境，为在冀文旅企业提供安心保障

一是开展分区域全领域执法。整合执法队伍，优化执法层级，厘清执法职责，推动执法事项下沉到街道乡镇。做实相关部门联合监管，实现"事

项联动"全覆盖、"部门联动"少干扰、"上下联动"同步调。持续优化涉企法律服务，深入推进"法律进企业"，常态化开展企业"法治体检"。二是推动行业规范发展。推动数字文旅等新产业新业态规范健康有序发展，重点完善新业态安全监管工作体系。畅通在冀企业参与立法工作的渠道，真实反映企业发展诉求，让市场主体在河北能够放心地投资、安心地经营、专心地创业。三是在营造公平竞争秩序上持续发力。进一步简化和取消行政审批手续，运用现代信息技术实施线上线下统一监管，加强流通领域法治化、标准化和诚信体系建设等，打造一流法治化营商环境。

（三）进一步保障要素环境，为在冀企业项目落地打好基础

一是持续破解产业项目"用地难"。抓紧制定文化和旅游项目用地政策手册，对生态观光、休闲度假等建设项目用地，可以在符合规划的前提下实行点状配套设施建设用地布局开发。二是促进金融服务能级跃升，激发实体经济发展活力。政府发挥好投资平台作用，对区域重大文旅项目给予专项资金倾斜；对特别重大的项目要敢于担当、"一事一议"，精准制定支持政策。突出抓好综合金融服务平台建设，加强政务数据在金融领域的治理应用，初步形成数字化综合金融服务生态，更加密实服务实体经济、更加有力推动普惠金融、更加便捷支持帮助中小微企业。提升金融服务质效。加强对企金融辅导，提供管家式服务，推动政金企有效畅通对接，全力支持国家和省级重大战略、重要产业、重点企业，提供文旅相关政策的宣传，帮助企业做好融资对接和上市服务。健全金融辅导政策集成，各级文旅部门加强产业思维，创新投融资模式，将遇到资金困难但具有发展潜力的企业纳入金融辅导攻坚范围，助力企业渡过难关，避免出现不合理抽贷、压贷、断贷情况。三是优化人才服务。积极引进文旅高端运营管理人才，做好在冀文旅企业人才相关服务，如子女教育、医疗养老等问题，以人为本，真正解决企业员工后顾之忧，吸引并留住更多的专业人才，为文旅企业高质量发展提供支撑。

（四）进一步优化人文环境，提升在冀文旅企业幸福感

一是全面提升城乡基础设施，优化营商"硬"环境。加快推动新型城镇化，进一步加强城乡基础设施配套建设。加快构建快旅慢游交通体系，加快完善旅游基础设施和新基建，实施旅游厕所质量提升工程，推动智慧旅游城市、智慧旅游景区建设，为打造京津周末休闲首选目的地、周末休闲旅游示范省夯实基础，为文化旅游市场主体提供创新创业最优生态。二是大力提升公共文化服务，优化营商"软"实力。着力涵养城市文明，塑造城市文化新形象，抓好城市书房、文化驿站、乡村博物馆、城市文化客厅和邻里阅读空间增量建设，打造一批国内精品博物馆。进一步加快服务接待类、公共设施类、环境提升类等项目打磨提升，在提升旅游服务接待水平的基础上，与社会公共服务体系融合发展。三是加强数字科技赋能，提高信息化水平。以信息服务为核心，加快相关信息平台建设，拓展服务业供给种类，丰富服务业新场景，创新商业模式，让更多人群和区域实现高质量智能化生活。

（五）进一步激活市场动能，促进更多优质文旅企业涌现

一是培育旅游企业的"领跑者"。吸引国内知名上市旅游企业和专业水平高、实力强的文旅企业与河北省相关市县政府开展深度合作，以资源整合和资本运作等方式进行多种合作，建立专业化的大型文旅集团，通过旅发大会平台，开发重点旅游目的地和重点景区，支持这些企业到河北扎根，在合作共赢中实现长远发展。二是营造良好的旅游招商发展环境，让河北成为文旅企业首选目的地。推动各地建立旅游项目在用地、融资、奖补、审批、税收、人才等方面的长效机制，改善各地旅游招商条件和发展环境。大力培育发展潜力大的旅游项目，提高旅游项目的盈利能力和运营管理水平。以成功项目为依托，建立完善旅游投融资机制，助力优质旅游项目和企业做大做强。建立"优胜劣汰""百花齐放"的市场机制，让优质项目拥有更多优质资源，让特色项目更具特色，形成龙头引领、错位发展、公平竞争的良好态势。三是支持全域全季旅游业态，加快打造周末休闲旅游示范省。多样化、

个性化、定制化增加休闲度假游供给，提升旅游服务，加快培育海岛、游轮、低空等旅游业态，积极拓展"文旅+康养""文旅+教育""文旅+工业"等跨界融合业态。主动对接京津、服务京津，探索诸如城乡发展中的"工业品下乡、农产品进城"双向畅通的政策、举措、路径等，畅通旅游经济"微循环"。优先支持环首都旅游圈建设，加大政策倾斜力度，推进环首都100公里以内的优势旅游资源开发建设，打造"一日游""两日游"周末休闲黄金旅游圈。

（六）进一步提升产业实力，加快构建现代文旅产业体系

一是加快构建现代产业体系。开展河北文旅产业提升行动，进一步提振消费、提质产品，深化产业融合，形成一批产业链完整、辐射力强、具有较强市场竞争力和产业带动力的文化旅游产业集群。强化科技赋能，推进文旅数字化、网络化、智能化发展，培育"数字文化+"产业生态圈，拓展旅游产业发展空间，提升旅游产业文化内涵。二是大力发展文旅融合新业态。加快发展新业态，如房车营地、露营旅游、婚庆旅拍、研学旅行等，加快完善各地博物馆、纪念馆、美术馆等公共文化场馆的旅游服务功能，高品质多样化打造一批"城市书房"，不断丰富文化休闲空间。三是进一步盘活存量项目和存量资产。建设"河北省文旅招商用地地图"，围绕各地重点产业链编制招商项目，引导优质文旅企业选择项目最优位置。

（七）进一步优化信用环境，提升在冀企业发展获得感

一是加强信用体系建设和结果运用。推进"信用+"治理模式与实践，创建省级信用经济发展试点，培育评定文明旅游示范单位（诚信文明示范景区），推动《提升旅游服务质量的十项措施》落地实施。二是建立招商引资信用承诺制度。坚持以人民为中心的执政理念，建立政府诚信履约机制，必须履行在招商引资中依法做出的政策承诺和签订的各类合同、协议；把政府诚信纳入营商环境优化的考核指标，深入规划考核内容，确保政府带头讲诚信，对于"新官不理旧账"、承诺落空的专项整改计划，建立责任落实机

制。建立健全政府信用考评体制，将政府守信情况纳入征信体系，加强诚信文化建设。三是建立政务失信行为惩戒机制。对在招商引资过程中的政务失信行为加大惩处力度，追究责任单位和责任人。实施"河北文旅项目政商交往负向行为清单"，明确红线和底线，细化相关要求，明确在行政管理和执法检查中不得有乱检查、乱摊派、乱收费、乱罚款等行为，不得违规干预和插手文旅企业项目招标、建设、采购销售等市场经济活动，不得谋取不正当利益或损害企业合法权益等，畅通违约失信的投诉渠道。

参考文献

陈伟伟、张琦：《系统优化我国区域营商环境的逻辑框架和思路》，《改革》2019 年第 5 期。

娄成武、张国勇：《基于市场主体主观感知的营商环境评估框架构建——兼评世界银行营商环境评估模式》，《当代经济管理》2018 年第 6 期。

"中国城市营商环境评价研究"课题组等：《中国城市营商环境评价的理论逻辑、比较分析及对策建议》，《管理世界》2021 年第 5 期。

王欣亮、王宇欣、刘飞：《营商环境优化与区域创新效率——兼论经济一体化的联合空间效应》，《科技进步与对策》2022 年第 6 期。

景霖霖：《营商环境综合评价及实证研究》，山东师范大学硕士学位论文，2020。

热点透视篇

B.8

京津冀旅游协同发展水平测度分析[*]

杨丽花　魏建业　孙玙珩　阮佳慧^{**}

摘　要：　旅游业协同是实现京津冀协同发展的有效途径和重要抓手。本文从旅游发展的行业系统、背景系统角度构建京津冀协同发展的指标体系，对其协同发展水平进行测度并分析其影响因素，提出发挥比较优势明确核心龙头引领作用、联合建设世界级旅游目的地、优化旅游接待服务要素链及加快交旅深度融合等发展建议，以期实现京津冀旅游协同高质量发展。

关键词：　旅游协同发展　京津冀　协同度　区域旅游

---

* 本文系河北省教育厅青年拔尖人才项目（项目编号：Z2023023）阶段性成果。
** 杨丽花，河北地质大学管理学院副教授，主要研究方向为乡村旅游、区域旅游与地学旅游；魏建业，河北省文化和旅游厅产业发展处处长，主要研究方向为文化和旅游产业政策、新业态发展、投融资和文旅融合发展；孙玙珩、阮佳慧，河北地质大学管理学院旅游地学与规划工程专业 2021 级本科生。

京津冀协同发展是国家重大战略，京津冀三地地缘相接、文脉相通，历史渊源深厚。京津冀是中国式现代化建设的先行区、示范区，同时是我国文旅市场最具活力、最具潜力的区域之一。

京津冀地区一直致力于推动区域旅游协同发展，目前已取得了较好的效果。但三地受资源禀赋差异大、经济发展不平衡及行政壁垒等多方面因素的影响，协同发展水平并不高。因此，如何实现京津冀地区旅游高质量协同发展成为学界关注的热点和焦点问题。以往学者对区域旅游协同发展的研究主要从协同机制的建立、协同发展水平的测度、协同发展的障碍因素等方面展开，研究方法涉及耦合度模型、灰色关联分析方法、层次分析法、模糊综合评价法等，研究区域涉及美国、日本、西欧等发达国家和地区，也涉及我国的珠三角、长三角、中原城市群及京津冀地区等。京津冀作为我国区域旅游协同发展的关键地区之一，其协同发展水平、协同模式是业界和学术界关注的重点。基于此，本文对京津冀旅游协同发展水平进行测度，分析影响其协同发展的因素，并提出实现京津冀旅游协同发展的建议。

一　研究区域选择

京津冀是我国区域旅游协同发展的重要区域。但受历史、自然、行政区划等因素的影响，再加上旅游业发展的差异性，京津冀旅游协同发展困难重重。虽然目前京津冀旅游协同发展已初见成效，并且三地互为客源地的格局已初步形成，但综合来看，区域内旅游资源不均衡，国家级旅游度假区、国家级滑雪旅游度假地、国家级旅游休闲街区总量偏少，如天津星级饭店、旅行社以及高级别景区景点偏少（见表1）。

区域旅游竞争力存在巨大差异，今后还需优化区域内旅游产业布局，建设旅游协同发展示范区，加强旅游产品的研发和创新，实现区域旅游协同高质量发展。

表1　2023年京津冀三地旅游发展资源禀赋情况统计

单位：个，万公顷

项目	北京市	天津市	河北省
世界遗产	7	2	4
全国乡村旅游重点村	38	23	42
国家级旅游度假区	3	0	2
国家5A级旅游景区	8	2	11
五星级旅游饭店	58	12	25
国家级滑雪旅游度假地	1	0	3
国家级旅游休闲街区	4	3	4
国家工业旅游示范基地	3	2	5
旅行社数量	3395	529	1594
星级饭店数量	349	64	269
博物馆数量	82	72	185
国家级自然保护区面积	2.89	3.06	27.14

数据来源：中经数据网，https://ceidata.cei.cn/。

二　基于网络关注角度的京津冀旅游协同分析

（一）三地搜索指数和资讯指数

在百度搜索指数网站上分别以"河北旅游""天津旅游""北京旅游"为关键词进行搜索，时间选择为2012~2023年。北京旅游的搜索指数日均值为2040，天津为561，河北为342，北京旅游搜索指数远远大于津冀两地（见图1），可见三地搜索指数差距较大。

同时从资讯指数角度对三地进行对比分析（时间段主要选择2023年11月12日至12月9日），可见整体上北京旅游的资讯指数远远高于津冀，津冀的资讯指数差别不大。2023年11月26~28日和2023年12月6~8日，河北旅游的资讯指数超过了天津，出现了两个波峰（见图2）。原因可能在于东方甄选河北行活动掀起了河北旅游的一波小高潮。

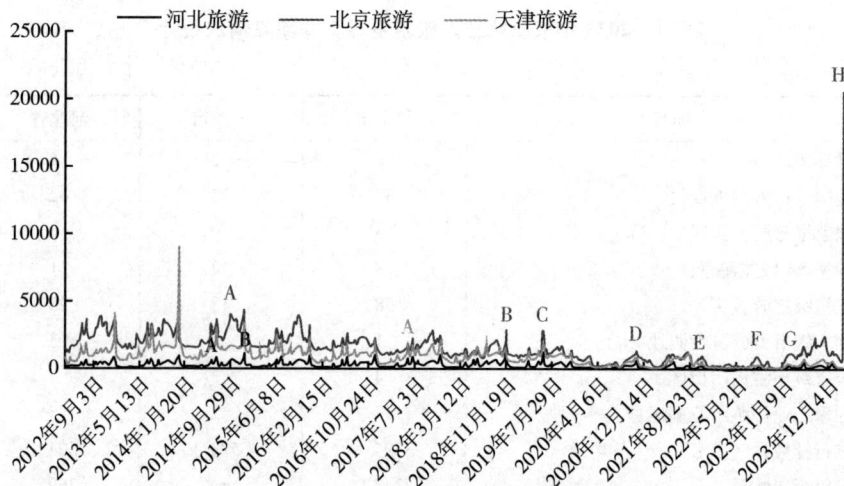

图 1　2012~2023 年京津冀旅游搜索指数对比

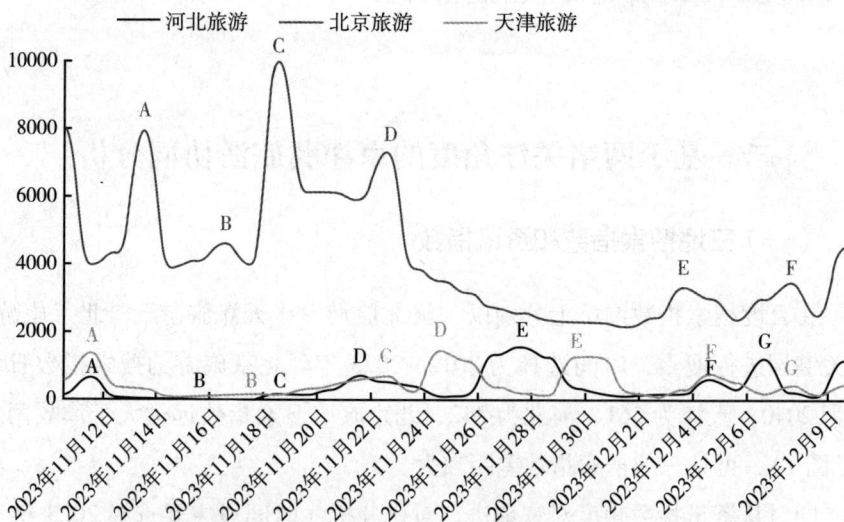

图 2　京津冀旅游资讯指数对比

（二）三地用户画像比较

北京旅游的用户画像在全国比较均匀，但部分地区搜索指数较高，如广东、河南、山东、河北、江苏等地的指数明显高于其他地区。山东、河北、河南具有地理上的天然优势，而广东距离北京较远，两地文化差异较大，对游客的吸引力较强。

天津旅游的用户画像显示游客主要来自天津、北京、河北、山东、辽宁、江苏等地，呈现出明显的距离衰减性。

河北旅游的用户画像显示游客来源主要为河北、北京、山东、辽宁、广东、山西等地（见表2），除广东外其余均属于河北周边省份，原因可能在于河北与广东距离较远、对广东游客吸引力较强，广东省经济发达、居民出游率高，以及河北11月旅游营销起到了一定作用。

表2　京津冀旅游用户画像排名前十的地区

排名	北京旅游	天津旅游	河北旅游
1	广东	天津	河北
2	河南	北京	北京
3	山东	河北	山东
4	河北	山东	辽宁
5	江苏	辽宁	广东
6	四川	江苏	山西
7	云南	广东	江苏
8	广西	上海	天津
9	湖南	浙江	河南
10	贵州	河南	内蒙古

（三）人群属性特征差异

从年龄分布特征来看，三地均为30~39岁的用户最多，尤其是北京这个年龄段的用户占比超过50%，津冀都超过30%；在20~29岁的年龄阶段内，河北的用户数量比重最高，接近30%，天津用户超过20%；天津40~49岁的用户比重最高，超过20%，河北和北京接近20%。可见三地的用户主要集中在20~49岁，呈现中间年龄段用户多、低龄和50岁及以上用户数量少的"纺锤形"特征（见图3）。

图3 京津冀三地旅游用户画像年龄结构

从性别差异来看，三地均表现出男性用户比重高于女性，其中天津的男性用户比重最高，接近60%，河北的男女性别差异最小（见图4）。

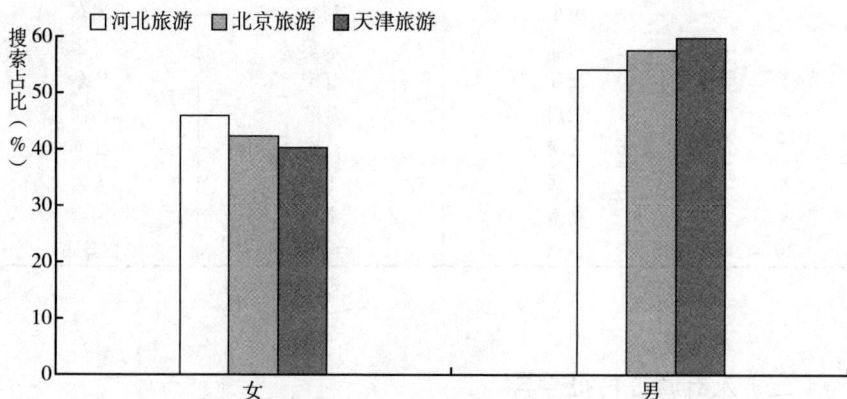

图4 京津冀三地旅游用户画像性别结构

（四）三地用户需求图谱分析

因百度搜索指数没有"京津冀旅游""京津冀协同"等词条，本文以"河北旅游""天津旅游""北京旅游"作为关键词进行检索。

　　从北京旅游的需求图谱来看，较为集中的关键词有"北京旅游攻略""北京旅游攻略必去景点""北京旅游景点""北京胡同游"等，与北京旅游资源紧密相关，也同样存在"天津旅游""山东旅游""涞源旅游""秦皇岛旅游"等体现区域旅游协同发展的关键词（见图5）。

　　天津旅游主要集中在"北京旅游""河北旅游""天津美食""天津古文化街""天津第五大道""北京周边旅游景点""石家庄旅游"等关键词（见图6），可以看出京津冀一体化的趋势越来越明显，从游客认知的角度看，三地联系越来越紧密。

　　从河北旅游的需求图谱分析来看，主要集中在"涞源旅游""邯郸旅游""石家庄旅游""涿州旅游""河北旅游局""天津旅游""山东旅游""河南旅游""山西旅游""河北必玩十大景区"等（见图7），可见河北省的旅游需求以具体的市为主，说明整体的吸引力较小，同时河北与周边省份的联系性较强，河南、山西和山东表现尤为明显。

　　综上，三地旅游均出现了与另外两地相关性强的热词，表明从游客认知角度看，已有部分游客将三地联系在一起，京津冀旅游协同效应已经显现。

三　京津冀旅游协同度分析

（一）模型建立

1. 模型建立思路分析

　　京津冀三地旅游系统涉及许多行业，包含多个相互关联、相互作用又相互制约的子系统。根据协同学相关理论，模型建立思路如下：

　　（1）划分子系统与次子系统；

　　（2）筛选序参量；

　　（3）查找各序参量在考察期内的具体数值并确定取值范围；

　　（4）建立模型进行计算；

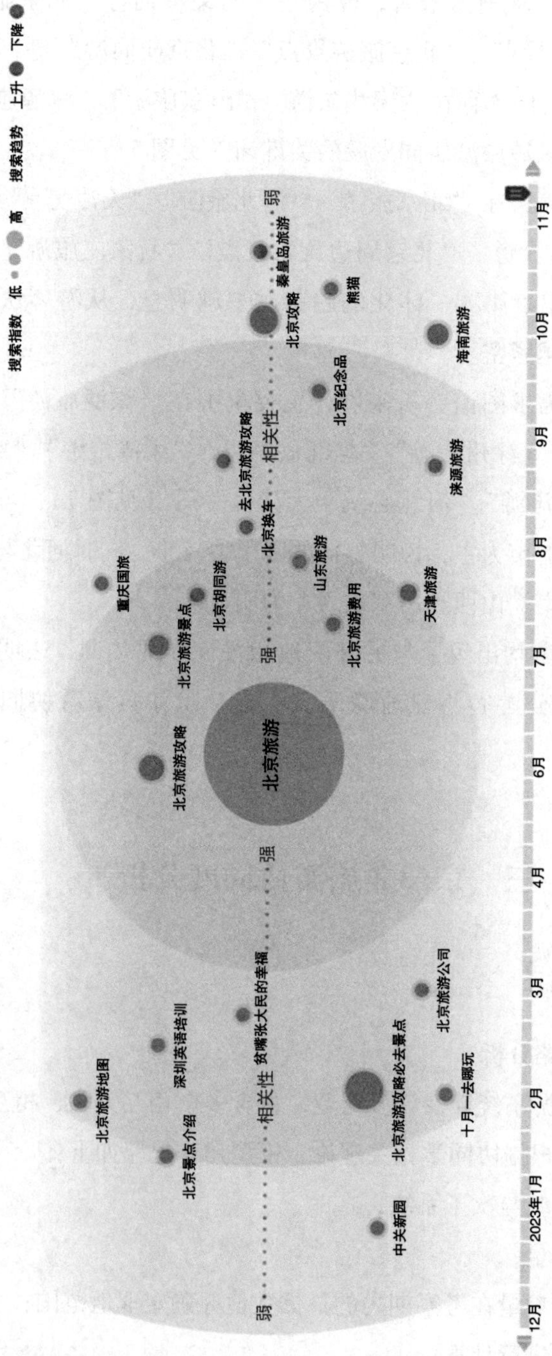

图 5　2023 年 11 月 27 日至 12 月 3 日北京旅游的用户需求图谱

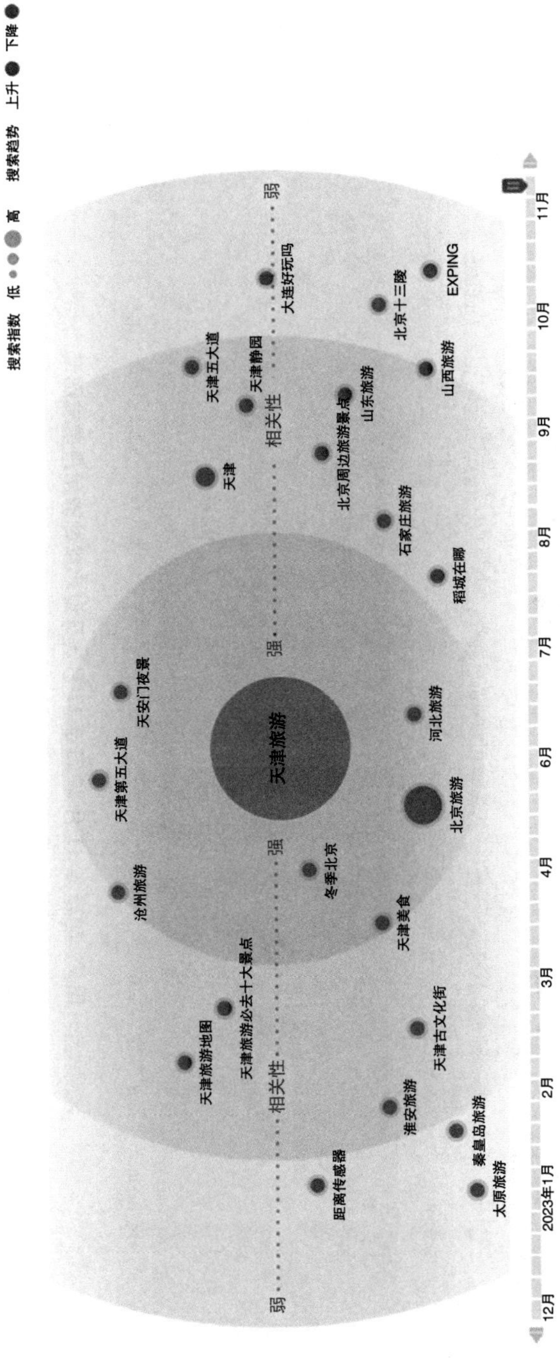

图 6 2023 年 11 月 27 日至 12 月 3 日天津旅游的用户需求图谱

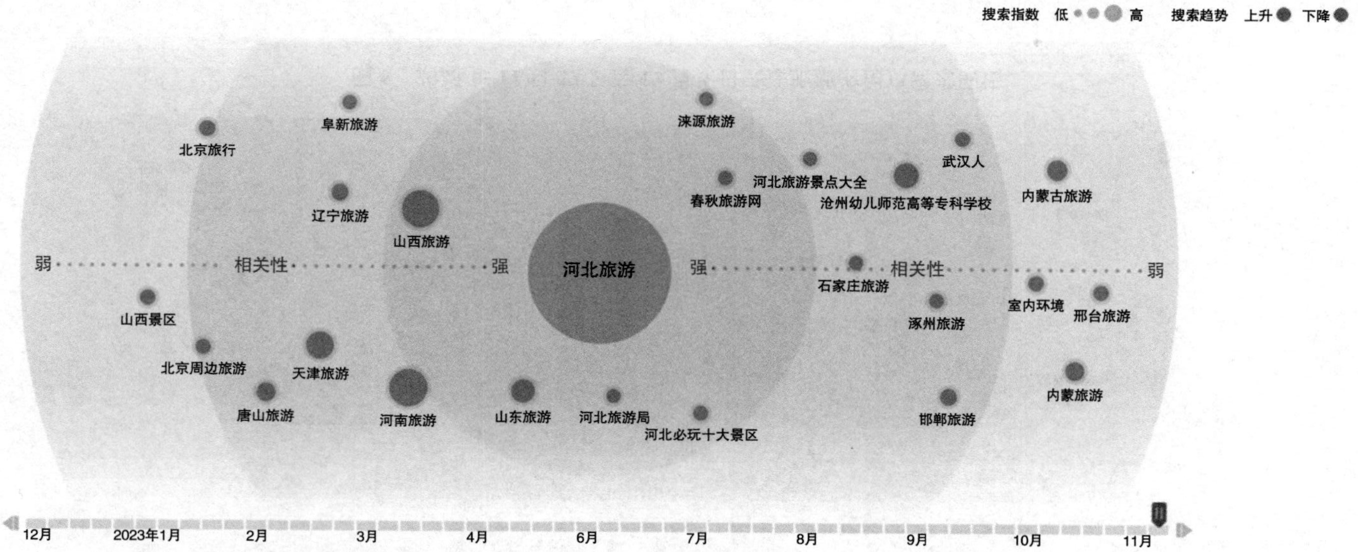

图 7　2023 年 11 月 27 日至 12 月 3 日河北旅游的用户需求图谱

（5）针对模型结果进行分析。

2.模型构建与实证描述

（1）系统模型指标与序参量描述

京津冀三地旅游复合系统设为 S，$S = \{S_1,\ S_2,\ \cdots,\ S_i\}$，其中 S_i 为衡量京津冀三地旅游系统状态的变量。影响京津冀三地旅游发展的背景系统设为 q，$q = \{q_1,\ q_2,\ \cdots,\ q_k\}$，其中 q_k 为衡量京津冀三地协同的背景因素的变量。

本文对京津冀三地旅游系统的子系统及其序参量的选择依据科学性、实用性、可获得性等原则，更多考虑三地数据的可获得性，因此选择三地统计年鉴中的共性指标数据，本文选择旅游相关产业数据，同时加入经济、人口和教育等背景因素以便综合分析。具体选择指标见表3、表4。

表 3　行业系统序参量

复合系统	子系统	序参量名称及单位	标识
京津冀三地旅游系统	住宿餐饮业系统	住宿餐饮业收入(亿元)	$e_{111}/e_{211}/e_{311}$
	交通业系统	旅客周转量(亿人公里)	$e_{121}/e_{221}/e_{321}$
	旅游业核心系统	社会消费品零售总额(亿元)	$e_{131}/e_{231}/e_{331}$
		5A 景区数量(个)	
	旅游收入系统	国内旅游收入(亿元)	$e_{141}/e_{241}/e_{341}$

注："5A 景区数量"指标数值没有参考性，故不做计算。

表 4　背景系统序参量

复合系统	子系统	序参量名称及单位	标识
影响京津冀三地旅游发展的背景系统	经济系统	地区生产总值(亿元)	$c_{111}/c_{211}/c_{311}$
		居民消费水平(元)	$c_{112}/c_{212}/c_{312}$
	人口和教育系统	人口数量(人)	$c_{121}/c_{221}/c_{321}$
		在校大学生人数(人)	$c_{122}/c_{222}/c_{322}$
		教育经费(万元)	$c_{123}/c_{223}/c_{323}$
	生态系统	建成区绿化覆盖率(%)	$c_{131}/c_{231}/c_{331}$
	政府系统	政策	

注："政策"指标不易用数据来表示，故不做计算。

序参量是决定系统相变程度的根本变量，标志着系统相变前后所发生的质的飞跃，京津冀三地旅游系统和相关背景系统用 e_{ijk} 和 c_{ijk} 来表示。有序度是指子系统的有序度。设旅游复合系统中某子系统的序参量变量为 $e_{ij} = (e_{ij1}, e_{ij2}, \cdots, e_{ijn})$，其中 $n \geq 1$。此变量描述旅游系统中子系统 ij 的运行状态（c_{ijk} 同上），其中 $\gamma_{ijk} \leq e_{ijk} \leq \zeta_{ijk}$，$\alpha_{ijk} \leq c_{ijk} \leq \beta_{ijk}$，$k \in [1, n]$。一般来说，可以描述系统运行状态的指标有两类：一类是与系统有序度同增减的，即序参量取值越大，有序度越高，称为正向指标；反之，则称为负向指标。

（2）数据来源

本文选取 2013~2021 年三地相关数据作为原始数据（河北省统计局网站尚无 2023 年的统计年鉴，存在数据缺失，故选择到 2021 年），所有数据均来自北京市统计局、天津市统计局和河北省统计局网站所公布的统计年鉴数据，并对数据进行无量纲化处理。

（3）协同度模型及相关数据描述

根据指标的类别，有序度包含两个公式：

$$U_i(e_{ijk}) = (e_{ijk} - \gamma_{ijk})/(\zeta_{ijk} - \gamma_{ijk}) \tag{1}$$

$$U_i(e_{ijk}) = (\zeta_{ijk} - e_{ijk})/(\zeta_{ijk} - \gamma_{ijk}) \tag{2}$$

将式（1）和式（2）定义为子系统 i 序参量变量 e_{ijk} 的系统有序度，由此可知 $U_i(e_{ijk}) \in [0, 1]$，其数值越大，e_{ijk} 对系统有序度的贡献越大。

3. 计算结果

本文通过模型构建分析京津冀三地行业系统各序参量有序度（见表5、表6和表7）和三地背景系统各序参量有序度（保留三位小数）。

表5 2013~2021 年北京行业系统各序参量有序度

年份	e_{111}	e_{121}	e_{131}	e_{141}
2013	0.016	0.379	0.001	0.263
2014	0.001	0.460	0.208	0.374
2015	0.002	0.574	0.404	0.482
2016	0.144	0.685	0.588	0.604

年份	e_{111}	e_{121}	e_{131}	e_{141}
2017	0.351	0.815	0.759	0.781
2018	0.482	0.944	0.863	0.896
2019	0.999	0.999	0.999	0.999
2020	0.005	0.001	0.712	0.001
2021	0.526	0.025	0.958	0.421

从北京行业系统各子系统的序参量来看，2013~2019年各子系统序参量数值整体呈上升趋势，2019~2020年呈现明显下降趋势，且下降幅度较大，2021年明显回升。从各子系统整体变化情况来看，交通业系统>旅游收入系统>旅游业核心系统>住宿餐饮业系统，表明北京交通发挥了非常重要的作用。

表6　2013~2021年天津行业系统各序参量有序度

年份	e_{211}	e_{221}	e_{231}	e_{241}
2013	0.221	0.837	0.768	0.280
2014	0.025	0.730	0.999	0.400
2015	0.001	0.782	0.329	0.434
2016	0.037	0.854	0.524	0.547
2017	0.007	0.948	0.543	0.675
2018	0.155	0.999	0.561	0.864
2019	0.629	0.001	0.550	0.999
2020	0.209	0.445	0.001	0.001
2021	0.999	0.536	0.162	0.220

天津行业系统各序参量变动趋势较为复杂，2018~2019年整体上数值较高，2020年相对较低。从各子系统来看，天津住宿餐饮业系统的序参量数值整体较低，但在2019年后呈上升趋势，且在2021年超过其他子系统的数值。2013~2020年旅游业核心系统序参量数值整体呈下降趋势，与北京旅游业核心系统序参量变化存在差异。

表7 2013～2021年河北行业系统各序参量有序度

年份	e_{311}	e_{321}	e_{331}	e_{341}
2013	0.001	0.999	0.001	0.001
2014	0.028	0.810	0.147	0.076
2015	0.074	0.733	0.274	0.195
2016	0.324	0.763	0.418	0.362
2017	0.468	0.817	0.584	0.566
2018	0.509	0.825	0.731	0.771
2019	0.970	0.851	0.908	0.999
2020	0.333	0.001	0.859	0.234
2021	0.999	0.095	0.999	0.337

河北行业系统序参量变化趋势整体与北京相似，2013～2019年整体增长，且各子系统均呈上升趋势，2020年处于相对谷值，2021年明显回升。各子系统对比分析来看，2013～2019年整体上由高到低表现为交通业系统、旅游业核心系统、旅游收入系统和住宿餐饮业系统，2020年旅游业核心系统超过了住宿餐饮业系统、旅游收入系统和交通业系统。

通过计算各指标的序参量，再计算各子系统的有序度，发现北京背景系统的有序度整体呈上升趋势，2017年短暂下降。从各子系统变化情况来看，生态系统有序度整体不断升高，表明北京生态环境逐步好转，环境质量不断提高。同时，经济系统也表现出明显的上升趋势，而人口和教育系统在期初增长明显，2016年之后开始下降，近年来小幅回升，这可能与北京向外疏解非首都功能有关（见表8和表9）。

表8 2013～2021年北京背景系统各序参量有序度

年份	c_{111}	c_{112}	c_{121}	c_{122}	c_{123}	c_{131}
2013	0.001	0.010	0.001	0.567	0.001	0.001
2014	0.072	0.000	0.653	0.923	0.071	0.240
2015	0.234	0.295	0.899	0.846	0.205	0.640
2016	0.341	0.009	1.000	0.511	0.602	0.640

年份	c_{111}	c_{112}	c_{121}	c_{122}	c_{123}	c_{131}
2017	0.475	0.172	0.986	0.000	0.669	0.640
2018	0.626	0.618	0.947	0.031	0.788	0.640
2019	0.736	0.939	0.924	0.351	0.937	0.680
2020	0.760	0.523	0.909	0.640	0.971	0.880
2021	0.999	0.999	0.903	0.999	0.999	0.999

表9 2013~2021年北京背景系统各子系统的有序度

年份	U_{11}	U_{12}	U_{13}
2013	0.023	0.285	0.001
2014	0.225	0.657	0.001
2015	0.364	0.691	0.441
2016	0.633	0.693	0.676
2017	0.218	0.265	0.412
2018	0.419	0.222	0.912
2019	0.596	0.367	0.765
2020	0.390	0.389	0.794
2021	0.999	0.514	0.999

天津背景系统的有序度表现出与北京相似的变化趋势，2013~2021年整体上升，2017年短暂下降。各子系统的变化趋势也表现出与北京的相似性，表明作为旅游业发展前提的生态环境质量逐渐受到政府重视，并取得了很好的治理效果（见表10和表11）。

表10 2013~2021年天津背景系统各序参量有序度

年份	c_{211}	c_{212}	c_{221}	c_{222}	c_{223}	c_{231}
2013	0.000	0.045	0.529	0.000	0.325	0.000
2014	0.121	0.330	0.800	0.170	1.000	0.000
2015	0.162	0.565	0.943	0.246	0.884	0.441
2016	0.266	1.000	1.000	0.256	0.824	0.676

续表

年份	c_{211}	c_{212}	c_{221}	c_{222}	c_{223}	c_{231}
2017	0.436	0.000	0.529	0.265	0.000	0.412
2018	0.594	0.245	0.143	0.357	0.165	0.912
2019	0.715	0.477	0.171	0.530	0.401	0.765
2020	0.707	0.074	0.186	0.881	0.101	0.794
2021	1.000	0.635	0.000	1.000	0.542	1.000

表 11　2013~2021 年天津背景系统各子系统的有序度

年份	U_{21}	U_{22}	U_{23}
2013	0.023	0.285	0.001
2014	0.225	0.657	0.001
2015	0.364	0.691	0.441
2016	0.633	0.693	0.676
2017	0.218	0.265	0.412
2018	0.420	0.222	0.912
2019	0.596	0.367	0.765
2020	0.390	0.389	0.794
2021	0.818	0.514	0.999

整体来看，河北背景系统的有序度呈明显的上升趋势。从各子系统的变化来看，人口和教育系统有序度基本呈上升趋势，表明近年来河北省人才教育系统得到了较好的改善；生态环境系统也表现出上升趋势，表明河北省对生态环境质量的重视程度不断提升；经济系统虽在个别年份出现了下降，但整体上不断增长，其数值整体上低于另外两个子系统（见表 12 和表 13）。

表 12　2013~2021 年河北背景系统各序参量有序度

年份	c_{311}	c_{312}	c_{321}	c_{322}	c_{323}	c_{331}
2013	0.001	0.001	0.001	0.045	0.001	0.001
2014	0.082	0.071	0.390	0.027	0.048	0.077
2015	0.114	0.145	0.703	0.000	0.220	0.154
2016	0.003	1.000	0.321	0.121	0.336	0.385

年份	c_{311}	c_{312}	c_{321}	c_{322}	c_{323}	c_{331}
2017	0.184	0.216	0.582	0.216	0.485	0.385
2018	0.339	0.307	0.714	0.347	0.610	0.538
2019	0.547	0.408	0.868	0.580	0.827	0.538
2020	0.634	0.412	1.000	0.821	0.945	0.999
2021	0.999	0.415	0.879	0.999	0.999	0.999

表13　2013~2021年河北背景系统各子系统的有序度

年份	U_{31}	U_{32}	U_{33}
2013	0.001	0.016	0.001
2014	0.077	0.155	0.077
2015	0.130	0.308	0.154
2016	0.501	0.259	0.385
2017	0.200	0.428	0.385
2018	0.323	0.557	0.538
2019	0.477	0.758	0.538
2020	0.523	0.922	0.990
2021	0.707	0.960	0.999

对给定的初始时刻 t_0 而言，子系统 ij 的有序度为 $u_{i0}(e_{ij})$，而对于整个动态发展的系统来说，如果 t_1 时刻的子系统 ij 的有序度为 $u_{i1}(e_{ij})$，且 $u_i^1(e_{ij}) \geqslant u_i^0(e_{ij})$ 同时成立，将式（3）定义为子系统 i 的有序度。

$$u_i(e_i) = \sqrt[n]{\prod_{i=1}^{n}\left[u_i^1(e_{ij}) - u_i^0(e_{ij})\right]} \tag{3}$$

同理，$u_i(e_i)$ 的数值越大，对系统有序度的贡献越大，子系统的有序度越高，反之则越低。当 $u_i(e_i) \in [0, 1]$，$u_i^1(e_{ij}) \geqslant u_i^0(e_{ij})$ 中至少有一个不成立时，视该子系统有序度为0。

京津冀三地旅游行业系统和背景系统有序度的定义类似子系统有序度的

定义，也同样需满足一定的条件：

$$C = \sqrt[n]{\prod_{i=1}^{n} \left[u_i^1(e_i) - u_i^0(e_i) \right]} \tag{4}$$

式（4）中，C 的数值越大，整个系统的协同度越大，说明系统的协同水平越高；C 的数值越小，系统的协同水平越低。当 $C \in [0, 1]$，$u_i^1(e_i) \geqslant u_i^0(e_i)$ 中有一个条件不满足时，则认为系统的协同度为 0。

从 2013~2021 年行业系统协同度可以看出，北京和河北的行业系统协同度整体呈不断上升的趋势，河北仅在 2020 年出现下降。从数值来看，河北旅游行业系统协同度整体高于北京，但高的幅度并不大，其中河北在 2019 年的协同度最高，为 0.953，2013 年和 2020 年较低。天津旅游行业系统协同度呈波动变化的趋势，除在 2020 年出现低值（0.017）外，在 2015 年也出现了一次相对谷值，整体来说天津旅游行业系统协同度低于河北和北京（见图 8）。

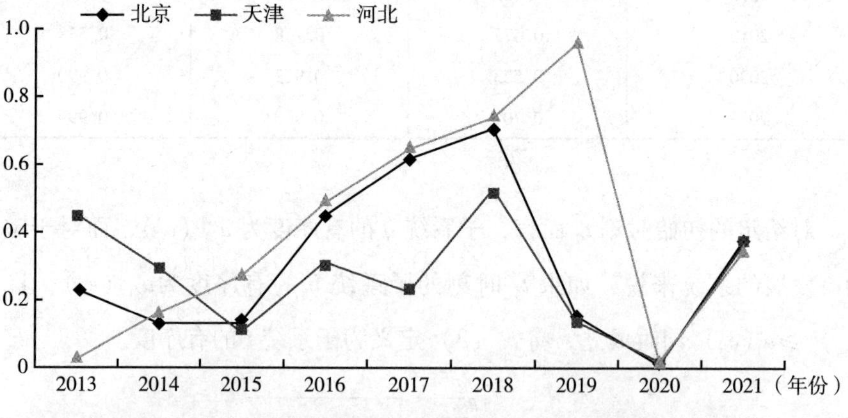

图 8 2013~2021 年京津冀三地旅游行业系统协同度变化趋势

从 2013~2021 年背景系统协同度来看，三地均表现出整体不断增长的趋势。尤其是河北省，整体处于稳步增长的状态，其中 2021 年的数值最高、为 0.879，2013 年的数值最低、为 0.003；北京旅游背景系统协同度除 2014 年、2017 年、2020 年出现短暂下降之外，其余年份呈不同程度的增长趋势。河北和天津旅游背景系统协同度在大多数年份数值差额不大，天津除在 2016 年和 2020 年出现下降外，其余年份呈现小幅的增长（见图 9）。

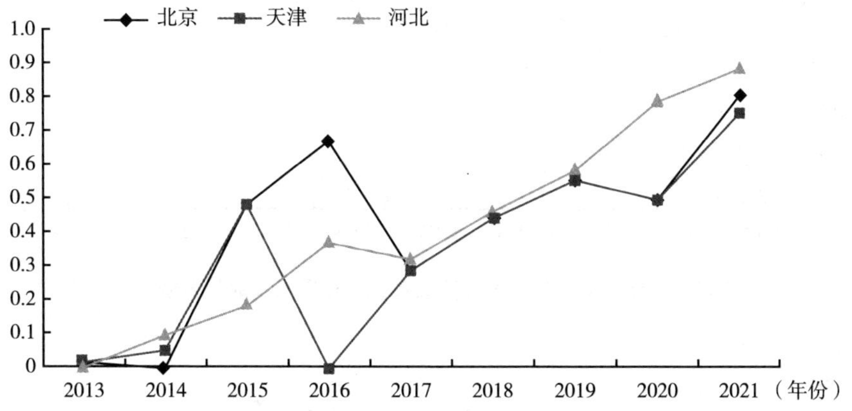

图 9　2013~2021 年京津冀三地旅游背景系统协同度变化趋势

在此基础上测算三地行业系统和背景系统的复合协同度（见图 10），发现三地行业系统的复合协同度呈波动上升趋势，其中最高值出现在 2018 年，为 0.318，整体协同度并不高，且 2018 年之后呈现下降趋势，尤其是 2020 年为 0.196，原因在于疫情对旅游行业的影响较大。但从整体发展趋势可以预测，今后京津冀三地行业系统复合协同度将不断增长，协同效应会不断显现。从背景系统的复合协同度来看，整体呈现上升趋势，且前期数值低于行业系统复合协同度，后期超过了行业系统复合协同度，这说明京津冀旅游协同发展初期的关键因素在于行业本身天然的联系性，而随着旅游业的不断发展，背景系统要素的作用逐渐显现，再次促进行业系统协同度的不断增长。

京津冀旅游协同度整体呈现不断上升的趋势，说明三地旅游协同效应开始显现。但整体上协同度并不高（见图 11），这也在一定程度上说明京津冀旅游协同仍有很长的路要走。

图 10　2013～2021 年京津冀行业系统和背景系统的复合协同度

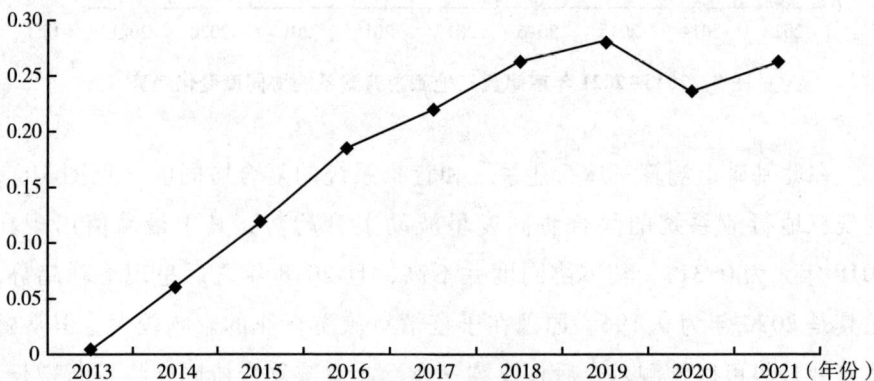

图 11　2013～2021 年京津冀旅游协同度变化

四　京津冀旅游协同影响因素分析

通过以上分析，根据京津冀旅游协同发展的实际，本文从行业和背景两个方面分析影响该区域协同发展的因素。

（一）行业发展因素

从该区域整体行业系统协同度结果来看，数值较低，表明行业系统存在较低的协同水平，原因可能在于以下四个方面。一是旅游业发展水平的差异。北京作为三地的绝对核心，其旅游资源丰富度及品位度、旅游产品吸引力、旅游发展程度、交通通达性、住宿餐饮业等都具有非常大的优势，远远超过另外两地。二是虹吸效应的存在。天津和河北虽然在地理位置上与北京临近，具有天然的优势，但由于北京的虹吸效应，大量人才等资源向北京集中，造成了两地发展相对落后。三是首都天然的优势。北京属于全国的交通、文化中心，具有天然的发展优势。四是集聚和规模效应的影响。北京旅游业发展的优势吸引企业在此集中，产生更强的集聚和规模效应，因此其吸引力不断增强，也促进了旅游业更好地发展。

（二）背景因素

一是经济发展水平的差异。京津冀三地的经济发展水平及人均 GDP 存在较大差异。经济发展不仅是旅游业发展的基础，也是区域协同发展的前提。二是人口和教育水平的差异。这个指标在一定程度上说明区域劳动力素质和人口消费能力若存在较大差距，将无法形成很好的凝聚力，从而造成旅游无法协同发展。三是生态环境系统是影响旅游业发展的关键因素，近些年京津冀三地采取了多项有效措施促进生态环境的改善，目前已经取得了较好的效果。四是政策系统。目前三地已经颁布了一系列旅游协同发展的利好政策，政策的不断完善将会为京津冀旅游协同高质量发展提供重要的政策支持。

五 京津冀旅游协同高质量发展建议

新时代对京津冀旅游协同发展提出了更高的要求，京津冀需要在培育与优化旅游经济增长极、推动区域旅游产业链延伸、实施全域全季旅游协同发展战略、推进旅游协同发展机制体制改革创新等领域发力，推动京津冀旅游协同高质量发展。

（一）发挥比较优势，明确核心龙头引领作用

京津冀旅游经济发展不平衡问题是现实存在的，也是需要正视的。一是充分肯定北京在京津冀三地中的旅游核心龙头引领作用，明确天津与石家庄在区域内旅游副中心城市地位，积极培育区域中心增长极；二是充分利用京津冀庞大的客源群体，尤其是北京较高的收入水平与消费水平，推动旅游区域内循环；三是进一步推动旅游协同发展示范区建设，强化旅游示范区引领作用。目前已经建成的京南休闲购物旅游区、滨海休闲旅游带、京西南生态旅游带、京北生态（冰雪）旅游圈、京东休闲旅游示范区五个旅游协同发展示范区取得了良好的发展效果，在此基础上继续推动长城、大运河国家文化公园和白洋淀生态旅游区的建设，打造旅游协同发展的样板。在旅游协同发展示范区的引领下，实现京津冀旅游全方位协同发展。

（二）联合建设世界级旅游目的地

立足京津冀三地资源禀赋，在活动开展、品牌宣传、旅游路线打造等方面深化合作、优势互补，真正实现协同发展。京津冀地区旅游资源丰富、品位度高，有多项国家级乃至世界级自然和文化遗产，如万里长城、故宫、承德避暑山庄、京杭大运河等。在促进京津冀旅游协同高质量发展过程中，应以特色资源为基础，以旅游通道为骨架，先行打造大运河文化旅游、长城文化旅游等示范集聚带，从而发挥示范集聚带的区域辐射带动作用，实现三地互为客源，如河北省可借助"这么近、那么美，周末到河北"的旅游宣传营销，充分吸引京津两地游客周末到河北休闲度假。借助京张体育文化旅游带的建设契机，充分利用冬奥会的后期效应，带动延庆、张家口的冰雪产业发展，打造世界级高端冰雪旅游目的地。以冰雪运动、冰雪旅游为特色，充分挖掘冰雪文化，推动产业链条延伸，从而实现京北生态（冰雪）旅游圈的高质量发展。

（三）优化旅游接待服务要素链

三地可以联合组建京津冀旅游集散服务一体化运营主体或平台，作为实现京津冀旅游协同高质量发展的支点，既有助于盘活京津冀三地闲置旅游集散资源，也能通过有序引流、线路整合，优化和提升旅游产业要素配置效率。加快三地信息化服务平台建设，实现区域信息的实时对接，加强对三地旅游协同发展的动态化监测和智慧化监管。

（四）加快交旅深度融合

针对目前三地存在的交通协同度较低问题，可以铁路旅游专列、景群旅游公路、自驾旅游廊道、特色交旅服务（房车营地、旅游驿站、旅游公交、自驾租赁等）为抓手，联合开发推出"1小时交通圈"旅游产品，促进京津冀旅游协同高质量发展。

参考文献

白翠玲等：《京津冀旅游协同发展研究》，经济科学出版社，2018。

罗嘉、李连友：《基于协同学的金融监管协同度研究》，《财贸经济》2009年第3期。

吴群刚、杨开忠：《关于京津冀区域一体化发展的思考》，《城市问题》2010年第1期。

杨道玲等：《基于大数据的京津冀产业协同发展指数研究》，《统计与决策》2023年第6期。

厉新建：《京津冀旅游业协同发展的理论框架与优化方向》，《北京社会科学》2023年第7期。

李华中、张紫琳：《京津冀旅游协同策略研究——基于长三角经验的借鉴》，《北方经济》2023年第4期。

邢慧斌、李君虹：《京津冀协同发展背景下河北省旅游业高质量发展研究》，《大舞台》2022年第1期。

杨丽花、刘娜、白翠玲：《京津冀雄旅游经济空间结构研究》，《地理科学》2018年第3期。

曹芳东等：《基于时间距离视域下城市旅游经济联系测度与空间整合——以长江三

角洲地区为例》,《经济地理》2012 年第 12 期。

孙振杰:《京津冀旅游共生体系统协调演化研究》,《商业研究》2020 年第 11 期。

路博娣:《京津冀旅游协同发展的水平测度、网络特征与影响因素研究》,广西师范大学硕士学位论文,2023。

B.9
河北省旅游恢复力提升路径研究*

和文征　魏建业　白翠玲**

摘　要： 新冠疫情严重影响了河北省旅游业的发展，随着疫情政策的调整，如何在促进旅游业快速恢复的同时推动旅游业高质量发展，成为当前旅游研究的热点问题。本文在分析河北省旅游业恢复现状的基础上，总结了影响河北省旅游恢复力的因素，并从提振消费信心、加强人才培养、聚焦核心客源、强化数字赋能、深化共建共享等方面提出提升河北省旅游恢复力、促进旅游高质量发展的路径与措施。

关键词： 旅游产业　旅游恢复力　河北省

恢复力最初表示恢复到原始状态的能力，后来逐步引申为系统受到外部环境影响或干扰时保持或恢复到系统原本结构、状态与功能的能力。最早关于恢复力的研究主要聚焦在机械工程学领域，后来逐步扩展到工程建筑、自然生态系统领域。随着社会的发展，恢复力逐步应用到经济学、管理学、地理学、社会学以及旅游学等领域，丰富了恢复力研究思路与模式。

随着旅游业在社会经济发展中的地位不断提升，专家学者开始关注旅游恢复力研究，分析旅游恢复力的影响因素、作用机制以及如何提高旅游恢复

* 本文系河北省教育厅人文社科重大公关项目"乡村旅游促进乡村振兴高质量发展路径研究"（项目编号：ZD202428）阶段性成果及河北省科协智库地学旅游与乡村振兴协同创新研究基地智库成果。

** 和文征，河北地质大学副教授，主要研究方向为乡村旅游与旅游经济；魏建业，河北省文化和旅游厅产业发展处处长，主要研究方向为文化和旅游产业政策、新业态发展、投融资和文旅融合发展；白翠玲，河北地质大学教授，主要研究方向为乡村旅游、旅游规划与管理。

力。王晓芳等基于旅游信心恢复指数和旅游出行恢复指数对 2019~2021 年百度搜索数据进行分析发现，河北省旅游信心恢复指数和旅游出行恢复指数均低于全国平均水平，同时旅游出行恢复滞后于旅游信心恢复，整体来看旅游出行恢复情况不乐观，认为影响旅游恢复水平的因素主要包括经济水平、人口条件、消费水平、交通条件等。[1] 郭伟等利用障碍度模型对 2011~2020 年河北省旅游恢复力与经济韧性进行测度发现，在疫情影响下河北省旅游业抵抗力不强、恢复力不足，游客人均花费、旅游环境质量、对外联系度是影响旅游恢复的重要因素。[2] 方叶林等从生态韧性视角，利用区域经济韧性测度方法，基于 1998~2020 年省域旅游数据对恢复力与旅游经济韧性进行测度发现：2003 年"非典"时期河北省旅游经济韧性为负值，说明恢复力较低；2008 年全球金融危机爆发后，2009 年河北省旅游经济韧性为正值，说明有较好恢复力；2020 年河北省旅游经济韧性较 2019 年出现显著下降，变为负值，说明呈现较低恢复水平。该文认为旅游产业内部因素（旅游资源丰富度、旅游业固定资产、旅游从业人员等）、外部社会经济因素（区域经济、交通状况、市场因素、城镇化等）与其他无法量化因素（国家政策、社会突发事件与自然灾害等）是影响旅游恢复力的因素。[3]

综合来看，河北省国内旅游市场恢复较快，出游人数同比大幅增加，但是存在游客消费水平不高、旅游距离较近、旅游频率不高问题。受国际经济大环境影响，入境旅游恢复情况有待进一步观察。

一 河北省旅游恢复发展情况

随着京津冀协同发展战略的推进，京津冀旅游协同发展进入快车道，

---

① 王晓芳、李宇晟：《后疫情时代的旅游恢复格局、过程与影响因素研究》，《资源开发与市场》2022 年第 10 期。

② 郭伟、刘彤彤、杨硕：《河北省旅游经济韧性测度及障碍因素诊断》，《经济论坛》2023 年第 6 期。

③ 方叶林等：《中国旅游经济韧性的时空演化及影响机理研究》，《地理科学进展》2023 年第 3 期。

京津具有巨大市场需求与消费能力。2022 年北京冬奥会顺利举办，为京张体育文化旅游带建设带来机遇。河北省以文旅融合、全域旅游、全季旅游、数字旅游为指导理念，以建设旅游强省为目标，以旅游名县、重点乡村旅游、重点文旅项目、旅游度假区等为抓手，实施科技赋能文旅融合，积极拓展"旅游+"广度与深度，延伸旅游产业链，聚焦核心旅游客源市场，加大旅游促销与推广力度，实施精准营销活动，构建以太行山旅游带、京张体育文化旅游带、渤海滨海旅游带、长城文化旅游带以及大运河文化旅游带为重点的旅游发展空间格局，推进旅游高质量发展。同时各级政府部门出台相关文件与政策，从旅游产品、文旅消费、文旅项目建设、服务质量、营销宣传推广、营商环境等角度推进恢复和振兴旅游市场。截至 2023 年，河北省共有世界文化遗产 4 处，全国乡村旅游重点村 45 个，国家级旅游度假区 2 个，国家级旅游休闲街区 4 个，国家级工业旅游示范街区 5 个，国家滑雪旅游度假地 3 个，五星级旅游饭店 28 个，国家 5A 级旅游景区 11 个。截至 2022 年，河北省共有旅行社 1594 家，星级饭店269 家。

2023 年 7 月底至 8 月初，受台风等多种因素影响，河北省保定市、石家庄市、邢台市、廊坊市出现暴雨及特大暴雨，给旅游市场恢复带来较大的冲击，尤其是山地景区基础设施和服务设施被不同程度冲毁，给灾后重建工作带来困难，如保定野三坡景区全境遭受毁灭性重创。在多方的抢修与维护下，到 8 月中旬河北省有 63 家 A 级旅游景区恢复运营并对外开放。

（一）河北旅游业整体发展情况

整体来看，2015~2019 年河北省旅游业发展势头良好。2020~2022 年，受新冠疫情影响，旅游收入、国内旅游人数、入境游客人数等大幅下降。2022 年，旅游收入相当于 2019 年的 32.3%，2022 年国内旅游人数相当于2019 年 42.5%，出入境旅游基本处于停滞状态（见表 1）。

表1 2015~2022年河北省旅游业发展整体情况

年份	旅游收入（亿元）	国内旅游人数（万人次）	国内旅游收入（万元）	入境游客人数（人次）	旅游外汇收入（百万美元）
2015	3433.97	37059.96	33956000	1381816	501.91
2016	4654.53	46531.68	46101300	1475907	552.41
2017	6140.92	57073.88	60896000	1602452	578.69
2018	7636.42	67610.73	75802100	1757685	646.67
2019	9313.35	78078.89	92486900	1879050	740.23
2020	3676.71	37952.50	36746700	78959	29
2021	4424.42	42861.32	44244200	—	—
2022	3008.88	33200.00	—	—	—

数据来源：中经数据网，https：//ceidata.cei.cn。

2015~2022年，河北省旅游收入占GDP比重从2015年的13.0%逐步上升到2019年的26.6%，后又逐步下降到2022年的7.1%（见图1）。

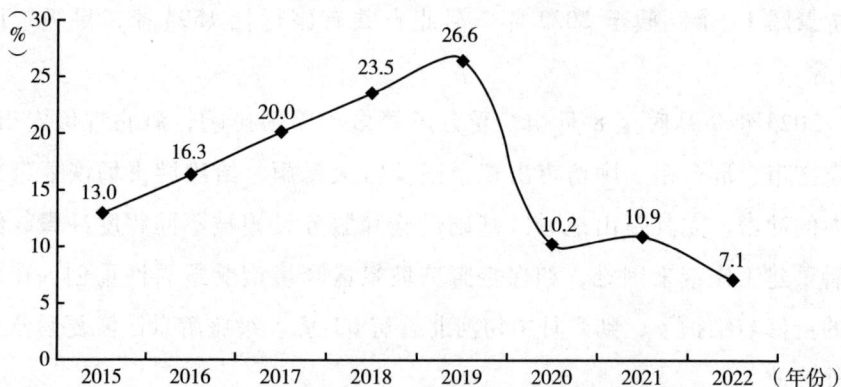

图1 2015~2022年河北省旅游收入占GDP比重

数据来源：中经数据网，https：//ceidata.cei.cn。

（二）河北主要旅游企业情况

1.旅行社情况

2019~2022年，河北旅行社数量稳步增加，但是从业人数逐步下降。从组织和接待国内游客数看，河北省明显属于客源地，2019年接待国内游客人数相当于组织国内游客人数的50%左右。同时，受疫情影响，2022年组织国内游客数相当于2019年的9.3%，2022年接待国内游客数相当于2019年的15.6%。旅游业务营业收入同样大幅下滑，2020~2022年营业利润一直处于亏损状态且亏损逐步扩大（见表2）。

表2　2019~2022年河北省旅行社发展情况

年份	数量（家）	从业人数（人）	组织国内游客数（人次）	接待国内游客数（人次）	旅游业务营业收入（千元）	旅游业务营业利润（千元）
2019	1513	8948	2837507	1485120	3408161	178896
2020	1531	6567	400669	356067	752497	−26115
2021	1552	5541	774384	754168	880856	−34951
2022	1594	—	264307	230975	416802	−43009

数据来源：中经数据网，https：//ceidata.cei.cn；文化和旅游部。

2. 星级饭店情况

受疫情影响，2020~2022年河北星级酒店数量整体减少，同时从业人数逐步下降，2022年较2019年下降了24.6%。从营业收入看，2020~2022年营业收入基本持平，2022年较2019年下降了27.2%。从营业利润总额看，星级饭店整体上处于行业性亏损状态，受疫情影响2020~2022年亏损额较2019年明显增加。整体来看，平均房价处于稳步上升状态，但是平均出租率逐步下降，2022年出租率较2019年下降了16.25个百分点（见表3）。

表3　2019~2022年河北省星级饭店发展情况

年份	数量（家）	从业人数（万人）	营业收入（亿元）	营业利润总额（亿元）	平均房价（元）	平均出租率（%）
2019	320	3.62	55.12	−5.09	286.26	47.05
2020	285	3.08	41.72	−9.95	284.30	37.50
2021	264	2.74	41.04	−9.95	298.40	36.72
2022	269	2.73	40.13	−9.17	318.22	30.80

数据来源：中经数据网，https：//ceidata.cei.cn；文化和旅游部。

3.旅游景区情况

2019~2022 年，河北省 A 级旅游景区数量处于逐步增长态势。受疫情影响，2020~2021 年 A 级旅游景区接待人数大幅下降，2021 年接待人数相当于 2019 年的 34.9%；门票收入更是断崖式下降，2021 年门票收入相当于 2019 年的 24.2%；人均门票花费由 12 元降到 8 元左右（见表4）。

表4　2019~2022 年河北省旅游景区发展情况

年份	A 级景区数量（家）	从业人数（人）	接待人数（亿人次）	门票收入（亿元）
2019	420	39469	1.66	19.79
2020	464	—	0.55	6.34
2021	478	—	0.58	4.79
2022	490	—	—	—

数据来源：中经数据网，https://ceidata.cei.cn；文化和旅游部。

（三）国家和河北省助企纾困政策

为了帮助旅游企业渡过危机、增强抵御风险能力，文化和旅游部与河北省相关部门出台一系列政策支持旅游企业发展（见表5）。

表5　国家和河北省相关部门助企纾困政策

政策制定部门	政策名称
国务院办公厅	关于释放旅游消费潜力推动旅游业高质量发展的若干措施
文化和旅游部	关于加强政策扶持进一步支持旅行社发展的通知
文化和旅游部办公厅	关于用好旅游服务质量保证金政策进一步支持旅行社恢复发展的通知
文化和旅游部办公厅	关于积极应对疫情影响保持导游队伍稳定相关工作事项的通知
文化和旅游部办公厅	关于进一步加强政策宣传落实 支持文化和旅游企业发展的通知
文化和旅游部 国家开发银行	关于进一步加大开发性金融支持文化产业和旅游产业高质量发展的意见

政策制定部门	政策名称
文化和旅游部旅游质量监督管理所	关于妥善处理疫情旅游投诉的若干意见
河北省政府办公厅	财政引导金融支持实体经济发展十条措施
河北省政府办公厅	关于推动文化和旅游市场恢复振兴的若干措施
河北省文化和旅游厅	进一步调整暂退旅游服务质量保证金相关政策
河北省文化和旅游厅	河北省旅行社招徕游客奖补管理暂行办法
河北省发展和改革委员会等九部门	关于支持新型文旅商业消费集聚区加快发展的若干措施
河北省财政厅 国家税务总局河北省税务局	关于进一步落实小微企业"六税两费"减免政策
河北省文化和旅游厅 中国建设银行河北省分行	关于开展金融助力文化和旅游企业发展的通知
河北省文化和旅游厅 中国农业银行河北省分行	关于推动特色金融产品服务文化和旅游企业的通知
河北省文化和旅游厅 中国工商银行河北省分行	关于进一步加强金融服务文化和旅游企业的通知

二 河北省旅游恢复力影响因素

(一)消费信心不足

旅游产业是一个高度依赖旅游者信心和需求的行业,旅游者信心和需求同样受到多种因素的影响与制约,比如收入水平、可支配收入情况、就业形势、物价水平、社会保障等。根据相关统计年鉴,河北省居民人均可支配收入与人均消费性支出明显低于全国平均水平。同时,受疫情影响,企业不景气、就业市场及未来的不确定性与不可预见性导致居民消费信心不足,减少旅游消费支出,2022 年全国城镇居民和农村居民国内旅游人均消费较 2019年有明显下降(见表 6)。根据调研,河北省重点乡村旅游人均消费偏低,旅游平均消费为 166 元/天，最少的为 20 元/天，最多的为 800 元/天，大多数为 200 元/天左右，整体来看消费能力有较大提升空间。

表6　2019~2022年全国和河北省居民消费情况

单位：元/人

年份	居民人均可支配收入		居民人均消费性支出		城镇居民国内旅游人均消费	农村居民国内旅游人均消费
	全国	河北	全国	河北	全国	全国
2019	30732.85	25664.71	21558.85	17987.19	1062.64	634.66
2020	32188.84	27135.94	21209.88	18037.04	870.25	530.47
2021	35128.10	29383.00	24100.10	19953.60	1009.60	613.60
2022	36883.28	30867.02	24538.22	20890.27	875.60	592.80

数据来源：中经数据网，https://ceidata.cei.cn。

（二）旅游行业人才流失

疫情期间，很多旅游人才流失到其他行业领域，尤其是旅行社行业人才流失更明显。旅游行业复苏后人才回流不及时就会造成人才短缺，阻碍行业复苏。

河北省酒店和旅行社员工人数受疫情影响有明显减少，部分乡村旅游项目融合了农业特色种植养殖、民宿特色服务及康体娱乐服务等多种业态，但是缺乏乡村旅游管理人才、运营人才、优秀经营户，导致乡村旅游项目建成后产品和服务不匹配，旅游项目经营困难。同时，新时代旅游业的发展对旅游从业人员的能力、素质提出更高的要求，但是现有人才和高校毕业生与行业需求匹配度有待提高，这些都制约了旅游行业复苏。

（三）旅游消费市场需求变化

新时代河北省传统文化和历史遗址等旅游产品在结构、空间布局、服务质量等方面与旅游者需求的多样化和个性化存在明显矛盾，对客源市场需求把握与认识不到位，供给不足，无法满足不同旅游者的需求。乡村旅游中周边游、自驾游、亲子研学游成为当前旅游消费热点，但相对薄弱的基础设施与服务设施，无法为旅游者提供良好的旅游环境与高质量的旅游服务。综合来看，河北旅游企业在产品供给方面存在短板与不足。

（四）新媒体精准营销能力仍需提高

面向京津冀核心客源市场，河北省相关政府部门与旅游企业开展一系列营销活动，线上线下精准营销激活旅游市场，强调文旅融合，丰富旅游消费场景，"这么近、那么美，周末到河北"旅游宣传口号深入人心。

整体来看，河北省对传统营销媒介利用比较充分，活动内容比较丰富，但是新媒体使用有待进一步提高。通过对河北省文化和旅游厅及各地市文化和旅游局快手、抖音与微博使用情况进行调查发现：只有河北省文化和旅游厅、邢台市文化和旅游局开通了快手官方账号，河北省文旅厅粉丝数 20 万个，作品数 1472 个、获赞 4205.9 万次，邢台市文旅局粉丝数和作品数较少；河北省文旅厅和各地市文旅局都开通了抖音和微博官方账号，河北省文旅厅在粉丝数、作品数、获赞数以及视频累计播放量方面均名列前茅，反映出河北省文旅厅相对比较重视官方账号管理与维护，但是还需要进一步增加抖音粉丝数，加强互动；各地市文旅局抖音与微博官方账号粉丝数、作品数、获赞数以及视频累计播放量都有差异，优秀作品不足，与粉丝互动比较少，也反映出各地市文旅局重视程度不够（见表 7）。

表 7 2023 年河北省及各地市文化和旅游部门抖音与微博官方账号情况

地区	抖音			微博			
	粉丝（万个）	作品（个）	获赞（万次）	粉丝（万个）	作品（个）	获赞（万次）	视频累计播放量（万次）
石家庄市	5.5	840	111.3	81.3	30373	48.4	108.1
唐山市	14.7	1509	229.9	1.2	5418	23.3	110.4
秦皇岛市	0.2	184	8.8	30.5	18060	8.8	13.6
邯郸市	5.0	675	18.2	10.9	28822	11.4	319.4

续表

地区	抖音			微博			
	粉丝（万个）	作品（个）	获赞（万次）	粉丝（万个）	作品（个）	获赞（万次）	视频累计播放量（万次）
邢台市	1.8	382	34.6	1.1	1002	0.8	—
保定市	0.86	284	20.1	22.5	10096	1.4	4.7
张家口市	1.2	504	55.0	19.9	20909	46.8	227.3
承德市	6.5	239	23.2	48.9	11662	3.2	1.2
沧州市	1.6	503	6.4	8.7	2363	2.6	40.9
廊坊市	2.0	542	8.2	8.2	2730	10.3	68.6
衡水市	1.5	594	15.8	2.8	4891	0.7	11.8
河北省	96.4	4539	1346.5	708.8	54048	149.7	2797.1

数据来源：根据河北省及各地市文化和旅游部门抖音、微博官方账号整理。

另根据调研统计，河北省49个乡村旅游重点村中，开设微信公众号及视频号的占14.3%，对接携程等旅游电商平台的占53.1%，创办相关微博、抖音、网站的甚少，反映出河北省乡村旅游信息化发展水平较低。

（五）旅游利益分配链接机制有待创新

作为河北省旅游的主战场，乡村旅游在脱贫攻坚中发挥了重要作用，但是也存在一些问题：一是脱贫群众参与旅游程度不同、受益不均；二是利益联结模式不够多元化，脱贫户不能有效地嵌入旅游产业链。当旅游发展受到影响的时候，旅游带动作用就会明显减弱，同时因为利益分配不协调影响乡村旅游可持续发展。

三 河北省提升旅游恢复力促进旅游高质量发展路径

依托河北省丰富的旅游资源，凭借京津冀核心旅游客源市场，在政府部门、旅游企业与行业协会共同努力下，利用有形要素（人员、资金、基础设施等）和无形要素（信息、文化和市场等），通过优化旅游产品结构、完善旅游配套、理顺旅游治理机制、创新精准营销推广方式等举措，增强旅游产业风险抵御能力、恢复能力以及产业结构重组能力，实现规模增长、效能提升与产业结构升级，最终促进河北省旅游高质量发展。

（一）提振消费信心，激发消费潜力

让旅游者有钱花、敢花钱，提高居民收入水平是旅游经济恢复的关键。比如河北省文化和旅游厅联合其他部门开展高速免费通行政策、发放旅游消费券，推广景区特价门票，在一定程度上激发了旅游消费潜力。提振消费信心不但要节流，更重要的是开源，这就需要政府层面出台切实可行的政策：一是落实国家支持旅游企业恢复发展相关措施，做好减税降费工作，为旅游企业降低成本，增强企业活力、鼓励支持企业创新创业、刺激就业；二是通过加大财政补贴力度、增加员工工资性收入、降低个人所得税、鼓励个人开辟第二职业等多种方式增加居民收入；三是提升旅游产业管理水平，加强行业信用经济体系建设，改善消费环境，提升消费者信心；四是加大旅游促消费力度，推出"京津冀文化旅游一卡通"并扩大发放范围，鼓励各地推出旅游惠民卡，进一步激活旅游消费能力。

（二）加强旅游人才培养，推进旅游复苏

技术进步、模式创新、人才建设是新时代旅游经济复苏的重要手段，其中吸引和留住人才是关键，多层次人才供给体系建设是提升旅游服务水平的基础保障。紧跟新时代旅游发展步伐，以跨界思维做好旅游人才培育工作，充分发挥政府、行业协会、旅游企业及旅游院校在旅游人才培养方面的优势，各司其职，提升旅游人才培养质量。一是政府与行业协会搭建旅游管理人才培训平台，完善人才培养机制，组建高水平高素质旅游专家队伍，建立"政府+企业"联合培训机制，开展旅游人才培训工作；二是加强青年职业培训，提升员工工作能力与技能；三是旅游企业与旅游院校成立旅游人才建设联盟，加强旅游实践教学基地建设，推动校企合作实现产教融合协同育人；四是推动设立旅游创业服务专业，建立旅游企业孵化

中心，以市场化方式提供专业知识、课程教育、创业指导、就业咨询、创业贷款一条龙服务，一站式解决旅游企业培训成本高、人员技能不足且就业难的问题。

（三）聚焦核心客源，激发文旅市场活力

多样化与个性化是新时代旅游发展的重要趋势，河北省在深入推进京津冀协同发展基础上，依托京津巨大的客源市场，充分利用区位优势与交通优势，开发特色旅游产品与线路，提升游客体验，激发文旅消费活力。一是坚持以客源为核心，把满足游客需求作为出发点，让游客获得高质量的旅游体验；二是坚持以市场为主导，根据市场需求配置资源，积极拓展"旅游+"广度与深度，在环京津区域开发集高端医疗、康复疗养、休闲休养、户外运动于一体的健康旅游产品，大力发展体育旅游、数字旅游，推动旅游与工业、商贸、研学等融合发展；三是坚持文旅融合，丰富旅游产品的文化内涵、提升旅游的文化品位，因地制宜培育旅游演艺新业态、新模式、新空间，鼓励打造主题性、特色类旅游演艺项目，设计推出燕赵文化主题旅游线路；四是培育旅游服务质量品牌，培育一批专业度高、覆盖面广、影响力大、放心安全的服务精品；五是加强全面质量管理，改善旅游消费体验，建立完善以游客为中心的旅游服务质量评价体系，建立旅游服务质量监测机制，建立健全质量分级制度，促进品牌消费、品质消费。

（四）践行数字化创新，赋能文旅发展

将5G、人工智能、物联网、大数据、云计算、虚拟现实、移动支付、北斗导航、区块链等前沿技术应用到旅游资源和产品开发中。一是利用"数字化+旅游"发展模式、构建数字化文旅业态、打造智能化旅游体验空间、研发创意化文旅产品、形成智慧化运营思路，为文旅发展提供更多创新发展方案；二是加强数字化旅游建设，推动数字化旅游城市、数字化旅游景区建设和发展，以数字化治理与数字化互联，推动"数字化+旅游"服务水

平实现整体跃升，构建数字化文旅协作机制；三是构建数字化营销宣传推广体系，打造集休闲、娱乐、度假、观光等于一体的数字文旅品牌活动，建立河北特色文旅 IP，充分利用新媒体开展文旅品牌宣传，不断提高"这么近、那么美，周末到河北"文旅品牌的美誉度、知名度；四是强化文旅部门、旅游企业、网络平台等单位的合作，形成线上线下协同发展，坚持服务为本、内容为王、创意为核，不断满足游客多样化的体验需求；五是深化跨地区文旅产业合作机制，推动数字文旅资源共享，联动统筹旅游企业营销策划、集中宣传，实现互利共赢。

（五）深化共建共享，建立多元化利益联结模式

进行公平合理的利益分配是实现旅游可持续发展的关键。在进行旅游开发时，应注重多方利益诉求，形成共建共享模式，尤其注重发挥社区居民参与、政府引导、行业协会与相关专家支持、新闻媒体监督作用。旅游发展过程中要注意建立完善的利益分配机制：一是大力推行"旅游企业+社区居民"抱团发展新模式，使社区居民拥有稳定的租金、薪金、股金"三金"收入，让社区居民能分享旅游发展红利；二是建立稳定的绑定机制，推动旅游社区与龙头文旅企业绑定合作社的利益联结机制，尤其要进一步完善旅游利益分配、权益保障机制等，确保龙头企业、旅游社区持续稳定发挥作用；三是强化利益共享和风险防范化解，支持文旅企业、旅游社区参加相关保险，发挥市场优势，提高风险防范化解能力。

参考文献

邓萌、尚前浪、李梦雪：《国内外旅游恢复力研究进展、分析框架与展望》，《六盘水师范学院学报》2022 年第 5 期。

谢朝武、赖菲菲、黄瑞：《疫情危机下旅游韧性体系建设与旅游高质量发展》，《旅游学刊》2022 年第 9 期。

B.10
河北省乡村旅游促进乡村振兴
创新路径研究[*]

雷欣 白翠玲[**]

摘 要： 乡村旅游作为助推乡村振兴的重要引擎，近年来蓬勃发展，逐渐从单一的参观模式向生态农业、田园综合体等多元业态发展。然而，不同区域乡村旅游促进乡村振兴的发展路径各异，结合不同乡村的特性发展旅游才能推动乡村振兴可持续发展。因此，本文深入调研河北省乡村旅游发展现状，运用模糊集的组态分析方法，探讨乡村旅游助力乡村振兴在现有模式下存在的问题，以期为发展乡村旅游促进乡村振兴提供有益借鉴。

关键词： 乡村旅游 乡村振兴 河北省

乡村旅游的发展为乡村振兴注入了新的动能。乡村旅游不仅为乡村注入新的经济活力，也有助于传承和弘扬传统文化，塑造地方特色，提升乡村的软实力。本文深入研究河北省乡村旅游在乡村振兴中的实际应用，探讨其在乡村经济、社会、生态、文化等领域所产生的积极影响。通过深入分析河北省乡村旅游促进乡村振兴的案例，依据乡村振兴的总体要求，将乡村文明、

———————

[*] 本文系河北省教育厅人文社科重大公关项目"乡村旅游促进乡村振兴高质量发展路径研究"（项目编号 ZD202428）阶段性成果及河北省科协智库地学旅游与乡村振兴协同创新研究基地智库成果。

[**] 雷欣，河北地质大学硕士研究生，主要研究方向为旅游规划与管理；白翠玲，河北地质大学教授，主要研究方向为乡村旅游、旅游规划与管理。

生态环境、乡村治理、产业发展和生活水平作为前因条件变量，运用模糊集的组态分析方法，分析乡村旅游促进乡村振兴在现有模式下存在的问题，进一步挖掘和完善乡村旅游促进乡村振兴的创新路径，以期为发展乡村旅游促进乡村振兴提供有益借鉴。

一 河北省乡村旅游促进乡村振兴的现状

（一）乡村旅游的发展趋势

河北省拥有多元化的地形地貌，包括高原、山地、丘陵、平原、湖泊和海滨等景观，为乡村旅游的多样性提供了丰富的资源。截至 2022 年 10 月，全省共有 2500 多个村发展乡村旅游，国家级乡村旅游重点村镇 55 个，省级乡村旅游重点村镇 243 个，带动就业 78 万人。① 国家级、省级乡村旅游重点村镇全省占比在 10% 以上的有保定市、石家庄市和邯郸市，占比为 8% ~ 10% 的有唐山市、邢台市、张家口市和承德市，占比为 5% ~ 7% 的有衡水市、廊坊市和沧州市，占比为 1% ~ 2% 的有辛集市、定州市和雄安新区。太行山沿线数量比燕山沿线多，山区占比比平原多。

近年来，河北省乡村旅游逐渐由分散性经营向集群化发展。如从 2018 年开始，河北省保定市阜平县龙泉关镇所辖的骆驼湾、顾家台、瓦窑、平石头等村落按照太行山民居"青水瓦、木挑梁、小皮檐、花格窗、石板院、黄泥墙"的特点，以"把农村建设得更像农村"为理念，顾家台村改造提升 30 套精品民宿，骆驼湾村采用精品民宿和普通民宿相结合的方式打造 22 家民宿，瓦窑村采用乡村酒店和精品庭院民宿相结合的方式打造可容纳 270 余人入住的住宿设施，平石头村打造 38 家民宿等，形成乡村民宿集群，并拥有餐饮、住宿、小吃作坊、会议室、娱乐休闲等 20 多种业态。承德市丰宁满族自治县大滩镇历经 33 年的发展，现有"盛

---

① 《河北大力推动乡村旅游高质量发展》，《河北日报》2022 年 11 月 14 日。

世 100"民宿村 8 个，农家院、乡村酒店 635 家、床位 25390 个，精品民宿 42 家，特色酒店 9 家，旅游年产值达 15 亿元，年接待游客 200 万人次。秦皇岛市北戴河区戴河镇现有民宿 289 家，共 2442 个房间、5092 个床位，从业人员 578 人，年接待游客 13.7 万人次。邯郸市武安市有王坡民宿、地脑民宿、楼上村戏曲文化民宿、颐养水乡白王庄乡村民宿、长寿村摩天岭民宿、活水村鹿鸣居民宿等企业打造的民宿，还有喜鹊农场、归园田居等农户打造的特色民宿，共计 185 个房间，并建有餐饮、休闲娱乐等度假设施。

（二）促进乡村经济稳步增长，提升乡村生活水平

自 2017 年实施乡村振兴战略以来，河北省乡村旅游经济效益增长速度显著加快，乡村旅游市场规模持续扩大，综合效益不断提升，乡村旅游占全省旅游场所的 30% 以上。近郊游已经成为旅游最主要的出行方式，占省内游客量的 90% 以上，展现出良好的发展势头。2022 年，河北省乡村旅游客量为 0.986 亿人次，乡村旅游收入为 268 亿元，较上年增长幅度较大。强劲增长的乡村旅游经济为河北省乡村旅游的可持续发展奠定了坚实的基础。

（三）推动乡村文化传承与创新，建立乡村旅游品牌体系

乡村旅游对乡村社会文化产生了深远影响，为乡村注入了新的活力。乡村旅游的涌现推动了乡村文化的复兴，许多传统文化节庆和民俗活动在乡村旅游的推动下得到重新关注和呈现。近年来，河北省不断深入挖掘特色农产品、民间工艺技术、特色乡村美食、精品民宿等资源，推动建立"冀忆乡情"乡村旅游品牌体系，培育"冀忆乡居""冀忆乡味""冀忆乡礼""冀忆乡俗""冀忆乡景"乡村旅游产品系列品牌。打造"冀忆乡情"河北乡村旅游小程序，全面梳理乡村旅游资源产品，分类展示、集中推广，并与"乐游冀"、美团等平台实现对接，为游客提供一站式服务。精心策划燕山人家、草原牧歌、太行山乡、运河风情、塞北雪原、红色故里、古村慢镇、冀情田园等乡村旅游线路品牌。

（四）依托优势产业，带动产业蓬勃发展

河北省充分抓住机遇，积极推动乡村旅游发展，特别培育了一批国家级和省级乡村旅游示范区，这些示范区具备创新的产品和业态，综合效益显著，对地方经济的带动作用较大。同时，培育了一批乡村旅游领军企业，提高了当地的就业率，提升了居民收入水平，有力地推动了产业的蓬勃发展。如曹妃甸区的十里海养殖场依托其渔业，宁晋县的黄儿营西村依托其线缆制造业，武强县的周窝音乐小镇依托其乐器产业，迁西县的花乡果巷田园综合体和前南峪村依托其农业，通过特色产业与旅游的融合，带动当地人口就业，通过农旅互动延伸原有产业链条、提升产业附加值等途径，持续富民增收。

（五）改善乡村治理方式，提高乡村善治水平

河北省政府成立了旅游工作领导小组，统筹全省范围内的乡村旅游提升工作，并在重点市县（区）成立了乡村旅游综合办公室，对乡村旅游重点乡镇专设了旅游工作站点，形成"四级联动"的乡村旅游综合治理体系。对全省范围内乡村旅游重点村镇设立乡村旅游协会，制定协会章程和行业自律公约，评选诚信经营模范。因地制宜发展多种治理模式，包括"公司+产业+农户"模式、村企共建文化旅游产业模式、村集体经济合作组织负责开发运营模式、"公司+养殖小区+农户"模式等。强调党建引领，将景点管理权限下放至景点所在村，河北省乡村旅游重点村的基层党员参与度超过95%，通过组织学习和实地调研，充分发挥基层干部在乡村旅游治理中的作用。

（六）美化乡村生态环境，提高宜居水平

河北省自2019年启动省级森林乡村创建活动以来，把改善村庄生态环境作为发展目标，通过全面加强森林草原资源保护、不断提升乡村绿化美化水平、着力改善乡村生产生活宜居环境等有力举措，大大调动村庄村民的参与创建积极性，有序推动森林乡村创建认定工作的顺利开展，促进人与自然和谐共生，构建河北特色鲜明的乡村绿化美化体系。在空气质量改善方面，

通过散煤治理和清洁能源替代，完成1125万户农户清洁取暖改造，使$PM_{2.5}$平均浓度下降10.8%至44.8微克/米^3。水环境方面，如白洋淀地区推进补水、清淤、治污等工程，累计补水15.8亿立方米，保障白洋淀水质。同时，实施农村"厕所革命"，到2022年底前新建、改建、扩建300多处旅游厕所，推动生态环境和农村卫生设施的整体提升。

二 乡村旅游促进乡村振兴的典型发展模式

河北省乡村旅游的发展模式呈现多样化的趋势，为更深入地探索乡村旅游促进乡村振兴的创新路径，本文通过线下问卷与深度访谈相结合的形式进行调研，实地考察河北省国家级、省级和市级乡村旅游促进乡村振兴的典型模式及存在的问题。本文构建了乡村文明、生态环境、乡村治理、产业发展和生活水平5个前因条件变量，以乡村振兴为结果变量，分析乡村旅游促进乡村振兴的路径模式。

累计发放问卷600份，收回问卷560份，调研回收率为93%，剔除信息缺失、答题中存在矛盾的问卷，得到有效问卷480份，有效率为86%。对收集回来的数据进行整理与分析，此次调研样本的男女比例接近4∶6。在受教育程度构成上，初中及以下所占的比例最高，约为44%。在身份构成上，村民占大多数，约为60%，外地旅游相关从业人员占22%，村干部的比例为17%。在家庭年收入部分，2万元以下的样本比例约为36%，2万~5万元和5万~10万元的各占26%。样本中从业3年以下的占比32%，从业3~5年的占比5%，10年以上的占比0.5%。

本文运用SPSS软件，对收集的问卷数据进行效度和信度检验（见表1）。通过计算发现，各测量数据中潜变量的因子载荷值均大于0.6，平均方差萃取值（AVE）均大于0.5，表明问卷的聚合效率较高。潜变量的组合信度（CR）均在0.8以上，且所有测量指标的Cronbach's α系数在0.7以上，这说明测量指标通过了内部一致性检验且结果良好。由相关系数矩阵可知，乡村文明、生态环境、乡村治理、产业发展、生活水平均与乡村振兴正相关，

且条件要素变量之间存在相关关系，变量之间并不独立，传统的线性研究方法难以解释本文的研究问题

表1　问卷的效度和信度分析

潜变量	CR	AVE	Cronbach's α	相关系数矩阵					
				乡村文明	生态环境	乡村治理	产业发展	生活水平	乡村振兴
乡村文明	0.899	0.749	0.771	1.000					
生态环境	0.875	0.636	0.768	0.440	1.000				
乡村治理	0.826	0.614	0.749	0.553	0.422	1.000			
产业发展	0.896	0.683	0.730	0.486	0.370	0.561	1.000		
生活水平	0.801	0.669	0.741	0.441	0.496	0.537	0.634	1.000	
乡村振兴	1.000	1.000	0.828	0.085	0.223	0.177	0.408	0.319	1.000

为统一各变量测量指标的量纲，通过 fs/QCA 软件中的 Calibrate 函数，对数据进行校准，根据已有的理论及本案例研究情景，赋予变量集合属性，使其满足 0~1 区间的标准化。在校准过程中，需通过进一步的分析确认 3 个锚点值：完全隶属、交叉点和完全不隶属。依据 Fiss 和 Codurasa 的方法，以样本数据分布的 95%、50%、5% 值分别作为模糊集的 3 个锚点，然后运用 fs/QCA 的校准计算命令，得出隶属度校准，相对较客观。

（一）必要性检验

首先对 5 个前因条件变量开展必要性测试。从检测结果可以发现，这几个前因条件变量的一致性均在 0.9 以内，说明这 5 个单独的前因条件变量均不是乡村振兴的必要条件（见表 2）。

表2　必要性分析

变量	一致性	覆盖率
乡村文明（~乡村文明）	0.794（0.317）	0.970（0.996）
生态环境（~生态环境）	0.871（0.233）	0.966（0.991）
乡村治理（~乡村治理）	0.750（0.365）	0.981（0.981）
产业发展（~产业发展）	0.836（0.278）	0.983（0.975）
生活水平（~生活水平）	0.839（0.275）	0.977（0.988）

（二）充分性检验

为阐明乡村旅游中影响乡村振兴的深层机制和发展现状，进一步运用 fs/QCA 对前因条件变量组态所引致结果的充分性进行分析，按照 Fiss 的建议，将一致性阈值设定为 0.8。考虑到样本数量，将案例频数阈值设定为 1，PRI 的一致性阈值设定为 0.7。

经过分析后共有 4 种组态构型解释了乡村振兴的发展现状（见表 3），单个解和总体解的一致性均达到 90% 以上，总覆盖率为 79.9%，说明乡村旅游的这 5 个指标特征共同解释了乡村振兴 79.9% 以上的影响程度，同时表明了分析结果的有效性。基于组态结果，可进一步剖析乡村旅游在乡村文明、生态环境、乡村治理、产业发展和生活水平方面促进乡村振兴的驱动机制。

表 3　条件组合

类别	组态			
	1	2	3	4
乡村文明	●		●	⊗
生态环境	●	●	●	
乡村治理			●	●
产业发展		●	⊗	●
生活水平	●	●		●
原始覆盖率	0.739	0.780	0.271	0.308
净覆盖率	0.012	0.052	0.001	0.002
一致性	0.981	0.988	0.986	0.998
解的总一致性	0.981			
解的总覆盖率	0.799			

注：●表示核心条件存在，⊗表示核心条件缺失，空格表示该条件可存在亦可缺。

（三）典型发展模式分析

由于乡村之间资源禀赋存在差异、具体形态及发展历程不一致，各乡村通过重塑旅游资源能力，充分发挥不同驱动力的组合作用，形成独特的发展模式。根据不同乡村的发展基础与资源环境差异，本文将4种组态划分为环境资源驱动融合发展和优势产业驱动产旅融合发展两种模式。

1. 环境资源驱动融合发展模式

这种模式在乡村旅游发展初级阶段尤为显著，依赖丰富的人文历史资源和生态自然资源，主要依托生活水平驱动力、生态环境驱动力和乡村文明驱动力促进乡村振兴。乡村旅游的空间重塑在不同组态中得到体现。在组态 1（乡村文明 * 生态环境 * 生活水平）① 中，乡村旅游对乡村文明、生态环境和生活水平的提升具有关键作用。这一组态的一致性达 0.981，解释了约 74% 的案例样本。通过以不老台村、西下关村和平房村等为代表的地质文化、生态观光和红色文化在乡村空间的叠加，塑造了安全美观的生态空间、集中宜居的生活空间、和谐和美的社会空间，实现了空间上的乡村性。在组态 3（乡村文明 * 生态环境 * 乡村治理 * ~产业发展）中，乡村旅游的发展推动了乡村治理和生态环境的改善。以寿长寺村、朱家营村和海岩村为代表的乡村通过文化、生态等旅游生产要素组合，在乡村空间中引入休闲生活方式，对乡村土地利用方式和利用效率进行优化，促进乡村文化空间、生活空间、生态空间的调整重构和创新利用，从而重新塑造乡村的聚落格局、景观特色和社会氛围。但是该模式下乡村旅游的运营与管理发展存在产业发展覆盖不到位、销售链较短易断裂等问题。综上所述，乡村旅游发展的环境资源驱动融合发展模式在促进乡村文明、改善生态环境、提升生活水平、推动乡村治理等方面发挥了重要作用，为乡村振兴提供了有力支撑，同时需要持续解决产业发展和运营管理等问题，以实现更加全面的乡村发展目标。

2. 优势产业驱动产旅融合发展模式

这种模式一般在乡村旅游发展成熟阶段较为明显，主要以产业发展驱动力和乡村治理驱动力促进乡村振兴，包括组态 2（生态环境 * 产业发展 * 生活水平）和组态 4（~乡村文明 * 乡村治理 * 产业发展 * 生活水平）。其中

---

① "*"表示该条件存在，下文中"~"表示该条件缺失，余同。

组态 2 表示乡村旅游带动的相关产业融合发展是乡村振兴的重要力量，该组态能够解释 78% 的案例样本，是解释力最强的组态构型，表明在发展乡村旅游促进乡村振兴的过程中，以生态环境、产业发展和生活水平这三个要素最为显著，这种组态以黑崖沟村、黄草洼村等为代表。组态 4 能够解释约 31% 的案例样本，该组态以骆驼湾村、顾家台村和花山村为代表，其坚持"以农促旅、以旅兴农"的发展之路，开发了山村避暑、休闲度假等旅游模式，衍生出乡村民宿、特色客栈、农家书屋等产品，形成了具有典型特色的乡村旅游产品体系，实现了较好的文旅融合发展。同时，乡村旅游在促进农村产业发展过程中，推动产业结构调整和升级，助推乡村振兴。两种组态的乡村产业发展较为突出，在乡村旅游基础上，依赖乡村的天然条件，在政府引导下，开发建设了现代食用菌产业、高效林果产业、中药材产业和规模畜牧农业等主导产业。基于农村资源的多元化潜能，培育新兴的经济形态，以乡村旅游为纽带延伸农业产业链，推动农业向更高层次迈进，实现三次产业融合发展，利用产业优势推动乡村可持续发展。然而，相较于良好的产业发展，村庄乡村文明的改善较不明显，村民对乡村旅游带来的新鲜事物的接受能力较为迟缓，对新技能的学习也比较困难，村里的老龄化较为严重，人才回流的成效并不显著，导致在乡村发展过程中缺乏相关专业人才力量的推动，乡村文明还有很大的提升空间。

三　乡村旅游促进乡村振兴发展中存在的问题

河北省乡村旅游促进乡村振兴的现有模式主要包括环境资源驱动融合发展和优势产业驱动产旅融合发展两种，不同模式的侧重点有所不同，乡村旅游在生态、经济、文化等不同方面以不同深度推动了乡村振兴的发展。然而，在乡村旅游促进乡村振兴发展中，仍存在一些问题。

（一）缺乏核心旅游项目带动，产品供给品质和类型不足

通过调研发现，凡是乡村旅游带动效果好的乡村，基本上都有一个核心

旅游项目和一系列配套的旅游项目，旅游产品体系比较完善；凡是乡村旅游带动效果不佳的乡村，主要是还没有形成核心旅游产品，或是已开展乡村旅游的村庄在产品打造方面特色定位不准，相关业态支撑不足，传承和创新传统民间技艺的文创产品研发不足，仍然以观光型为主，参与型、体验型旅游产品很少，致使乡村旅游产品缺少内涵，缺乏游客吸引力。这是目前旅游巩固脱贫攻坚成果过程中面临的一大问题。如保定易县凤凰台，这个村紧邻清西陵景区，是个满族风情特色村，拥有国家级非物质文化遗产"摆字龙灯"，但是该村的旅游产品基本是吃农家饭、住农家院，缺少以本村文化为特色的核心旅游项目，缺少高品质的餐饮住宿场所，致使乡村旅游带动能力只停留在初级水平。

（二）旅游基础设施有待提升，设施要素支撑化待加强

河北省乡村旅游发展中，旅游基础设施的不完善是一个亟待解决的问题。一些乡村旅游目的地仍然存在基础设施方面的短板，对游客的舒适度和便捷性产生了负面影响，从而影响了整体旅游体验。许多乡村旅游目的地位于偏远地区，交通不便，道路质量不高，这使得游客前往这些地方可能面临路况差、交通拥堵、交通工具不足等问题。餐饮住宿和卫生设施方面，一些乡村地区的餐饮和住宿设施相对简陋，服务水平不高、缺乏多样性，卫生设施不够完善，使得游客在旅行过程中感到不满意，降低他们的旅游体验。景区内部的便捷性也需要改进，一些乡村景区的内部交通、导览、信息提示等方面的设施和服务不足，导致游客在景区内的游览不够顺畅和便捷。

（三）城乡差距导致老龄化严重，人才短缺

目前，人才队伍建设滞后和人才缺口大，已成为乡村旅游发展的一大瓶颈，乡村旅游经营管理人才极度匮乏，出现这种情况主要有以下几种原因。一是人口外流严重和老龄化，目前村民以老年人为主，占90%以上，解决他们的经济生活问题主要依靠政策扶持、集体收入托底、自由资源释放等三种途径；部分当地人在主观上有参与的意愿，但缺乏相应的知识和技能。二

是为当地人提供的岗位，除服务员、厨师、售货员、保安、后勤人员和维修人员外，其他岗位较少。同时，人力资本、自然资本、物质资本、金融资本和社会资本不足，导致乡村本地人的内生能力不足。三是乡村缺乏相应的人才吸引机制，人才回流与人才引进较为困难，出现了较大的人才缺口。

（四）环境保护意识有待提高，生态平衡措施亟待加强

随着河北省乡村旅游的蓬勃发展，环境保护和生态平衡问题成为一项紧迫的挑战。在环境资源驱动融合发展模式下，快速发展的乡村旅游业可能给当地的自然环境和生态平衡带来一定的压力，对当地的自然生态系统产生冲击，如湿地、森林、野生动植物等生态资源受到破坏。通过调研发现，虽然有些乡村生态环境质量好，也采取了一些生态环境保护的措施，但仍有一些乡村的生活污水处理率较低，同时面临自然环境破坏和资源减少等问题，缺乏对生态保护和可持续发展的认识，缺乏经济和政策支持等，影响乡村旅游的可持续发展。

四 乡村旅游促进乡村振兴创新路径

（一）创新产业发展，延长产业链，走多产业融合路径

乡村旅游的发展应着力推动产业结构的调整，加快核心文旅项目的落地实施，提升文旅项目带动能力，把项目周边脱贫村纳入项目建设发展规划，统一规划、开发、建设、营销，推动三次产业的深度融合，改造提升原有旅游产品业态。多产业融合，延伸产业链条，夯实乡村旅游发展基础。在多产业与旅游业融合的基础上加强产业之间的合作与共融，完善乡村旅游产品体系，推动区域产业结构调整；实行"乡村旅游+农业""乡村旅游+健康""乡村旅游+体育""乡村旅游+工业""乡村旅游+生态"等多种产业融合模式，推动旅游业与其他产业的交叉融合发展，进而提高乡村旅游的竞争力。

（二）完善基础设施，提升接待水平，走高质量服务路径

各县区统筹规划，加大对交通基础设施的投资力度，提升通往乡村旅游目的地的道路质量和交通便捷性，修复和升级道路、建设停车场、增加公共交通线路等。鼓励和支持乡村地区发展高品质的餐饮和住宿业务，吸引专业投资者和餐饮业主参与。政府可以提供财政和政策支持，帮助改善设施、提高服务质量、培训员工，确保游客在乡村旅游目的地有舒适的餐饮和住宿体验。政府应关注和改善乡村旅游目的地的卫生设施如公共厕所、垃圾处理站，加强环保监管，确保景区环境的清洁和卫生，提高游客的满意度和乡村旅游的可持续性。景区内部应提供良好的导览和信息提示，以提高游客在景区内的便捷性。引入数字化应用，如导览 App 和电子地图，为游客提供信息和导航服务。同时，加强对内部交通工具的管理，提升服务水平，确保游客可以顺畅游览景区。

（三）鼓励人才回流，完善人才培养机制，走人才强村路径

人才培养和流入是乡村旅游发展的关键，政府可以加强人才培训和引进，以填补各领域的人才缺口。建立培训机制，为乡村旅游从业者提供相关培训，提高他们的专业水平。同时，可以通过引进专业人才、设立奖学金等方式，吸引更多优秀人才加入乡村旅游行业，特别是在品牌建设、数字化应用、文化传承和农业技术等关键领域，政府可以设立专项资金，支持乡村旅游领域的人才培训和科研项目。与高校和研究机构合作，开展相关研究和创新，鼓励学者和专家参与乡村旅游发展。此外，可以建立产学研合作平台，促进知识和技术的交流与共享。政府可以制定激励政策，包括提供税收优惠、科研经费支持、创业孵化器等创新生态系统，鼓励在乡村旅游领域从事创新工作的专业人才，以激发人才的创新活力。优化乡村地区的教育资源，鼓励学校和教育机构开设与乡村旅游相关的专业课程。培养更多有乡村旅游背景的人才，以满足行业的需求。鼓励乡村旅游行业协会、商会和组织与高校、企业合作，共同开展培训、研究和知识分享活动，这有助于建立更紧密的行业联系，促进人才的交流和合作。

（四）平衡环境保护与旅游发展，走可持续发展路径

制定可持续发展规划，明确乡村旅游的生态保护和环境管理措施，如设立环保标准和指导方针，确保乡村旅游项目在不破坏生态平衡的前提下进行。加强对水资源的管理和保护，确保游客和旅游设施用水得到合理控制。推广水资源节约使用和再生利用，建立水源地保护区。建立空气质量监测系统，及时监测和报告旅游目的地的空气质量情况。采取减少交通工具排放和提高能源效率的措施，以减少对空气质量的不利影响。建立有效的垃圾分类、处理和回收系统，鼓励游客参与垃圾分类。同时，加强垃圾处理设施的建设和管理，确保垃圾得到妥善处理，减少对环境的污染。开展生态修复项目，重点保护和恢复受损的生态系统，如湿地、森林和野生动植物栖息地。设立自然保护区和生态旅游区，限制开发活动，保护自然生态。加强环保宣传和教育，提高游客的环保意识。可以通过设置环保提示牌、开展环保主题活动、推广生态游和自然教育等方式，引导游客文明游览。政府可以出台激励政策，奖励乡村旅游从业者采用环保技术的实践，以及符合环保标准的项目。

参考文献

于桂林：《乡村振兴背景下乡村旅游高质量发展的路径研究》，《对外经贸》2023 年第 11 期。

刘沛林等：《乡村振兴视域下乡村旅游高质量发展的理论逻辑与战略路径》，《旅游导刊》2023 年第 3 期。

李天宇、陆林、张晓瑶：《旅游驱动乡村社会重构的特征与机制研究——以湖州顾渚村为例》，《中国生态旅游》2021 年第 3 期。

陆林等：《乡村旅游引导乡村振兴的研究框架与展望》，《地理研究》2019 年第 1 期。

孟克巴雅尔：《乡村旅游驱动乡村振兴的逻辑机理与实践路径》，《农业经济》2023 年第 12 期。

B.11
新资源观下雄安新区旅游高质量发展研究

刘　娅*

摘　要： 旅游资源是旅游发展的重要物质载体，2022年文化和旅游部启动新一轮旅游资源普查工作。树立新旅游资源观，开展旅游资源普查，是对区域旅游发展实践的再认识和再实践，是区域旅游高质量发展的必然要求。本文以雄安新区为例，依据河北省旅游资源普查标准，基于新旅游资源观对雄安新区的旅游资源进行全面、系统梳理，认为其处于快速生长、不断进化的阶段，具有明显的有机生长特征，并从新城、新区角度探索雄安新区全域旅游发展模式，推动新城整体优势转化并打造旅游目的地城市，为雄安新区旅游高质量发展提出对策建议。

关键词： 旅游资源　有机生长理论　全域旅游　雄安新区

一　雄安新区面临一系列高质量发展新要求

我国迈上全面建设社会主义现代化国家新征程，党的二十大报告提出"高质量发展是全面建设社会主义现代化国家的首要任务"。2023年5月10日，习近平总书记在河北省雄安新区考察，强调雄安新区已进入大规模建设与承接北京非首都功能疏解并重阶段，工作重心已转向高质量建设、高水平

---

* 刘娅，河北省科学院地理科学研究所高级经济师，主要研究方向为区域旅游发展规划。

管理、高质量疏解发展并举。① 2023 年 6 月 30 日，习近平总书记主持召开中共中央政治局会议，审议《关于支持高标准高质量建设雄安新区若干政策措施的意见》，对于统筹推进雄安新区承接北京非首都功能疏解与大规模建设发展、高标准高质量建设雄安新区具有重要意义。

人民群众旅游消费需求经历了从"有没有"向"好不好"转变，从低层次向高品质和多样化转变，由注重观光向兼顾观光与休闲度假转变，旅游组织形式面临颠覆式变革。河北省突出区位交通和特色资源优势，明确"建设文旅融合、全域全季的旅游强省"，作为推进中国式现代化河北场景的重要内容之一，同时以"打造京津周末休闲首选目的地""建设周末休闲旅游省""创建旅游名县""加快文化和旅游'五带'建设"等工作为抓手，让"这么近、那么美，周末到河北"成为新时尚。雄安新区作为全面贯彻新发展理念的集中承载地，在旅游高质量发展方面应带头示范，作为对接京津、深化京津冀协同发展的排头兵，在旅游强省和京津周末休闲首选地打造方面要引领示范，这对雄安新区旅游新场景营造、旅游管理服务等各方面提出了新的要求。

二 有机生长视角下雄安新区旅游资源分析

旅游资源是旅游发展的基础，本文根据河北省旅游资源普查标准，以雄县、容城县、安新县及周边鄚州镇、苟各庄镇、七间房乡和龙化乡为范围对雄安新区的旅游资源进行全面、系统梳理，全区共有旅游资源单体 347 个，且不是静态的、成熟的，而是处于快速生长、不断进化的阶段，具有明显的有机生长特征。

有机生长理论原本是生物学的一种理论，强调个体发展是在内外两个方面因素共同作用下长期变化最终达到和谐平衡发展的过程。后被广泛应用于

---

① 《坚定信心保持定力 稳扎稳打善作善成 推动雄安新区建设不断取得新进展》，《人民日报》2023 年 5 月 11 日，第 1 版。

城市规划、城乡发展等研究领域，认为城市与生物细胞具有类似的生长方式，均能分为孕育、萌芽、发育、成熟等生长阶段。雄安新区的旅游资源随着新区建设从少到多、从孕育到成熟、从初级向高级不断生长，呈现以下特点。

（一）自然资源以水域和生物景观为主，向着高品质不断进化

雄安新区水域景观类资源单体 19 个、生物景观类 6 个，三级以上资源单体共 15 个，虽然数量不多，但是规模大、品质高。一是拥有华北平原最大的淡水湖泊——白洋淀。淀区水域辽阔，总面积 366 平方公里，被 3700 多条沟壕、12 万亩芦苇分割成大小不等、形状各异的 143 个淀泊，被誉为"华北明珠"。上游有潴龙河、孝义河、唐河、府河、漕河、萍河、杨村河、瀑河及白沟引河等 9 条河流注入白洋淀，形成众多河口湿地。二是动植物资源多样。目前，白洋淀野生鸟类达到 242 种，随着白洋淀生态修复的实施，迁徙到白洋淀栖息、繁衍的野生鸟类数量和种类均呈增加态势；淀内鱼、虾、蟹、贝、莲、藕、苇、菱角等水生动植物资源丰富，是鸟的王国、鱼的乐园、多种水生植物的博物馆。三是区内地热储量丰富。新区地热流体总储存量 377 亿立方米，雄县温泉群素有"中国温泉之乡"美誉。随着新区"蓝绿交织"生态格局的推进，自然生态资源品质得到大幅提升，千年秀林、中央绿谷、府河河口湿地公园、唐河河口湿地公园、大清河景观游憩带等正在持续建设，向着新时代中国生态文明建设示范高地进化，为新区发展自然观光、生态体验、科普教育等产品奠定了良好的基础。

（二）建筑与设施类资源快速生长，高品质公共服务设施和场所不断增加

雄安新区建筑与设施类资源共有 64 个，三级以上资源单体 22 个，整体品质较高，且数量在快速增长。一是高品质建筑与设施不断涌现。目前建有雄安市民服务中心、雄安站、雄安商务服务中心会展中心、雄安印象、容东智慧体验中心、电建奥特莱斯、雄安国际酒店等众多城市公共场所，并且均为优良级资源，已成为境内外游客参观体验的重要吸引核。随着北京非首都

功能疏解的加快推进，多所高校和央企总部将在雄安建成，雄安新区图书馆、体育中心等公共服务设施也将更加完善，未来还将涌现更多的公立或私立博物馆、展览馆、文化馆、体验馆、艺术馆、演艺中心、剧院、主题街区等，成为主客共享的文艺打卡胜地。二是高品质康养游乐休闲度假地不断增加。结合白洋淀生态旅游发展，已形成白洋淀码头、白洋淀之窗博物馆、白洋淀文化苑、荷花大观园、雁翎队纪念馆等知名景点。结合地热温泉资源开发，已打造白洋淀温泉城、美泉世界、大清河温泉旅游综合体等温泉主题康体度假地。结合新区建设，悦容公园、郊野公园、金湖公园、环起步区生态防洪堤等一批园林游憩区正在不断生长，为休闲度假提供了广阔空间。三是高品质居住地与社区古今相融。区内不仅有水乡民俗村——王家寨、特色文化村——王村、特色农业村——黄湾村、美丽乡村——胡各庄村等，保留着记忆中的乡愁，还建成新型社区——南文营社区等，集中打造了社区食堂、社区会客厅、养老驿站、便民服务站等一批邻里级公共服务设施；规划了朱各庄等一批特色小镇，与绿色金融、数字文化、生物科技、光电信息、智慧物流、节能环保等新兴产业相结合，将建成社会主义现代化小城镇创新发展典范，都市人向往的田园城市风光和生活正在雄安新区成为现实。

（三）历史遗迹类资源众多，保护利用程度不断加深

雄安新区历史遗迹类资源单体 214 个，占资源总量的 61.7%，三级以上资源单体 27 个，是河北历史文化遗存分布最密集的区域之一。一是文物古迹众多。新区共有 101 处县级以上文物保护单位，其中，3 处全国重点文物保护单位（容城县南阳遗址、雄县宋辽边关地道、任丘三各庄遗址），8 处省级文物保护单位（包括燕南长城黑龙口段、晾马台遗址、梁庄遗址、山西村明塔、陈调元庄园、陈子正故居、留村遗址、上坡遗址等），90 处县级文物保护单位。二是非物质文化遗产资源丰富。目前，雄安新区共有非遗项目 102 项。其中，国家级 3 项，主要有雄县古乐、鹰爪翻子拳、圈头村音乐会等项目；省级非遗 21 项，主要有韩庄村音乐会、阴阳八盘掌、鄚州庙会、黑陶烧制技艺、安新芦苇画、白洋淀苇编等项目，以传统音乐、传统体育游

艺与杂技等为主。另外，还有 78 个市级非遗项目。三是红色文化遗产资源丰富。雄安新区所在地区是冀中抗日根据地重要的发源地之一，区内革命文物、纪念场馆等红色资源丰富，拥有雁翎队打包运船遗址、安州烈士塔、辛璞田烈士祠等 15 处省级革命文物，白洋淀雁翎队纪念馆等爱国主义教育基地。新区深厚的历史文化为文化保护和文脉传承提出了更高要求，也为文旅融合产品创意开发提供了丰富的资源基础。

（四）旅游购品和人文活动类资源地域特色突出，文创文艺新品不断孕育

雄安新区旅游购品类 24 个、人文活动类 20 个，呈现古今交融、传承创新的特点。一是地方特色美食、购品众多。结合旅游发展，形成了全鱼宴、荷叶茶、春不老、薰泥鳅、炸千子、铁锅炖杂鱼、凉拌藕带等当地特色美食。依托传统手工技艺、地方特产等，开发了白洋淀苇编、芦苇工艺画、松花蛋、白洋淀咸鸭蛋、雄州黑陶等特色旅游商品。特别是近几年，依托雄安新区文创和旅游商品创意设计大赛平台，形成了工艺美术类、文化文物类、民俗艺术类、生活创意类、智慧科技类、户外美妆、动漫动画等多主题的文创商品。二是节庆活动特色鲜明。除了白洋淀荷花节、旧城空竹艺术节、白洋淀文化节等传统节日，新培育了雄州文化艺术节、河北国际工业设计周、雄安马拉松、环白洋淀国际自行车赛、（雄安·容城）国际服装文化节等多样节庆活动，丰富的节庆活动资源为雄安开发深度文化体验产品提供重要支撑。三是文化要素丰富多样。历史人物彪炳千古，主要有"容城三贤"（明末清初理学大家孙奇逢、元初著名学者刘因、明朝名臣杨继盛）、抗日名将孙连仲等。知名地域文学作品众多，如文学流派"荷花淀派"创立者孙犁创作的《荷花淀》。据统计，新区共有演出场所经营单位 8 家，文艺表演团体 28 家，讴歌新时代、展现雄安新风貌的文艺作品将不断上演。

（五）小结

雄安新区仍处于快速建设阶段，其旅游资源具有有机生长、不断增加、

持续提升等特征，并随着旅游内涵的不断扩大，旅游资源的范畴也不断扩大。特别是雄安新区这样一座新城，对求新求特的旅游者具有别样的吸引力，其建设的高标准路网、市政基础设施、公共服务设施，构建的300米进公园、1公里进林带、3公里进森林"蓝绿交织"的生态系统，承接的企业总部、金融机构、科研院所、高等院校、医疗机构和事业单位，培育的新一代信息技术产业、现代生命科学和生物技术产业、现代金融业和数字创意产业及其他高端现代服务业，展现的"云上雄安"、机器人餐厅、无人酒店、无人超市、无人驾驶汽车、未来办公室等智慧智能应用示范等，还有24小时运行的公交车、5~15分钟就能走到的幼儿园和学校、免费的社区图书馆等，共同构成妙不可言、心向往之的城市场景，都属于不断生长的旅游资源。

三 雄安新区全域旅游高质量发展建议

雄安新区作为新时代的国家级新区、未来之城，其旅游发展模式必定与传统地区的旅游发展具有巨大差别，它不是将旅游业作为优势产业带动区域发展的全域旅游，而是在高标准、高要求的新城建设基础上，将主客共享的城市设施、高端高端产业、智慧智能示范甚至不一样的市民生活方式，整体转化为旅游吸引物，为全域旅游发展赋能，本文总结为"新城优势转化模式"，这是一种推动新城整体优势转化并打造旅游目的地城市的全新旅游发展模式。

（一）把新区城市建设优势转化为全域旅游核心吸引力，打造妙不可言、心向往之的"未来之城"

从设立雄安新区开始，其核心吸引力就不再是某一个景区景点，而是中国式现代化的未来样板之城，因此，要坚持"城市即景区、旅游即生活""景城共生"的创新发展理念，把全区当成一个旅游目的地来整体谋划经营，打破区域、行业限制，把旅游功能和服务融入新区建设发展各个领域，打造妙不可言、心向往之的城市场景。一是加快完善旅游功能。在新区现有建成设施的基础上，加强组织统筹、部门联动，选择雄安站、规划馆、雄安市民服务中心、荣东智慧体验中心、雄安印象、悦容公园、千年秀林、环起步区生态防洪堤等一批展示新区创新成果的公共场所和设施，增强旅游休闲和体验功能。严格筛选参观和观摩项目，分阶段更新增加参观项目和产品、活动，增加接待服务机构、设施设备。完善游客预约和专业讲解服务，区分讲解对象和讲解类别，持续丰富优化讲解内容，不断贴近公众参观和文化体验需求。策划开发雄安新区"一日游""两日游"线路，形成"新区游"先锋。二是加快推动城市建设。按照各片区组团的详细规划，加快推进中央绿谷、金融岛、总部区、淀湾镇、创新坊、科学园、大学园、互联网产业园等主要功能区建设，推进"一方城、两轴线、五组团、十景苑、百花田、千年林、万顷波"的规划蓝图落地，加快布局博物馆、美术馆、图书馆、体育中心、演艺中心、展示体验中心、休闲购物街区、度假酒店等主客共享的休闲旅游空间，谋划发展沉浸式餐厅、机器人餐厅、无人酒店、无人超市、无人驾驶汽车、未来办公室、虚拟体验馆、共享社区、可阅读建筑等品质生活智能服务项目，初步建成未来城市体验示范样板，以"未来之城"为引领的城市旅游成为核心吸引力。三是积极承接北京旅游功能疏解。按照优先承接企业总部、金融机构、科研院所、高等院校、医疗机构和事业单位的要求，积极承接首都旅游企业总部、旅游机构、旅游院校等以及会议会展、旅游集散中心等功能疏解，探索建设全国旅游金融服务中心、中国旅游总部基地、中国文化旅游大学等，培育一批常态化的国际会议、国际产品博览会、高峰论坛和重大赛事，发挥雄安新区的区位交通优势，加强与京津冀其他地区、长三角、珠三角等地在文化和旅游方面的交流合作，建成国家旅游创新发展的新高地和京津冀区域国际旅游新门户。

（二）把新城生态环境优势转化为全域旅游优质基底，打造生态文明思想展示示范高地

雄安新区把绿色作为高质量发展的普遍形态，坚持生态优先、绿色发展，构建蓝绿交织、清新明亮、水城共融、多组团集约紧凑发展的生态城市，雄安新区要靠这样的生态环境来体现价值、增强吸引力。一是大力发展白洋淀生态旅游。以白洋淀景区为核心，以淀泊观光为基础，优化白洋淀水上旅游线路、旅游码头布局，推进观鸟驿站、湿地栈道、湿地博物馆、低空旅游等游览设施或游乐项目建设，打造白洋淀生态旅游示范区。辐射环淀区域，统一管理体制机制，共建共享，改造提升淀边村、温泉城等，因地制宜、精准培育一批生态研学、水乡度假、温泉康疗、红色旅游、体育运动等新业态。二是打造"城淀共生共融"的绿色城市典范。在新区建设中，坚持尊重自然，构建"一淀、三带、九片、多廊"的生态空间格局，建成森林环城、湿地入城的生态新城。同时，探索白沟引河、萍河、大清河、南拒马河等河流空间，环淀绿化带、环起步区绿化带等绿地空间与旅游融合开发的新路径，开发水路、陆路等游览方式，打造公园、驿站、绿道相互交织的休闲旅游带，发挥生态价值最大化，实现增绿、增效、增收三赢局面，打造绿色发展城市典范。三是讲好"绿水青山就是金山银山"的中国生态文明故事。雄安新区是"两山"理念创新实践地，将淀水林田草作为一个生命共同体，强化对白洋淀湖泊湿地的修复和其他生态空间的保护，构建绿色市政基础设施，打造绿色智能交通系统等。旅游要发挥载体和窗口作用，通过森林绿地景点化、生态产品体验化、绿色设施展示化等，讲好雄安故事，建设新时代中国生态文明实践与展示高地。

（三）把新城多样文化优势转化为全域旅游的不竭动力，打造中华民族现代文明的展示平台

雄安新区不仅有深厚的历史文化、独特的白洋淀文化，还在新区规划建设中形成了绿色低碳、信息智能、人与自然和谐共生的未来城市文化和高质量的生态文明，在文旅深度融合发展的大背景下，为雄安旅游发展提供了创新创意的动力源泉。一是加快推动传统优秀文化创新发展。深入推进国家文化公园规划建设，做好燕南长城和大运河文化的保护挖

掘，加强专题博物馆、主题展厅建设。促进宋辽边关地道景区提质升级，推动祁岗边关地道、孤庄头边关地道、双堂边关地道的考古研究与对外开放，不断丰富宋辽边关地道文化空间和展示内容。结合南阳遗址、鄭州城遗址等重大文物考古研究工程，推动打造考古遗址公园、遗址博物馆、陈列馆。充分挖掘容城卧牛古城、安新古城、雄州古城等古城文化资源，打造一批主客共享的文化旅游空间，并引入文旅演艺、智慧展示、互动体验、主题商品等多种方式，全面凸显地域历史文化底蕴。二是加强红色文化和社会主义先进文化弘扬展示。以白洋淀雁翎队革命遗址和纪念馆等为核心，创新展陈方式，采用多媒体互动展示、数字讲解阐释、VR展示等新科技、新手段，弘扬红色革命文化。以安州烈士塔、雄县烈士陵园、北后台烈士陵园等为重点，通过维护修缮、挂牌保护、提升环境等方式，让红色资源成为永远的精神财富、永远的文化传承。对新区代表社会主义建设成就的雄安站、雄安城际站、国贸中心、南文营社区等进行合理旅游开发，深入挖掘展示其蕴含的时代精神。推动红色旅游与城市旅游、乡村旅游、生态旅游等融合发展，推出"白洋淀红色之旅""雄安红色研学游"等精品线路，使新区成为全国爱国主义和革命传统教育、党性教育的重要基地。三是加快建设展示中华民族现代文明的体验场景。加快推动新区科技创新博物馆、图书馆、体育馆、文化艺术交流中心、艺术画廊等重大公共文化设施建设，植入旅游文化体验产品，推动打造宜游、宜乐、宜购、宜学的文化旅游新地标。结合新区城市综合体、休闲街区、公园广场等优质空间，创新打造一批融合艺术展览、文化沙龙、轻食餐饮等服务的城市书房、文化驿站，丰富城乡文化旅游空间。积极承接在京文化机构功能疏解，加快发展文化创意园区、文创空间、创客基地、文创街区、文创小镇等文旅融合新空间，培育发展云演艺、云展览、沉浸式体验等新业态。加强与京津冀、大运河沿线城市、共建"一带一路"国家的合作，积极打造和引入具有广泛影响力和参与度的文旅节事盛会，展现中华民族现代文明的同时，促进不同文明的交流互鉴。

（四）把新城产业发展优势转化为全域旅游丰富的产品体系，满足游客多样美好生活需求

立足新区"开放发展先行区"的城市定位和"发展高端高新产业"的重点任务要求，结合新区未来产业布局和产业优势，大力推进旅游与科技、会展、研学、大健康和体育等产业融合发展，不断丰富新区旅游产品体系。一是大力发展科技旅游产品，把新区建设成未来科技旅游城。依托新区科技产业优势，推动科技产品转化成旅游景观，将雄安新区大数据中心、科技创新研究院、AI 国家实验室等国家级科技创新平台打造成特色突出、吸引力强的地标建筑和旅游产品，引导数字创意、高端影视、特色街区等现代休闲业态在周边聚集，打造具有"可视化、体验性、震撼感"的城市科技体验旅游产品，充分彰显科技之城、创新之城的魅力。二是大力发展会展旅游产品，打造具有国际声誉的会展旅游目的地。充分利用新区会议会展设施建设，重点打造商务、科技会展产品系列，培育新区会展品牌；创新会展企业经营模式，拓展旅游、休闲等领域业务，以会展产品激发新区旅游市场活力；以国际化视野积极发展入境会展旅游，培育会展国际品牌。三是大力发展研学旅游产品，构建高端研学旅游富集区。鼓励新兴高端产业向旅游领域延伸，通过合理设计高端现代技术产业企业、园区研学体验空间，完善科普教育、互动体验等旅游配套设施，建设产业园区集聚型、企业文化体验型、高新技术展示体验型等国家级研学旅游示范点；将现代化城市建设科技和智能技术应用与雄安历史文化资源、生态资源等融合衔接，开发未来科技研学、文化体验研学等研学旅游产品。四是大力发展大健康和体育旅游产品，打造健康城市典范。依托高水平医疗与健康服务机构、高品质生态空间及优质公共服务体系，以大健康为主轴聚合传统业态，打造集高端医疗、运动康复、健康疗养、休闲养生于一体的健康旅游产品；推动体育与城市基础设施综合开发，建设城市型、郊野型生态体育公园，将体育与休闲融合，打造市民健康生活圈；建设国际级专业体育训练基地、户外运动基地，创建国家体育旅游示范基地，大力发展体育赛事活动，打造国际体育赛事旅游目的地。

（五）把新城的宣传优势和知名度优势转化为全域旅游的市场影响力，成为名副其实的大国形象展示窗口

利用雄安的宣发大平台，推出文旅产品、线路，树立"政府主导、产业联动、区域联合、社会参与"的全域营销思路，吸引国内外游客参观学习、旅游度假。一是融入政府主导的宣传推广体系。以政府为主导，以"未来之城"为主题，将雄安新区作为新时代中国的展示窗口、完整的旅游目的地城市进行全球推介，把旅游产品、线路纳入外交部、中宣部、省政府等高层次宣传推介、贸易会展、交流合作活动，实施政府营销、大局营销、综合营销。二是构建全产业联动的多元化营销体系。深入推进产业融合，打造新资源、新产品、新业态，紧抓雄安新区规划建设、经济社会发展及对外交流活动中的重大事件，依托各企业的展示体验中心，各产业的特色节庆活动、赛事、展会、论坛、推介会及热门影视节目等进行旅游宣传，构建全社会、全产业的多元营销体系。三是创新融媒体精准营销平台。利用区块链技术打破融媒体平台的储存瓶颈，构建基于区块链技术的融媒体共信和版权监管机制，从信源可信度、内容可信度和渠道可信度等方面提高流媒体的准确性和安全性，实现宣传数据信息的一次采集、多种生成、多渠道传播。运用5G、大数据、人工智能、云计算等技术，收集游客受众分类、规模数量、结构特征、兴趣爱好、消费习惯等数据，通过游客画像分析确定营销内容，采取线上线下相结合的营销方式，推出与受众需求相吻合的内容产品，为用户定制专属的"个性化媒体"。四是实施京津冀全区域联合营销体系。以北京、河北的"两翼"之一为主题，加强与北京城市副中心通州、张家口崇礼世界冰雪旅游胜地的联合营销，探索成立京津冀文化和旅游一体化发展联盟，共同打造长城、大运河、奥运旅游等世界级旅游品牌。争取将雄安新区作为京津冀协同发展领导小组会议、"5·19中国旅游日"主题活动、全省旅游发展大会、文创和旅游商品创意设计大赛、导游大赛等重大活动的主会场和承办地，通过活动推进产品建设、提升服务质量、凝聚工作合力、加强旅游宣传。

参考文献

邹伟、樊曦、魏玉坤：《习近平总书记引领推动京津冀协同发展纪事》，《中国产经》2023 年第 11 期。

朱其静等：《有机生长视角下廊道型乡村旅游地业态空间演化与机制——以皖南川藏线为例》，《经济地理》2023 年第 4 期。

王玉成、谷冠鹏、王军：《雄安新区旅游产业集群谋划与创新对策》，《经济论坛》2020 年第 11 期。

B.12

以山地旅游创新推进太行山文化旅游带
高质量发展研究

张 葳*

摘 要： 太行山地理位置重要、资源富集，近年来，国家和省级层面出台了多项推动太行山文化旅游带发展的政策，本文总结了 2016 年以来太行山区域文化旅游发展的成效，研判当前太行山区域文化旅游发展还存在硬件支撑依然薄弱、地标性龙头产品缺乏、错位互补发展意识不足、产业化水平不高、传统村落保护利用不到位等问题，提出发挥资源优势、强化产业思维，丰富消费场景、释放消费潜力，着力业态提升、优化产品供给，提升服务能力、发掘生态价值等推动太行山文化旅游带高质量发展的对策建议。

关键词： 山地旅游 太行山文化旅游带 高质量发展

太行山是华北地区重要的地理分界线，是京津冀重要的生态屏障，也是全国著名的革命老区和传统村落的重要聚集地，纵穿河北省张家口、保定、石家庄、邢台、邯郸 5 市 27 个县（市、区），自然环境良好、红色旅游资源丰富、乡村旅游资源多样、景区景点众多，已形成西柏坡、野三坡、白石山、清西陵、娲皇宫等旅游品牌，拥有 5A 级景区 5 家，4A 级景区 52 家。近年来，国家发展和改革委、文化和旅游部印发了《太行山旅游业发展规划（2020—2035 年）》，河北省文化和旅游厅联合省发改委出

---

* 张葳，河北省社会科学院省情研究所副所长，副研究员，主要研究方向为旅游经济、区域经济。

台了《河北省太行山旅游业发展实施方案（2020—2035 年）》，并且在《河北省加快建设旅游强省行动方案（2023—2027 年）》中明确将太行山旅游带作为重点打造。近年来，山地旅游因其绿色、健康的特点发展热度持续上升，新形势下推动太行山文化旅游带高质量发展，要进一步整合资源、优化供给、绿色发展、文化赋能，重构山地旅游发展理念、丰富山地文化消费场景、优化文旅产品供给，推动山地旅游可持续发展。

一 太行山文化旅游带建设成效显著

（一）主动服务国家战略，沿线项目建设有序推进

2023 年 5 月，河北省文化和旅游厅组织召开了太行山文化旅游带项目观摩拉练暨项目建设推进活动，太行山沿线各县（市、区）在会上交流项目建设情况和经验做法。据省文化和旅游厅平台统计，全省推进太行山文化旅游带项目近 200 个，太行山沿线基础设施和公共服务不断优化，文旅项目建设取得显著成效。保定市谋划了"京雄保 1 号旅游风景道"，重点打造"1+4+8"项目体系。邯郸市高标准建设了全长 235 公里的太行山旅游风景道，贯穿连接太行山文化旅游带 4 个区县、35 个特色村落、39 个美丽乡村、68 个旅游景区景点。石家庄市着力激发太行山沿线文旅项目投资建设活力，帮助太行天路红土岭生态民宿项目、西部长青小三亚项目、龙泉古镇景区项目、西柏坡柏里水乡项目、灵寿县锦绣大明川休闲度假康养小镇项目等建设单位解决堵点、难点问题。邢台市重点推进总投资 12.6 亿元的信都区全域旅游基础设施项目、总投资 5.6 亿元的太行山红色教育基地、总投资 5 亿元的七顶山项目、总投资 4.8 亿元的和隐山居项目等。井陉县政府为绵蔓河沿线 10 个产业园项目拿出 800 万元的补贴盘子，为研发井陉菜肴的餐饮企业出台了 500 万元的《建设文旅强县餐饮业提升扶持奖励意见》，推动只有几间厂房、几亩地的小作玫瑰庄园成为"玫瑰花海+玫瑰产品+玫瑰小镇"的融合发展标杆项目，卧虎岭仅用 5 个月就建成西部山区的美丽休闲田园，充分调动市场积极性。

（二）加快品牌建设赋能，太行山影响力逐步扩大

第一，太行山是汇聚各级旅游名片的核心区域。在首批 30 家河北旅游名县创建县中，涉及太行山区的达到 15 家，如平山县、鹿泉区、涞水县、易县等，占首批旅游名县创建县一半；君乐宝乳业工业旅游区、邯郸磁州窑文化艺术区街区成功创建全国工业旅游示范基地；高等级景区在此汇聚，有国家 5A 级旅游景区保定涞源白石山、易县清西陵、邯郸广府古城，4A 级旅游景区邢台市临城县天台山旅游景区、邯郸市涉县韩王九寨旅游景区、武安东太行旅游景区等共计 15 家。第二，红色太行文化品牌逐渐叫响。太行山区红色资源丰富，近年来以西柏坡、一二九师司令部旧址、前南峪等红色旅游景区为核心，不断提升红色文化品牌影响力，传承弘扬太行精神，红色旅游产品品质不断提高，产业融合不断深化，红色文化与绿色生态结合、红色文化与乡村旅游结合、红色文化与古村落结合等，大大带动了太行山区经济、社会、生态发展。

（三）各级旅发大会赋能，点亮太行山沿线空间节点

一是广泛提升县域旅游发展水平。据统计，2016~2022 年河北省旅游产业发展大会（以下简称"旅发大会"）重点项目分布共涉及 124 个县（市、区），占全省县级单位总数（2020 年全省共 191 个）的 64.9%，有效促进广大县域旅游跨越式发展，其中重点项目涉及太行山沿线 26 个县（市、区）（见表 1），覆盖河北太行山所在行政区域 96.30%，通过各地旅发大会的集中打造，整合太行山沿线相关资源、丰富旅游产品、完善周边公共服务设施，有力带动了各具特色的全域旅游目的地建设，成功推动涉县、易县、武安市、平山县等成功创建国家全域旅游示范区，推动涞源县、涞水县、阜平县等成功创建省级全域旅游示范区。2021 年邯郸承办第六届河北省旅发大会，精心打造了总投资 163.4 亿元的 30 个重点观摩项目，在涉县打造的赤水湾古镇，成为点亮山城的新地标。二是助力基础设施公共服务水平大幅提升。近年来，省市旅发大会的持续举办，大大促进了承办地基础设施和公共

服务体系的完善，邯郸市连续 4 年在太行山区举办旅发大会，带动基础设施建设和重点项目有效投资 550 余亿元，建设了全长 235 公里的太行山旅游风景道，实现了 4 个县（市、区）、35 个特色村落、39 个美丽乡村、68 个旅游景区景点的连贯畅通；井陉县为 23 个文旅农项目配套了 19 条山区道路及相关设施，对苍岩山景区周边 8 个村进行整体提升，打造了"天路旅游经济带"，串联了 6 个乡镇、26 个古村落。

表1　2016~2022 年河北省旅游产业发展大会重点项目涉及太行山沿线县（市、区）情况

单位：个，%

地市 [县(市、区)数]	重点项目涉及太行山沿线县(市、区) (项目数)	市辖县(市、区)总数	重点项目涉及县(市、区)占比
石家庄市(7)	井陉矿区(3)、井陉县(4)、灵寿县(9)、鹿泉区(12)、平山县(9)、元氏县(14)、赞皇县(8)	23	30.43
张家口市(3)	怀来县(1)、蔚县(5)、涿鹿县(4)	19	15.80
保定市(8)	阜平县(5)、涞水县(2)、涞源县(3)、满城区(1)、曲阳县(3)、顺平县(2)、唐县(3)、易县(2)	20	40.00
邢台市(4)	临城县(5)、内丘县(9)、沙河市(11)、信都区(14)	23	17.39
邯郸市(4)	涉县(24)、武安市(20)、磁县(14)、峰峰矿区(2)	20	20.00

（四）各地积极优化营商环境，优质项目纷纷落地

近年来，太行山文化旅游带沿线积极招商引资，各地文旅部门主动加强与发改、投促、工信等部门合作，强化部门联动，推动手续办理、土地、金融等要素保障提速、提质、提效，吸引社会资本加大对文旅产业的投入力度。据统计，2023 年 1~6 月，推进太行山文化旅游带项目 181 个，在建项目总投资 694.45 亿元，计划投资 92.32 亿元，实际完成投资 43.62 亿元，投资完成率为 47.24%。井陉县"政府领跑，市场跟跑"，大力撬动市场资金源，打造了投资 9.88 亿元的绵蔓河湿地经济带专项债项目。保定市着力布局休闲度假项目，打造了环易水湖乡村国民度假公园、天上长城低空旅游基地、环白石

山旅游度假区、百里峡乡村艺术公园等项目，在阜平县、曲阳县和唐县区域布局研学体验类项目，主要打造初心谷乡村振兴创新培训基地、古北岳常山文化旅游区、定窑考古遗址公园等项目，易县谋划了紫荆养生谷、燕下都考古遗址公园、紫荆关长城文化公园、易水湾星级酒店等 11 个文旅项目并编制招商手册。邢台市坚持开展文旅产业大招商，策划包装文旅招商项目 50 个，邢台大峡谷 5A 级景区创建、鹤度岭明长城文化公园、扁鹊康养古镇等优势项目。邯郸市主动对接国内外文化旅游龙头企业，与西安曲江文化产业投资（集团）有限公司签署了总投资近 150 亿元的邯郸七彩文化城项目，与建旭新能源有限公司签署了总投资 53 亿元的邯郸鲲乐湾国际旅游度假区。

（五）乡村振兴强势推动，乡村旅游品质大幅提升

近年来，推动太行山地区成功创建省级以上乡村旅游重点村 100 个，其中全国乡村旅游重点村 21 个，成功创建省级以上乡村旅游重点镇 15 个，其中，全国乡村旅游重点镇 5 个。推动涞水县野三坡、易县狼牙山、阜平县骆驼湾入选世界旅游联盟旅游减贫案例，推动河北恋乡太行水镇、大激店入选世界旅游联盟旅游助力乡村振兴案例。民宿建设品质不断提升，全省"冀忆乡居"百佳乡村精品民宿培育单位遴选工作将太行山地区民宿作为 2023 年重点扶持对象。2022 年王坡民宿与石八酒民宿荣获"河北省十佳创意设计乡村美宿"称号，重点打造"轻奢小院""太行客栈"等不同主题的民宿片区。

二 太行山文化旅游带沿线发展存在的问题

随着太行山文化旅游带建设的深入推进，硬件支撑薄弱、地标性龙头产品缺乏、错位互补发展意识不足等一系列问题也逐渐暴露。

（一）硬件支撑薄弱

太行山区作为革命老区，社会经济发展相对较慢，居民年收入相对不高，地方财力严重不足，基础设施欠账较多，山区交通瓶颈突出，干线公路技术

等级普遍偏低，多数旅游交通沿线和景区景点旅游厕所、旅游集散中心、大型停车场、导引标识、特色购物等设施建设滞后、标准不高，难以满足现代旅游需求。

（二）地标性龙头产品缺乏

当前，太行山文化旅游带对沿线自然人文资源的深入挖掘利用与有机整合不够深入，各地重点项目多数还处于建设和管理运营完善阶段，未形成在全国乃至世界有重大影响力和竞争力的知名品牌旅游区或地标性目的地，空间上缺乏具有强大聚集效应、带动效应和辐射效应的龙头产品，年总收入超过亿元的景区数量少。截至2023年，太行山文化旅游带总投资50亿元以上的项目仅两个，100亿元以上的项目尚属空白。

（三）错位互补发展意识不足

文旅产品同质化依然严重，沿线5市27个县（市、区）还未形成各具特色、互补互融的发展格局，区域合作举措非常欠缺。据河北省文旅厅对2023年1~6月太行山文化旅游带项目建设统计，景区度假区类项目42个，特色小镇11个，文旅综合体35个，特色体验、生态康养等产品严重不足，产品创新不够，部分产品开发方向和开发水平与现代游客需求还不适应，让游客在太行山"快旅慢游"的高品质旅游产品还未形成。

（四）旅游产业化水平不高

整体来看，太行山文化旅游带基础短板仍然突出，部分景区的"最后一公里"存在瓶颈。行唐县、井陉矿区、元氏县、沙河市、磁县等县（市、区）国家4A级旅游景区还是空白，其中元氏县尚无国家A级旅游景区，缺乏带动区域旅游发展的增长极。张家口、石家庄、邢台、邯郸等4市的太行山区省级旅游度假区还是空白。产业链条短，旅游产品开发单一，与京津旅游市场及现代农业、信息技术、文化体育等相关领域的融合不够，新型旅游业态培育缓慢，对发展生态农业、特色产品产销和扶贫富民等的拉动作用不明显，市场优势没有真正转化为市场效益，资源优势没有真正转化为竞争优势。在多年的单一城市化和工业化发展过程中，27 个县（市、区）大多是人才净流出地，区域乡村旅游人才匮乏，同时熟悉旅游景区经营管理和宣传推广的高水平专业经营管理人才也不足。

（五）传统村落保护利用不到位

2012 年以来，国家先后公布了六批《中国传统村落名录》，合计 8155 个传统村落，河北省共有 276 个，其中约有 90% 集中在太行山脉地区（见表 2）。很多传统村落年代久远，散落在相对偏僻、贫困落后的地区，村民对传统村落保护的重要性认识不足，对其所承载的太行文化记忆挖掘不够，一些传统村落的文化遗产因得不到有效保护而逐渐消亡。

表 2　太行山文化旅游带入选中国传统村落统计

单位：个

公布时间	批次	中国	河北	太行山山脉地区
2012 年 12 月	第一批	646	32	29
2013 年 8 月	第二批	915	7	7
2014 年 11 月	第三批	994	18	10
2016 年 12 月	第四批	1598	88	81
2019 年 6 月	第五批	2666	61	58
2023 年 3 月	第六批	1336	70	63
合计		8155	276	248

三　以山地旅游创新推动太行山文化旅游带高质量发展

（一）发挥资源优势，强化产业思维，打造山地旅游发展新理念

一是打造农文旅康林体融合创新发展的山地旅游目的地。深入了解面向

大众的山地旅游需求，加快推进国家森林步道、城市绿道、登山步道、交通驿站等山地休闲设施建设，挖掘太行深处的文化记忆，高质量发展帐篷、露营地、自驾车营地、民宿等新业态，积极培育旅游演艺、民俗旅游等沉浸式文化旅游业态，重点培育避暑、冰雪、露营、户外运动等目标市场，培育具有创新意识、有市场竞争力和产品创新能力的新型市场主体。以旅发大会龙头项目和特色旅游片区为重点，进一步促进太行山千里画廊、蔚县十八堂旅游度假区、曲阳县灵山定瓷小镇、邯郸鲲乐湾国际旅游度假区、太行武安城等品牌片区在产品业态、宣传营销和服务水平等方面提档升级，持续扩大西柏坡、白石山、野三坡等龙头项目的核心吸引力和辐射带动力，加快打造农业、文化、旅游、康养、森林、体育多产业融合创新发展的山地旅游目的地，吸引先进产业要素和人流、物流、资金流向周边集聚，打造区域经济新的增长极。

二是深化数字文旅，开启新时代山地旅游发展新篇章。完善数字化基础设施建设，运用大数据、人工智能、云计算、超高清、区块链、AR、VR、AI、5G 等数字技术，优选目的地信息服务供应商，重点支持"新技术、新业态、新模式"数字文旅项目，大力培育博物馆、文化馆、传统村落等文化创意型数字文旅业态。建立健全太行山文化旅游带目的地管理系统，实施太行山旅游大数据电子政务应用工程，纳入全省统一的旅游投诉网络受理平台。大力推进太行山区旅游"互联网+"行动计划，实施旅游电子商务工程，加强旅游消费和体验线上线下联动，实现旅游与金融服务、旅游交通、物流配送等的衔接融合。实施旅游自媒体培育引导工程，鼓励和支持培育一批太行山文化旅游"网络意见领袖"。推进太行山文化旅游带官方移动端应用，开发旅游个性化 App。推进太行山区休闲农业与乡村旅游重点区域实现免费 WiFi、通信信号全覆盖；建设智慧旅游平台，实现主要休闲农业与乡村旅游点在线预订、网上支付、电子讲解等功能。

三是加大招商引资力度，激发太行山文化旅游带高质量发展新活力。精心梳理策划、包装一批吸引力强、可行性高的文旅项目进行招商引资，加强政策创新和政策支持，对重点引进的优质文旅企业"一事一议"。强化营商环境监督，项目要素保障部门及时解决项目落地过程中存在的堵点难点问题，最大限度实现资源优势向经济优势转变，争引进一个、落地一个、带动一批、辐射一片。

（二）丰富消费场景，释放消费潜力，构建山地旅游发展新格局

一是将太行山文化旅游带变成"引客入冀"的重要目的地。加强市场调研，丰富山地旅游消费场景，积极推出太行网红景区、太行特色休闲度假区、太行夜色旅游休闲街区、太行特色村镇等，促进更多文旅消费需求落地。依托太行山区避暑气候、森林、温泉、中医药等资源优势，以休闲度假和大健康为重点，围绕"避暑、避霾、养生、养老"加强特色度假项目和配套设施建设，打造一批高标准的山地度假场景、户外露营场景、沉浸主题场景等。实施"点亮太行山"行动，鼓励太行山文化旅游带4A以上景区依托现有资源进行夜游迭代升级，开展夜间旅游项目，丰富山地旅游"夜经济"，在夜游、夜娱、夜购等方面精准发力。

二是丰富招徕游客激励措施，提升太行山文化旅游带"流量"。实施"漫步太行"计划，推出红色记忆、太行美食、山地康养、太行研学等多条主题旅游精品线路，多维度激发文旅消费。丰富人文、研学、环保、数字科技等新型旅游体验场景，推出青少年研学旅行、中老年旅居康养、城市居民田园休闲等，鼓励发展特色民宿、主题酒店、青年旅舍、露营设施、房车自驾车营地等多元化旅游住宿设施。以真金白银更好激活"引客入冀"内生动力，对组织来太行山文化旅游带的旅行社均按标准给予补贴，对景区、酒店及旅行社在境外主要客源地开拓市场，组织宣传营销活动的按比例给予补贴。

三是全景思维布局，整体统筹太行山文化旅游带沿线空间节点项目及周边配套布局。以丰富多元的触角全景式挖掘太行山文化旅游带资源内涵，"一盘棋"整体推进文旅重点项目落地见效，促进休闲农业、休闲度假、康养旅居、研学旅行、亲子旅游、体育旅游、沉浸式演出等业态融合与产品创新，为广大民众呈现更加充实、丰富、高质量的旅游体验。构建"太行山文化旅游带消费地图"，甄选沿线特色文旅场景，实现"吃住行游购娱一张图"。

四是创新文化旅游带营销。拓展宣传营销方式，搭建宣传营销矩阵，推

出太行山沿线节点文化旅游新产品和新线路，积极举办国际国内特色论坛活动，在各大网络平台公开招募特约摄影师、拍手，广泛征集太行优秀摄影作品，组织参加太行山文化旅游带相关主题活动，为太行山文旅外宣工作做好素材储备。同时，推进自媒体宣传联动，用好用足京津冀导游资源，鼓励导游以直播、短视频方式介绍太行美景、传播太行故事、宣传太行形象。

（三）着力业态提升，优化产品供给，打造"五带"高质量发展示范区

一是山地运动休闲产品提升。完善山地户外运动、山地康养、山地休闲度假等针对不同客源群体需求层次的多元化产品体系。围绕极限运动、山地户外、冰雪运动等细分领域，充分利用太行山沿线区域河谷、山体等自然资源，开发极限赛车、攀岩登山、山地徒步、马术运动、户外滑雪等体验产品。做好京西泊心温泉国际旅游度假区、涞源县七山滑雪度假区、武安市京娘湖康养小镇、沙河红石沟景区、易县洪崖山养心谷文旅度假区等重点文旅项目。

二是红色旅游产品提升。建构"红色+太行乡村""红色+研学""红色+生态"等共融模式。以西柏坡、涉县八路军一二九师司令部旧址为主线，将革命文物保护与美丽乡村建设、特色产业发展紧密融合；以野三坡红色旅游度假区、信都区太行山红色教育基地等为主要节点，将革命文物与人文、自然遗产相结合，打造情景式、沉浸式的革命文化体验场所；指导平山县、涉县打造国家红色旅游融合发展试点单位。

三是乡村旅游产品提升。完善山地乡村休闲、田园康养、民俗体验、生态农业观光等乡村旅游产品体系。以乡村旅游重点村为核心，推动区域内资源、业态和产业融合发展，开发全季节、全天候的全域文旅产品系列，推进田园生态游、养疗度假游、运动康体游、红色文化游、研学知行游、自驾车房车游等新业态，打造一批业态产品新、基础设施优、服务水平高、综合效益好的乡村旅游重点村。充分推进"乡村旅游+民宿旅游"的模式，推进旅游民宿转型升级，着力推进文化创意设计，建成一批有故事、有体验、有品位的太行特色旅游民宿或旅游民宿集群，逐步形成乡村旅游民宿、古镇旅游民宿、农家旅游民宿、山居旅游民宿、民宿旅游民宿等产业发展体系。聘请

专业团队深入太行山 248 个传统村落进行细致调查，深度挖掘乡村文化记忆、系统升级村落设施功能、积极制定扶持政策、创新乡村文旅管理机制、培育乡村市场营销模式等措施，加强传统村落文化价值的生动延续与旅游要素的交互建构，促进传统村落从传统观光旅游到文旅深度融合的更新蝶变，实现人才、资本、技术等要素在城乡间的双向流动。

四是中医药旅游产品提升。依托太行山区丰富的野生药材资源和全国知名的道地药材品种优势，抓好涉县、武安市、涞源县柴胡产业基地，邢台县、内丘县、赞皇县酸枣产业基地，内丘王不留行产业基地等道地药材产业基地建设，开发中医药文化体验、疗养康复、食疗养生等中医药旅游产品，打造一批中医药康养旅游基地。

五是非遗文化体验项目提升。利用井陉拉花、磁县坠子、武安傩戏等非遗资源，积极开发戏曲、杂技、武术、舞狮、舞龙等特色民俗表演项目。依托西柏坡景区、易水湖旅游度假区、楼上村戏曲小镇等旅游景区和度假区，结合平山渔家乐、易县摆字龙灯、武安平调落子等地方乡村演艺项目，发展中小型、主题性、特色类旅游演出项目。建设非遗工坊，培育曲阳石雕、定瓷、馆陶黑陶、蔚县剪纸、定州缂丝等民间工艺旅游体验基地，延伸乡村地区非遗产品链条，推动手工艺特色化、品牌化发展。

（四）提升服务能力，发掘生态价值，推动太行山文化旅游带生态价值实现

一是建设一批服务型旅游休闲城镇。高标准推进太行山沿线的县城和特色城镇建设，积极开展旅游名县创建工作，加快五星级酒店、品牌经济型连锁宾馆、大型旅游商品集散交易基地、特色旅游美食街区和旅游文化娱乐中心建设，进一步完善文化旅游公共服务设施，构建环境优美、设施完备、功能健全、文化鲜明的旅游休闲城镇，逐步提高太行山文化旅游核心竞争力。

二是提升山地旅游可持续发展能力。充分利用太行山自然环境和人文资源，坚持生态优先、规划先行，深入探索生态保护修复与旅游发展有机结合的路径，特别是加强对生态脆弱区域的植树造林和水土保持工作，不断改善

生态环境，为旅游发展提供良好空间。宣传推广文明旅游，提高人们对环境保护的认知和意识。健全山地旅游标准体系，加强对产品开发、服务设施、安全救援、环境保护等相关标准的编制和修订工作，完善相关政策配套，有序推动太行山文化旅游带可持续高质量发展。

三是促进生态产品价值实现。充分释放绿水青山经济价值，做优生态农业、乡村旅游、生态康养等，大胆探索政府主导、企业参与、市场化运作的生态产品价值实现路径，全面激活太行山生态价值。打造新型生态产业链，发展壮大一批生物医药、节能环保、新材料、新能源等战略性新兴产业。积极发展生态农业，推动特色农业产业、美丽乡村经济不断发展。

参考文献

鄢和琳：《开发川西山地生态旅游的探讨》，《生态经济》2001年第4期。

程进等：《山地旅游研究进展与启示》，《自然资源学报》2010年第1期。

陈建波、明庆忠、王娟：《中国山地旅游研究进展及展望》，《资源开发与市场》2017年第11期。

刘青青、虞虎、张鹏飞：《走向可持续山地旅游：跨界视角下的多尺度研究体系》，《旅游学刊》2023年第11期。

李立华、周瑾、雷若然：《工作旅游视角：山地旅游高质量可持续发展新思维》，《中国生态旅游》2022年第6期。

邢颖等：《乡村振兴背景下我国山地旅游资源禀赋度研究——以黔南州各县市为例》，《中国资源综合利用》2023年第1期。

B.13

长城国家文化公园建设中的文旅融合发展路径探析

——以河北省为例

和 冰*

摘　要： 2019 年 7 月，中央深改委第九次会议审议通过《长城、大运河、长征国家文化公园建设方案》，将建设文旅融合区、实施文旅融合工程作为国家文化公园的重要建设内容和重要抓手，为深入推进文化遗产保护传承利用提供有力支持。文旅融合是整合利用长城沿线文物和文化资源、打造具有特定开放空间的公共文化载体的重要路径之一，对服务与彰显中华民族坚韧自强和文化自信的精神价值有着重要意义。本文基于长城国家文化公园（河北段）文旅融合的相关背景、发展基础和存在的问题，对文旅融合发展路径进行了探讨。

关键词： 长城　国家文化公园　文旅融合

一　相关背景

（一）推动文化和旅游融合发展是国家重大战略决策

党的十八大以来，习近平总书记对文化建设和旅游发展做出一系列重要

---

* 和冰，河北省科学院地理科学研究所经济师，主要研究方向为旅游规划与设计。

论述和指示批示。新一轮的机构改革有效推动了文化和旅游两个部门从对接合作到真正合并，实现了文化和旅游组织体系、管理体系、治理体系的重要创新。党的二十大报告提出"坚持以文塑旅、以旅彰文，推进文化和旅游深度融合发展"。国家层面印发实施了《关于进一步激发文化和旅游消费潜力的意见》《"十四五"文化和旅游发展规划》等系列政策、规划文件，都突出强调促进文旅深度融合发展并明确目标导向，使得文旅全面融合发展的速度、深度、广度被提升到新高度。

（二）文旅融合是建设国家文化公园的重要支撑和抓手

从《长城、大运河、长征国家文化公园建设方案》相关要求中可以看出，建设四类主体功能区是建设国家文化公园的重要内容和支撑，实施五大基础工程是建设国家文化公园的重要抓手，而这两大部分内容中都将文旅融合作为重点进行阐述。同时，为全面落实、深入细化国家文化公园建设中的文旅融合发展相关内容，文化和旅游部、河北省文化和旅游厅还专门编制了《长城文化和旅游融合专项规划》《长城国家文化公园（河北段）文化和旅游融合发展专项规划》，旨在有效推动长城沿线地区文旅资源实现充分整合，创造性转化、创新性发展成为优质文旅产品业态，整体提升区域旅游吸引力。

（三）文旅融合是实现国家文化公园功能属性的重要手段

《长城、大运河、长征国家文化公园建设方案》在开篇引言中就提出国家文化公园的六大功能属性，可以理解为将国家文化公园看作文化和旅游体验的巨型载体，这就需要将文物和文化资源转化为可感知的、可体验的文旅产品，不断增强其溢出效应，而文旅融合就是实现这一转化的重要手段。通过建设文旅融合区、实施文旅融合工程，能够充分整合长城点段、长城文化及其沿线周边各类优质资源，并将其打造成为特色鲜明、主题明确、内涵清晰、标识性强的文化空间，从而实现保护传承利用、文化教育、公共服务、旅游观光、休闲娱乐、科学研究等国家文化公园六大功能属性。

（四）河北省长城国家文化公园重点建设区取得显著成效

河北省紧紧抓住长城国家文化公园重点建设区的优势和机遇，省市县多级联动、各部门横向协同、有力有序推进公园建设。2019 年以来，河北省着力在建机制、强法规、定规划、重保护、抓项目、促融合、深挖掘、塑品牌、新展示、深参与等方面进行探索和实践，已经形成了"十个一"成果经验。特别是在文旅融合发展方面，河北省依托保存状况好、文化价值高、分布较聚集、景观条件好的长城点段，通过助力举办长城脚下的冬奥会和建设核心展示园、长城参观游览区、文化旅游深度融合发展示范区、传统利用区并实施"长城人家"工程等方式，全面提升长城文化和旅游产品品质和服务水平，形成以文化丰富旅游内涵、以旅游带动文化消费的长城文化和旅游融合发展新格局，有效增强长城河北段的竞争力和影响力。

二 长城国家文化公园（河北段）文旅融合发展现状

（一）发展基础

1. 文物资源丰富，代表了古代军事防御体系的最高成就

河北省境内长城总长度约 2498.54 千米①，主要分布在全省 9 市 1 区的 59 个县（市、区）范围内，修建时间跨越了战国、汉、北魏、北齐、唐、金、明代等多个朝代，历史文化底蕴深厚。长城河北段建筑形制多样，墙体、关堡、敌台、烽火台、马面等建筑类型均有呈现；文物价值高、名关险隘众多、精华段落集中，是人类历史上的伟大建筑奇迹。其中，山海关、金

① 《长城国家文化公园（河北段）建设保护规划》，河北省国家文化公园建设工作领导小组办公室，2021。

山岭长城是世界文化遗产代表性地段，共有 23 处长城点段被认定为全国重点文物保护单位，代表了我国古代军事防御体系的缜密设计与完备功能、建筑遗产价值的最高成就。

2. 文化类型多元，彰显了长城精神内涵和文化价值

河北省长城沿线文物和文化旅游资源得天独厚，分布有避暑山庄及周围寺庙、清东陵、清西陵等多处世界文化遗产，80 余处全国重点文物保护单位，270 余项省级以上非物质文化遗产，40 余个国家级历史文化名城、名镇、名村，以及大量与长城有关的村落、名人轶事、传说、农耕生活、民俗节庆①。特别是明隆庆六年（1572）戚继光在遵化组织的汤泉大阅兵带来了边境数十年的太平，被专家学者称为"震惊史册的绝招"，充分展现了中华民族文化自信。河北境内的燕山—太行山是长城抗战的主要阵地和我党我军的主要抗日根据地，承载着全民族团结统一、众志成城的爱国热情，也凝聚了中华儿女坚韧不屈、自强不息的民族精神。

3. 生态环境壮丽，展示了人与自然和谐共生的文化景观

河北省境内长城位于内蒙古高原南缘和东北平原南缘燕山一线，以及沿太行山一线南北狭长区域，是具有重要地理分界线意义的农牧交错地带。长城沿线分布着塞罕坝、雾灵山、柳江盆地、驼梁等自然保护区，野三坡、嶂石岩、娲皇宫等风景名胜区，山海关、白石山、仙台山等百余处森林公园、地质公园、湿地公园，与燕山—太行山地、坝上高原、华北平原、渤海海滨互为呼应，形成了中国长城最丰富的自然文化景观遗产。同时，河北境内拥有我国进出西北和东北地区最重要的两大关口——张家口和山海关，以及其他众多关隘城堡，保障了北方地区长期稳定、安宁与和平，促进了沿线城镇发展与互市贸易，推动了各民族文明、文化交流与融合。

4. 文旅产业基础良好，是全省文化和旅游发展格局中的重要一带

河北省长城沿线自然资源独特、地貌景观类型丰富，文物、文化、旅游

---

① 《长城国家文化公园（河北段）建设保护规划》，河北省国家文化公园建设工作领导小组办公室，2021。

资源集聚程度较高，形成了景观壮美、环境和谐的文化和旅游产业优势区域。沿线共有200余家3A级以上旅游景区，其中，以长城主题为核心，已成功创建了2家5A级旅游景区、5家4A级旅游景区，极大地增强了区域旅游品牌竞争力和影响力。同时，以高等级旅游景区、旅游度假区为依托，长城沿线成功创建6家国家级和15家省级全域旅游示范区，成为引领河北省文化和旅游产业高质量发展的先锋示范区，也使得长城文化旅游带成为河北省建设旅游强省、打造周末休闲旅游示范省、构建"一体两翼五带"旅游发展新格局的重要一带和有力支撑。[①]

（二）存在的问题

1. 长城文化挖掘和传承利用不足

长城沿线部分地区对长城建筑艺术文化、历史文化、民俗文化等的挖掘利用不够，对长城特色价值研究阐释不足，尚未形成全面、系统、有深度的价值研究成果。以长城文化展示为特色的博物馆、展览馆、陈列馆数量较少，新建设的山海关中国长城博物馆等场所还未开放运营，现已建成开放的山海关长城博物馆、大境门长城文化博物馆、喜峰口长城抗战纪念馆、万全长城卫所博物馆等场馆的展陈方式、展示手段较为单一，智慧化、科技化含量较低。以长城文化为核心的旅游景区景点、休闲街区、特色村镇、演艺演出等主题载体和产品较少，游客参与感、互动性还不足。

2. 长城文旅产品和项目建设品质有待提升

部分地区长城文化和旅游融合不深入，还存在重项目建设、轻文化内涵的问题。多数以长城为核心吸引物的旅游景区，仍以观光游览型文旅产品为主，特色餐饮、主题民宿、演艺娱乐、文创商品、沉浸式体验等文化消费、业态创新类产品不足，产业链不长、衍生价值不高。独石口、紫荆关、倒马关、白石口等资源优势突出、文化底蕴深厚的长城点段展示利用不足，还没有打造成为

---

① 《长城国家文化公园（河北段）文化和旅游融合发展专项规划》河北省国家文化公园建设工作领导小组办公室，2022。

高品质的长城参观游览区。部分地区长城文化与沿线文旅资源整合融合程度较低，文旅产品碎片化、低端化、同质化等问题突出，还未整合形成功能完善、知名度较高的文旅融合区、文旅目的地、主题旅游线路，带动力不够。

3. 长城沿线公共基础设施还不完善

由于长城地理位置的特殊性、文化和旅游发展的滞后性及文物保护范围、生态保护红线限制，多数地区长城沿线还未形成通达便捷的交通体系、风景道绿道和长城步道体系，交通基础设施还不完善。长城沿线部分旅游景区景点的咨询服务、旅游厕所、标识标牌等设施建设不足，传统利用区、特色村镇的进村道路、污水和垃圾处理、村史馆或文化中心等基础设施和公共服务设施亟须完善提升，尚不能满足现代文化旅游市场需求。

4. 系统品牌建设和宣传推广力度不够

多数长城沿线地区还未整体构建形成长城国家文化公园品牌体系、宣传推广方案，尚未形成总体宣传、专题宣传、案例宣传、点对点宣传的系统方案，宣传机制、资金政策等的支撑不足。对长城文化旅游产品主题化、系列化宣传推广力度不够，对团结统一、守望和平、民族交融、自强不息等长城精神和价值的宣传不足，利用中央媒体、省内主流媒体、新媒体宣传内容较少，尚未形成浓厚的舆论氛围，市场影响力还需进一步加强。

三 长城国家文化公园（河北段）文化和旅游融合发展路径

结合国家、河北省级层面关于推进长城国家文化公园建设的规划、方案中文旅融合区建设、文旅融合工程实施的相关内容和主要任务，本文重点从龙头产品、融合片区、产业水平、公共服务、品牌塑造等相关层面，对长城国家文化公园（河北段）建设过程，文化和旅游融合发展路径进行探析。

（一）打造龙头产品，塑造长城文化和旅游核心吸引力

选择保存最完整、景观与文化价值最高、具有较高知名度与影响力、最

能集中体现长城精神的长城点段，打造一批展现长城本体、长城文化且具有名片标识意义的长城主题参观游览区，实现对长城文化内涵、军事价值、建筑艺术的全景展现和对长城精神的创新传承。

1.高品质升级长城主题景区

推动已开放长城参观游览区的提档升级，打造成为长城文化底蕴深厚的高等级旅游景区和具有中华文明标识代表的长城参观游览区。例如，鼓励山海关、金山岭等5A景区创建世界级景区，大境门、青山关等4A景区创建5A景区。重点是突出长城建造技艺、景观特色、历史文化、故事传说等的独特闪光点，并通过实景展示、虚实结合、智慧科技等多种方式进行展示利用，增加景区景点长城"文化厚度"；做好长城参观游览线路提升，完善景区长城文化智慧导览、解说系统，丰富主题街区、演艺、文创、民宿、餐饮等长城文化和旅游消费场景、沉浸式体验产品，塑造持久竞争力。

2.有序开放新长城参观游览区

鼓励长城本体保存状况较好、文物和文化资源空间分布相对集聚、历史文化价值高、景观游览价值大、交通区位条件好，但未开发利用的特色长城点段或长城文化资源，科学建设新的长城参观游览区，如万全右卫城、倒马关、紫荆关等。建议组织文物部门针对相关长城点段的保存程度、开放游览的可行性、承载能力或容量等进行详细评估，明确涉及长城各类行为管理要求以及禁止事项清单；制定参观游览区管理规定，规范各类参观游览行为，保护文物资源和游客人身安全。在满足各类前提条件下，按照打造高等级旅游景区的思路进行谋划。

（二）强化资源整合，建设文旅深度融合发展示范区

推动文旅深度融合发展示范区建设是实现长城沿线资源整合、文旅产业高质量发展的重要载体，也是长城观光旅游转向休闲度假的重要路径。结合长城沿线的自然资源、文化价值、特色资源，可重点打造三种类型的文旅深度融合发展示范区。

1. 深挖长城点段及所在区域文化价值，建设"长城+历史文化类"文旅融合区

长城是游牧文明、渔猎文明与农业文明的交界地带，是多民族融合、多文化并存的过渡地带，沿线分布着众多与长城文化紧密关联的历史建筑、文化街区、名城名镇名村、博物馆、纪念和教育场所等各类文物和文化资源。要强化资源整合，打造成为长城主题鲜明的旅游景区、特色街区、主题公园、文旅综合体、红色旅游经典景区等文化和旅游深度融合区。例如，以山海关古城、万全右卫城、宣化古城、龙泉关古镇等为重点，推动打造长城文化古城古镇型文旅融合示范区；以大境门、金山岭等为重点，推动打造长城文化带动型文旅融合示范区；以喜峰口、罗文峪等为重点，推动打造红色主题型文旅融合示范区。

2. 联动多元化生态景观，建设"长城+自然生态类"文旅融合区

长城位于内蒙古高原南缘和东北平原南缘燕山一线，以及沿太行山一线南北狭长区域，是具有重要意义的地理分界地带，与燕山—太行山地、坝上高原、华北平原、渤海之滨等多种地貌类型搭配形成了壮丽独特、变化多样的自然生态景观、乡村文化景观。要进一步强化资源整合，推动自然深呼吸型、生态观光度假型、乡村休闲型文旅融合区建设。例如，以独石口、榆木岭、大龙门堡、乌龙沟、马岭关等长城点段为核心，整合周边山地、森林、草原、气候等优质生态资源，打造一批以生态观光、避暑疗养、森林度假等为主题的长城自然生态文旅融合区；挖掘长城沿线的聚落文化、游牧民俗文化，发展以草原天路长城为代表的具有边塞特色的乡村型文旅融合区。

3. 整合周边特色主题资源，建设"长城+现代资源类"文旅融合区

随着经济社会发展，长城沿线城镇建设、特色产业、基础设施等不断升级。积极整合长城周边重要文化遗存和农业、工业、康养、体育、新时代精神等现代优质文旅资源，推动打造具有长城文化特色和内涵的文旅休闲功能区。例如，依托崇礼太子城周边的冰雪资源优势，推动建设长城特色鲜明的高品质冰雪旅游度假区；依托秦皇岛山海关区、张家口桥西区等长城关口型城镇，推动打造具有长城文化内涵的城市旅游休闲功能区；依托怀来葡萄、迁西板栗等长城沿线特色农业区，推动打造产业与文化并重的农文旅融合区；依托板厂峪促进长城文化与时代精神风貌相结合，打造爱国主义教育基地、新时代长城精神的核心体验地和研学旅行基地；推动土地综合开发，依托碧桂园恋乡小镇等长城沿线特色旅游区打造融合文化体验、休闲娱乐、创意设计、主题购物、特色度假等功能的文化和旅游综合体。

（三）优化载体创新，提升长城文化和旅游产业化水平

充分对接市场消费需求，以长城文化元素植入为特色，积极培育主题餐饮设施、品质住宿场所、特色旅游商品、精品演艺娱乐等要素类吸引物，创新发展"长城文旅+"融合业态，不断丰富产品类别和游客体验，拉长产业链条。

1.促进旅游要素的长城主题化提升与产品化升级

一是开发"长城味道"特色餐饮，鼓励长城沿线地区加强餐饮文化包装，结合山海关浑锅、金山岭烤全羊、徐流口豆腐宴、遵化饹馇宴、迁西板栗宴、张家口莜面等地方饮食，培育长城文化主题饭店、美食街区。二是培育"长城人家"精品住宿，依托山海关、金山岭、遵化古汤泉、崇礼冰雪、白石山等重点旅游景区、旅游度假区，高水平建设一批精品酒店、品牌酒店，形成高端度假集群；突出秦皇岛关城文化、崇礼长城冬奥文化、大境门万里茶路文化、喜峰口红色文化等，建设一批长城文化主题酒店；充分利用长城沿线闲置民居，培育发展具有故事性、人情味的文化主题民宿，打造"长城人家"精品民宿。三是开发"长城礼物"旅游商品，鼓励长城沿线各地挖掘蓟镇长城、宣府长城、真保长城、战国燕南长城等的文化特色和独有价值，依托文创商品大赛或各类社会力量，开发突出本地长城段落特色的旅游商品；鼓励长城沿线景区景点、文旅企业因地制宜建设文化创意产品和旅游商品展示销售中心、研发基地，推出长城主题旅游商品。四是发展"乐享长城"演艺娱乐，探索开发以山海关关城文化、喜峰口长城抗战文化、崇礼长城冬奥文化、大境门万里茶道文化等为历史背景的旅游演艺项目，也可根据孟姜女等传说故事开发创作文化演出，形成能留住长城记忆的文艺精品。

2.创新培育"长城文旅+"融合产品业态

一是促进"长城文旅+教育"融合。与党政机关、教育部门加强合作，探索建立长城研学研究中心，根据不同年龄、不同职业客群专项制定长城研学线路和课程，常态化开展长城主题研学活动。二是促进"长城文旅+乡村"融合。深入挖掘梳理长城军事防御体系与沿线乡村聚落的关系，根据村落主题化程度，结合长城人家工程，打造长城关堡、长城戍边、特色资源等类型的传统利用区，建设长城主题旅游村镇、"长城人家"旅居产业带等。三是促进"长城文旅+工业"融合。依托山海关桥梁厂、京张铁路、龙烟铁矿、宽城淘金等长城沿线工业遗存、遗址资源建设城市休闲型、主题公园型、博物馆展示型、文化创意集聚型、矿山公园型等工业旅游示范点或聚集区；依托山海关正大食品、迁西景田百岁山食品饮料、遵化栗源食品等企业深入开发参与性、互动性强的工业旅游参观游览、科普体验项目，形成一批全国知名的工业旅游品牌。四是促进"长城文旅+康养"融合。对接京津康养度假需求，优先在秦皇岛山海沿线、燕山—太行山区发展滨海康养、生态康养、温泉度假等主题的长城旅居项目，引进古北水镇、阿那亚等高端项目、品质项目。五是促进"长城文旅+体育"融合。依托金山岭、涝洼长城、角山、翠云山、鹫峰山等建设长城步道、山地运动基地，积极发展长城徒步、登山健身、户外游憩、主题越野等体育运动项目和大众体育活动，打造长城山地户外运动旅游目的地。

（四）注重品质服务，完善长城沿线文化和旅游公共服务体系

长城多数段落建于崇山峻岭之中，沿线整体基础设施建设和服务能力薄弱，游客与长城国家文化公园还存在一定的空间阻隔，迫切需要丰富长城沿线公共文化展示体系，全面提升公园的进入度和可亲近性。

1.突出不同区域长城段落特色与价值，分级分类打造长城文化展示空间

要充分吸收扬州中国大运河博物馆等博物馆的统筹建设、展陈空间、互动体验等的相关经验，做好山海关中国长城博物馆、万全长城卫所博物馆、大境门长城文化博物馆等主题文博场所展陈和运营工作，打造具有河北长城

文化特色的文化空间。要深入挖掘以长城抗战为重点的红色文化，做好山海关、喜峰口等长城沿线纪念馆、陈列馆等纪念设施提升建设和重点革命遗址保护利用工作，进一步弘扬长城承载的民族精神。充分利用5G、VR等新技术，加强智慧场馆的建设，创新创意开发以长城文化为主题的智慧导览、虚拟展示、沉浸式互动体验的数字体验新场景、新项目。

2. 改善提升长城沿线交通设施，积极建设长城风景道体系

以长城沿线的特色风景道、旅游公路、生态廊道等为依托，对重点长城段落、特色村落及各类文旅资源进行串联，打造集观光游览、文化体验于一体的长城文化和旅游景观通道。践行"交通+"理念，以"主题化、网络状、快进与慢游结合"为主线，通过修建旅游风景道、骑行道、步道等多种形式的旅游道路，打造集游憩、交通、文化等于一体的复合型廊道。结合沿途重点长城点段保护展示，通过完善长城保护与解说标识、观景平台、特色驿站等配套设施，整体提升交通服务与游客体验水平。

3. 优化长城沿线公共服务设施，全面提升接待水平

结合国家文化公园形象标志和相关规范标准，深入做好长城国家文化公园标识标牌配套建设，整体构建易于识别、广为人知的长城国家文化公园形象标志系统。针对游客需求，在长城沿线科学布局旅游厕所、停车场、咨询集散中心、观景平台、服务驿站等公共服务设施，完善升级医疗、救援、消防等应急服务设施，全面提升长城沿线整体接待服务水平。

（五）加强品牌塑造，扩大长城文旅市场影响力

强化品牌塑造与宣传推广，讲好长城故事、宣传弘扬长城精神与价值，全面展现长城国家文化公园（河北段）崭新风貌和独特魅力，全方位提高市场美誉度与影响力，促进品牌形象和文化价值逐渐深入人心。

1. 全面构建"1+4+N"品牌体系

在"万里长城"国家品牌的统领下，做大做强"万里长城 雄冠河北"全球品牌形象，打响山海关"众志成城 雄关天下"、金山岭"坚韧自强 金山独秀"、大境门"和平开放 大好河山"、崇礼"自信自强 冬奥胜景"

等四个重点区段的核心品牌，推出唐山"蓟镇中枢　英雄长城"、石家庄"太行古陉　多彩长城"等特色区域品牌，做强"长城味道"特色餐饮、"长城人家"精品住宿、"长城礼物"旅游商品、"乐享长城"演艺娱乐、"慢游长城"风景道等系列支撑品牌，完善重点城市品牌、节庆品牌、产品品牌、企业品牌等支撑品牌，并依据市场需求变化适时加入新元素，实现品牌梯度发展。

2. 培育文化旅游精品线路

强化沿线旅游资源整合和城市间旅游服务协作，积极融入国家级长城国家文化公园主题和精品线路。整合最经典、最能体现长城河北段所蕴含的精神内涵和文化价值的长城点段和沿线最具影响力的文旅资源板块，以游客需求为导向，策划推出金色长城、红色长城、绿色长城、多彩长城等主题精品线路，生动展示长城河北段蕴含的特色文化和时代价值，深入讲好长城故事、传承弘扬长城精神。

3. 强化全媒体宣传推广

持续扩大"一带一路"长城国际民间文化艺术节、长城之约、长城脚下话非遗、长城国际马拉松等特色节庆和主题品牌活动影响力，进一步聚集人气、弘扬长城精神、展现长城文化。持续开展长城题材的戏剧、书籍、电影、电视剧、纪录片等创作活动，积极弘扬宣传长城文化精神内涵。采用传统媒体和新媒体相结合的方式，强化重点市场的广告投放和精准营销，分类分级打造长城文化展示传播平台。依托中国长城旅游市场推广联盟和各级各类宣传推广平台，多渠道开展长城国家文化公园建设成果与经验模式的分享与交流，全面加强长城文化和旅游展示力度。

参考文献

白翠玲、雷欣、苑潇卜：《长城国家文化公园（河北段）文化遗产展示体系研究》，《河北地质大学学报》2022 年第 3 期。

刘鲁、郭秋琪、吴巧红：《立足新时代，探索新路径——"国家文化公园建设与遗产活化"专题研讨会综述》，《旅游学刊》2022 年第 8 期。

刘敏、张晓莉：《国家文化公园：从文化保护传承利用到区域协调发展》，《开发研究》2022 年第 3 期。

邹统钎：《国家文化公园的整体性保护与融合性发展》，《探索与争鸣》2022 年第 6 期。

李国庆、鲁超、郭艳：《河北省长城国家文化公园建设与区域旅游融合创新发展研究》，《唐山师范学院学报》2021 年第 3 期。

程瑞芳、徐灿灿：《长城文化旅游带空间结构布局及发展策略研究》，《经济与管理》2022 年第 1 期。

B.14
高质量推进大运河文化带
文旅深度融合发展研究*

朱丽娇**

摘　要：　保护好、传承好、利用好大运河这一宝贵遗产，是贯彻落实新时代党中央、国务院关于大运河文化保护传承利用重大决策部署的必然要求。本报告基于对大运河文化带建设的专题调研，深刻剖析了目前河北省在大运河文化带建设过程中面临的运河文化遗产保护力度不足、运河文化核心内涵挖掘不充分、文化展示水平不高、项目同质化现象严重、投融资渠道窄等问题，并从文化遗产保护、文化旅游与科技融合、旅游服务质量提升等五个方面探索提出大运河文化带高质量发展的战略性对策和建议。

关键词：　大运河文化带　文旅融合　高质量发展

大运河是流动的文化，建设大运河文化带有助于彰显河北文化优势。经过几年的重点推进，河北省在大运河文化带建设中亮点突出、成效显著，但与江苏、浙江等其他运河省份相比，当前河北大运河文化带建设还存在一些短板和不足，制约了河北省大运河文化带高质量保护传承利用。本报告基于实地调研、分析总结、对比学习，提出河北省以保护优先、强化传承、高效利用、文化引领、科技赋能为工作原则，积极推动大运河文化带高质量发展的针对性建议。

---

* 本文系河北省社会科学发展研究课题"文旅融合高质量发展促进河北省旅游强省的举措研究"（项目编号：20230302017）阶段性成果。

** 朱丽娇，河北省社会科学院旅游研究中心助理研究员，主要研究方向为旅游经济与发展。

一 河北省大运河文化带建设现状

近年来，河北省高度重视大运河文化带建设，将其纳入工作大局，建机制、抓项目、促落实，围绕大运河文化带建设做出了有益探索，大运河文化带保护传承利用取得了一定成效。

一是聚焦体制机制创新，为科学有序推进全省大运河建设工作提供了顶层设计。编制了《河北省大运河文化保护传承利用实施规划》，文化遗产保护传承、河道水系治理管护等7个专项规划以及《河北省大运河文化保护传承利用实施方案》，形成了"1+7+1"规划体系；出台了《河北省大运河文化遗产保护利用条例》，填补了河北省大运河保护的立法空白。

二是聚焦项目建设，推动大运河文化带重点项目落地落实。近年来，河北省坚持保护优先、科学规划的原则，在运河沿线地区积极谋划和建设了一批大运河文旅综合体、特色小镇、大运河博物馆、大运河非遗展示中心、历史文化旅游等重点项目，有效推动了运河沿线地区经济、社会、文化和生态协调发展。以沧州市为例，沧州坚持把项目建设作为推进大运河文化带建设有效抓手，2022年以来实施了总投资225亿元的18个重点项目。

三是聚焦省市县联动，建立了大运河文化带建设的工作专班体系。对照河北省大运河文化带建设的实施规划，沿线5市、雄安新区都制定了本地实施方案，下属县市也分别编制了更详细的区域规划，从而形成省、市、县三级大运河文化带建设的工作专班体系，实现了协同联合建设大运河文化带。

四是聚焦京津冀协同发展，共同推进大运河文化保护传承利用，建立了大运河文化保护传承利用协同会商机制，共同起草了《关于京津冀协同推进大运河文化保护传承利用的决定》。

二 现阶段河北省大运河文化带文旅融合的制约因素

目前，在河北省大运河文化带建设推进过程中依然存在一些不足和问题，要实现大运河文化带河北段高质量发展亟须破解如下五大难题。

（一）大运河沿线文化遗产挖掘保护和价值阐释工作有待加强

一是文化遗产挖掘保护还需加强。大运河河北段沿线文化遗产类型多样、分布广泛、文化价值高，但是目前遗址的确认、考古挖掘还没有最终完成，任务艰巨；大运河河北段文物的数字化保护工作还需加强，大运河文化遗产档案资料数字化和信息共享建设还不完善；有重要价值的运河本体遗存30处，目前沿线各市负责对境内遗产进行保护修复，缺乏全省系统性、全方位的遗产保护措施，对此浙江省建立了大运河文化带建设浙江城市协作体，为河北省提供了经验。二是运河精神和文化价值提炼程度不够。现阶段河北省还处在对大运河民间故事、漕运历史、非遗技艺等的采集和收录阶段，对其所蕴含的深刻文化内涵、运河精神、价值观和审美心理等挖掘还不够，也未能将其凝练成重要的文化元素和符号，未形成河北运河文化超级IP，"千年文化"是大运河文化的总体IP，但是塑造河北省具有高辨识度的大运河文化IP还任重而道远。三是非遗活态化保护传承力度还不足。一方面，非遗展示载体比较单一，大多以藏品形式存在，没有以更加灵活的方式附加在动态的节庆活动当中；另一方面，非遗和群众日常生活有距离感，大部分非遗还留在"深闺"，未能"飞入寻常百姓家"。

（二）大运河文化展示和体验创新能力不强

一是大运河文化展示模式落后、体验感差。河北省运河博物馆运用现代数字技术和高科技手段展示运河文化的程度不高、理念落后，大多以实物、图片、模型、多媒体等传统形式展示运河的人文历史，缺乏对文化资源的创造性整合、开发和改造，导致游客体验平面化和单一化，不能满足人民群众的文化体验需求。扬州中国大运河博物馆推动展示创新，开发了系列数字化沉浸化展览，以游戏型教育模式推出面向青少年观众的"大明都水监之运河迷踪"展，以实践创新荣膺"2023 年度全国最具创新力博物馆"称号。但河北省运河博物馆摆放的文物、场景复原、图片及征集品，都只是将运河的历史文化静态地呈现给大众，缺乏沉浸式寓教于乐的活动和项目设计。二是文创产品创意不足。大多数文创产品缺乏独特性和创新性，科技含量低，产品载体普通化，内容升级遇到瓶颈。北京第三届大运河文化创新创意设计大赛不仅发布了数字文创作品《通州古城池图》，还可对其进行二次开发，用于 VR 体验、数字藏品、游戏开发等，然而河北省运河文创产品载体大都只是简单的日历、信笺、帆布包等，新意和创意不足。

（三）大运河文化带的周边环境配套服务尚不齐全

随着京杭大运河百年来首次实现全线水流贯通，大运河文化旅游景区建设也在抓紧建设中，但是"吃住行游购娱"等旅游要素还不完善。一是运河沿线的大部分区域在旅游交通和旅游公共服务方面存在发展滞后的问题。东光县连镇的水陆交通码头建设还不完善，以服务、休憩、商业为主的二级码头刚完成选址工作，游客服务中心和服务基地建设尚不完善；运河沿线景观道的打造任务仍较艰巨，部分村庄闲置房屋、杂草、垃圾还没清理彻底，影响了整体环境整治。二是运河沿线景区内的业态尚不够丰富。大运河沿线的乡村旅游资源没有被彻底盘活，餐饮、住宿这些业态也还没有激活，住宿选择形式有限，河北运河美食资源不少，但是较为分散，餐饮没有形成品牌。另外，河北省大运河旅游休闲街区亟须提质升级，现有大运河历史文化街区以恢复历史建筑和还原古街古院为主，高品质文旅产品供给不足，"游购娱"功能开发不充分，街区知名度不高，对游客吸引力不大。2022 年公布的 9 处运河沿线城市的国家级旅游休闲街区名单，河北省没有一处上榜。三是目前景区旅游智慧化程度不够。运河沿线景区内 5G 信号还没有实现全覆盖，景区内的视频监控系统和管理平台尚未建立，景区导览 App 尚未开发，部分景区只是实现了票务的智慧化，离实现"一机游运河"还有很大差距。

（四）大运河沿线文旅产品和项目精品化程度不够

一是大运河沿线文旅产品同质化现象严重。文旅项目之间布局分散、层次不清、主题功能存在重叠，多个项目主打文旅综合体建设，导致项目业态较为相近，尚未突破当前的旅游业态和消费模式，文旅项目与户外休闲等其他产业融合度有待提高。二是部分大运河文旅项目存在文化和旅游"两张皮"的问题。文旅项目没有坚持文化引领、文旅融合，没能做到以大运河文化为核心来系统整合周边旅游资源，导致目前策划的文旅项目并不能充分体现出大运河的深厚文化底蕴，文旅项目和大运河文化带建设之间存在不配套、不搭调的客观感受。个别在运河基础上改造建设的大型综合类主题公园，虽然划分为市民休闲区、亲水体验区、儿童娱乐区、生态旅游区等四大功能区，但目前来看项目过于注重娱乐性，没有对水镇的运河文化进行深入挖掘并将其融入主题公园，凸显出大运河的文化价值。

（五）投融资渠道窄，市场化运作程度低

一是大运河项目的主要资金来源为财政资金或自有资金，资金来源较为单一，社会投资活力不足。2023 年上半年河北省大运河文旅项目中有一半以上项目资金来源是财政资金，其余是自有资金，或是自有资金和财政资金共同支持；近年来沧州市园博园、百狮园和运河公园等 16 个大运河重点项目均由国有独资企业大运河发展集团所承担，也暴露出大运河文化项目投资活力不足的问题。二是运河项目投资主体单一化。大运河文旅项目单位大都是地方文化广电和旅游局、住房和城乡建设局、交通运输局等事业单位，市场化运作经验不足。2023 年上半年河北省大运河文旅项目的投资管理单位性质国有化占比约 87%，民营企业仅占不到 13%，作为市场主体的企业没能充分发挥主观能动性。

三 高质量推进大运河文化带文旅深度融合发展的对策

（一）深入挖掘文化内涵，做好大运河文化遗产保护

1. 加强大运河文化遗产的挖掘保护

一是多举措推进运河文化遗产保护。对运河沿线的遗址遗迹进行系统性、全方位修缮保护，在普查、抢救的基础上，对大运河沿线文物古迹等文化遗产进行有计划、有步骤的修复；构建跨区域文化遗产连片、成线整体保护体系，实现沿线地市协同保护；要处理好城市开发改造与遗址保护利用的关系，建立大运河文化保护传承利用工作协调机制，统筹大运河沿线文物保护单位、非物质文化遗产、历史文化名城名镇名村等文化资源，传承发展好城市的历史和文脉。

二是坚决守牢大运河保护的红线、底线和生命线，严格把控运河遗产区内的建设工程和项目。一方面，严格遵守有关遗产区、缓冲区及其以外核心监控区开发利用的有关规定和政策，严格落实大运河沿线保护管理行政审批，对缓冲区和建设控制地带内的相关项目，均要求建设部门开展考古调查并出具文物影响评估报告，经初审后报国家文物局审批。另一方面，加快建立大运河世界文化遗产的监测管理平台，实现实时监控大运河遗产区涉建项目，对遗产区违建项目做到第一时间知晓并进行提前干预。

三是推进运河文化数字化保护，建立河北省大运河文化和旅游资源数据库。深入实施大运河河北段文脉整理研究工程，系统挖掘大运河文化带相关古籍、地方志、考古报告、资源转化、非遗传承等，构建河北省大运河综合性文献资料数据库和数据检索平台，做好大运河文化旅游资源的古今汇合、类别融合和区域整合。

2. 加强学术研究，讲好河北"运河故事"

一是充分发挥河北省大运河创新发展研究中心等机构的影响和作用，广泛邀请遗产保护、文化、水利、旅游等领域专家开展运河专题研究，凝练运

河元素符号，打造沿线各地运河文化 IP，撰写大运河文化带建设的决策咨询报告。二是出版一批展现大运河文化价值和精神内涵的代表性出版物和重点文艺作品，为大运河文化带建设提供有力的学术文化支撑。三是借大运河国家文化公园建设的有利契机，进一步深入挖掘和丰富大运河开放包容、重德尚义的深厚文化底蕴，为世人展示运河两岸人民群众情感世界的真实表达和集体记忆，凝练具有河北特色的大运河文化精神，为实现大运河传统文化的创造性转化和创新性发展奠定基础。

3. 坚持活态化传承，扎实做好大运河非遗项目活态保护工作

一是推进大运河非遗与旅游、演艺、动漫、节庆、会展等多种业态相融合，激发非遗新活力。促进动态的非遗项目附着在多样化的旅游元素上，如将吴桥杂技等非遗项目保护传承与"春节大庙会""大运河文化节""美食节"等活动相结合；推进"非遗+景区"活动，如在运河园林中引入剪纸、古琴等非遗表演，把非遗通过运河旅游连缀起来。

二是推动非遗走进生活、走进课堂等"活化"措施。一方面，创建大运河非遗传承示范区，推动传统美术、传统技艺及其他传统工艺在现代生活中的广泛应用，让大运河传统非遗与现代社会生活接轨，从"养在深闺人未识"到"飞入寻常百姓家"。另一方面，开设非遗兴趣班，将非遗保护传承融入学校教育，培养非遗传承人，壮大非遗传承队伍，让非遗技艺活起来。

三是培植非遗活态传承的土壤。建立非物质文化遗产集聚区，打造集生产、展示、体验、培训、研发、交流等功能于一体的非遗综合性集聚发展平台，让非遗工作室、工坊有全方位展示和传播非遗技艺的空间。

（二）实施"互联网+"战略，着力推动大运河文化旅游与科技融合发展

1. 加强运河文化旅游数字化建设，全面提升大运河文化的整体展示水平

实施数字再现工程，将高科技手段运用到河北省运河博物馆的展示展演中，打造历史和文化交融、跨越时空限制的数字化线上线下体验平台，利用 VR、AR 与 MR 等技术还原运河传统景观风貌，构建大运河虚拟展示平台。

充分利用互联网数字手段，打造大运河博物馆沉浸式体验，以密室逃脱、二次元 IP 角色扮演、解密卷宗等方式，依靠游客和科技之间的互动，使游客身临其境感受大运河古代历史文化。

2. 科技和创意赋能文创，研发生产独具特色的运河文化创意衍生品

用数字手段助力大运河文旅产品出圈，实现文创产品的跨行业、跨时空、跨流域。一是深度提炼运河历史文化核心元素，研发非遗 AR 文创产品和国潮产品，并联合传统品牌线下经营，将大运河文化遗产转化为多样化、个性化的系列文创产品。二是充分利用各种载体，拓展大运河文化的表现形式。以游戏为载体，在前沿科技的加持下，开发大运河文化 IP 系列数字藏品；鼓励企业在产品开发设计中有效运用和融入大运河各类文化元素，增强产品的生命力和吸引力，让运河故事远近闻名，比如在服装设计中融入丝绸非遗技艺。三是坚持举办大运河文化创新创意设计大赛，创建文化创意园，开展产学研结合。将创意大赛的优秀创新成果进行规模性转化，推出既能展现大运河文化特色，又深受年轻人喜爱的数字产品，建设具有引领性、示范性的文创品牌。

3. 加强大运河文化艺术精品创作，以影视、话剧、舞台剧、朗诵、文艺演出、实景演出等多种形式，让千年文脉焕发出蓬勃生机和强盛活力

大力发展运河题材网络剧、网络音乐、电竞动漫、数字影视、数字出版、数字娱乐等新型业态，制作相关的专题片、短视频或纪录片，推动古老运河重焕生机。同时，充分利用高科技助力大运河文化艺术演出，打造沉浸式舞台、高科技灯光秀，形象生动地再现运河重要场景和重大历史事件。

（三）加强基础设施建设，提升旅游服务质量

1. 加快构筑以沿线中心城市为依托，以高等级景区、旅游度假区、特色小镇为节点，以沿河主题景观道路、大运河水陆旅游廊道为串联的综合旅游交通网络

一是持续提升大运河沿岸景观风貌，改造及新建滨水绿道，使运河沿线绿化景观全线贯通。打造集交通、文化、体验、游憩于一体的复合廊道，以

大运河为轴线，科学规划生态景观区、文化展示区和体育健身区、休闲度假区等景观功能区，开展景区设施全面提升改造。二是进行大运河航道提档升级，在沿岸景观中有机融入运河文化因素，让运河文化随着南来北往穿梭不息的船队广泛传播。以河为线、城为珠，线穿珠、珠带面，使沿线运河古镇焕发新姿。三是聚焦"快进"和"慢游"规划建设一批游客服务中心和旅游集散中心体系，强化"一站式"公共交通保障，打造高品质、大旅游的慢行体系；树立"旅游路"意识，打造功能与景观融合的道路风景线。

2.加快完善旅游要素，建设大运河特色住宿、餐饮、旅游休闲购物街区

积极构建河北省运河沿线地区多元化住宿体系，提供民宿、青年旅社、房车营地等多种选择，结合地域特色、运河文化和非遗元素，大力推进住宿的精品化、高端化和品牌化建设，提升游客住宿体验；增添运河美食的新奇感和特色化，着力提高旅游餐饮服务水平，统一品牌、统一标识、统一标准，形成有竞争力的河北餐饮品牌；打造一批主题鲜明、业态多元、产品创新、服务优化的大运河旅游休闲街区，涵盖购物、休闲、娱乐等众多功能，有效满足游客旅游消费期待和体验诉求。

3.加快重点旅游区域无线网络建设，创建智慧化旅游服务平台

推进沿岸互联网基础设施建设工程，加快车站、宾馆饭店、景区景点、乡村旅游点及重点旅游线路的无线网络基础设施全覆盖，为游客在景区直播、无人机拍摄回传等提供网络支持；开发大运河文化遗产旅游 App 小程序，在 App 中设置物质文化遗产、非物质文化遗产、名人轶事、民间传说、道路交通、酒店、餐饮、特色产品等栏目，方便游客进行信息咨询，切实利民便民；发布大运河文化带智慧旅游地图，其中包含手绘标记、智能语音导览系统及中英双语功能，游客可利用智能导览规划旅游线路，体验大运河智慧旅游服务。

（四）旅游搭台、文化唱戏，以优质项目促进文旅融合发展

1.打造文化旅游优质项目

以运河文化为引领，鼓励旅游企业与文化企业联手，实施运河重大文化

项目带动战略，创建大运河沿岸文旅融合示范点，扩大大运河文化旅游高品质内容供给，把运河文化内涵融入文化旅游开发全过程，聚力打造大运河文化旅游长廊、沧州大运河国家文化公园文旅融合示范区段和运河特色历史文化场所，融展览展示、文物保护、科学研究、社会教育为一体。

2.加快发展水上、户外、骑行等健身产业，推进体育竞技、健康健身、旅游休闲融合发展

一是利用丰富的水域资源，组织开展大运河相关主题的自行车、马拉松、龙舟、赛艇等文体活动，以高水平赛事带动赛事装备、赛事旅游等关联产业发展，推动形成运河沿线休闲运动产业聚集区，加快发展健身休闲产业。二是打造集文化、体育、旅游、商贸、休闲、娱乐等功能于一体的体育综合体，促进业态融合互动、多功能高度协调发展。

3.开发大运河旅游精品线路

培育一批国际精品文化旅游线路，重点打造大运河科技文化游、漕运文化研学游、运河红色文化传承游、运河观光休闲游以及大运河沿线近代民族工商业文化游等精品文化旅游线路，开展个性化的运河特色专题游；同时，打造省域及跨省大运河文化旅游大环线，全面推进跨区域资源要素整合，推动"通武廊"三地探索进行试点试验，吸引京津冀地区游客走进"通武廊"休闲度假。

（五）拓宽资金渠道，强化旅游营销，拓展客源市场

1.高质量推动大运河文化保护利用传承的投资建设

一是积极争取各类项目和配套资金，设立河北省大运河文化保护传承利用建设基金，督促地方各级财政综合运用相关资金完善支持保障政策。二是强化招商引资，突破传统招商引资手段，利用好新媒体、基金、共享平台等手段广泛吸引社会资本；创新招商方式，综合运用网络招商、以商招商，通过中国吴桥国际杂技艺术节、省旅发大会等重大活动进行招商。三是拓宽融资渠道，鼓励支持企业通过上市、发债、资产证券化等多渠道筹措资金，加大对企业的地方政府专项债券申报培训指导，提高申报成功率，力争有更多

专项债券用于文旅领域项目建设。

2. 加强营销宣传，提升大运河文化带知名度

一是成立河北省大运河旅游推广联盟，开展大运河旅游品牌塑造，精心培育各具特色的河北省运河城市品牌、服务品牌。二是建立国际化大运河传播平台，积极推动国际文化交流合作。加强中外智库合作，加强与其他国家文化公园及世界其他运河相关管理机构和平台的交流合作，积极参加中国大运河国际论坛、世界运河城市论坛等，发出河北声音。三是全面开通大运河官方网站、微信公众号、微博、手机 App 以及邀请旅游业大咖推广等方式广泛宣传推介，加强对全社会的宣传教育，深入解读大运河文化理念，大力宣传其重要意义、丰富内涵和进展成效，营造全社会关心、支持、参与大运河文化带建设的良好氛围；充分依托报纸、书刊、广播电台等各类媒体以及开发数字传播产品等，形成立体多样、融合发展的运河文化传播体系。

3. 出台更加优惠的政策，鼓励第三者销售行为

积极组织各大旅行社到大运河沿线地区考察、踩线、洽谈业务，并引导知名旅行社在大运河沿线地市设立办事处。针对引客到大运河文化带观光旅游，制定旅行社奖励办法，对旅行社招徕游客实行奖励；调动旅游市场各类主体招徕游客的积极性和主动性，大力提升对客源市场的开拓力度，持续提升大运河旅游品牌的知名度。

参考文献

任云兰：《加快推进天津大运河文化保护传承利用研究》，《城市发展研究》2021 年第 1 期。

《坚持保护优先　增强文化自信　高质量推进大运河文化保护传承利用》，《人民日报》2021 年 10 月 28 日，第 12 版。

徐龙建：《江苏高品质推进大运河文化带和国家文化公园建设路径研究》，《江南论坛》2022 年第 11 期。

路璐、许颖：《大运河文化遗产与民族国家记忆建构》，《浙江学刊》2021 年第 5 期。

刘庆余：《"三位一体"统筹推进大运河文化带建设的思考》，《国土与自然资源研究》2020 年第 5 期。

许颖：《以新发展理念引领大运河文化带建设》，《江苏商论》2023 年第 4 期。

B.15
河北省户外运动旅游消费调查
与提升策略研究

胡 颖 章叶童 姚丽芬*

摘 要： 户外运动旅游是体育旅游的重要组成部分，河北省加快推动户外运动旅游发展，助力旅游消费提质升级，促进旅游产业高质量发展。本文在深入研究户外运动与旅游融合发展背景的基础上，分析河北省户外运动旅游发展现状，运用问卷调查法分析河北省户外运动旅游游客画像，剖析河北省户外运动旅游发展面临的问题，并从八个方面提出河北省户外运动旅游的发展路径，以期为河北省户外运动旅游发展提供参考。

关键词： 户外运动 体育旅游 旅游消费 体育产业

一 户外运动旅游发展的背景

（一）政策为户外运动保驾护航

2016 年以来，国家体育总局、国务院办公厅等相关部门发布了一系列政策支持国内体育、户外运动行业发展，相继出台户外运动产业规范化要求。2016 年，国家旅游局、国家体育总局印发《关于大力发展体育旅游的指导意见》，指出加快体育旅游发展的五项重点任务，一是引领健身休闲旅

---

* 胡颖，河北经贸大学硕士研究生，主要研究方向为旅游管理；章叶童，河北经贸大学硕士研究生，主要研究方向为旅游管理；姚丽芬，博士，河北经贸大学旅游学院副教授，硕士研究生导师，主要研究方向为区域经济、旅游消费行为。

游发展，二是培育赛事活动旅游市场，三是培育体育旅游市场主体，四是提升体育旅游装备制造水平，五是加强体育旅游公共服务设施建设。2017 年，国务院印发《"十三五"现代综合交通运输体系发展规划》，指出积极引导交通运输新消费，大力发展自驾车、房车营地，鼓励规划建设一批航空飞行营地、汽车综合营地、山地户外营地和徒步骑行服务站。2018 年，国务院办公厅印发《关于促进全域旅游发展的指导意见》，指出加快建设自驾车房车旅游营地，推广自驾游精品线路。2020 年，文化和旅游部等三部门印发《粤港澳大湾区文化和旅游发展规划》，指出重点发展海岛型、森林型、海滨型、乡村型等汽车营地，建设粤港澳大湾区滨海自驾旅游带。2021 年，国务院印发《"十四五"文化和旅游发展规划》，指出完善自驾游服务体系，认定一批高等级自驾车旅居车营地，支持营地合理设置与自驾车旅居车相配套的服务设施。2021 年，国务院印发《全民健身计划（2021—2025 年）》，指出建设完善相关设施，拓展体育旅游产品和服务供给，打造一批有影响力的体育旅游精品线路、精品赛事和示范基地。2022 年，河北省体育局出台《推进京张体育文化旅游带建设实施方案》，指出坚持体育牵引、文化赋能、旅游带动，坚持特色发展、全季运营、打造品牌，着力丰富体育赛事、体育旅游、健身休闲产品供给。同年，北京冬季奥运会成功举办，把冰雪运动推上风口，掀起了全民滑雪的热潮，大大促进了体育旅游和户外运动的发展。国家出台的相关政策不仅为"体育+旅游"发展指明方向，也为户外运动和旅游融合发展提供更多机会。

（二）体育产业持续焕发活力

近年来，我国体育产业发展实现了历史性突破，发展环境不断优化，市场潜力不断释放，规模持续增长。2012~2021 年，我国体育产业总规模、增加值分别由 9526 亿元、3136 亿元增加至 3.1 万亿元、1.2 万亿元，年均增速分别达 14.01%、16.08%，产业增加值占同期 GDP 的比重从 0.6% 上升到1.07%。从产业增加值角度看，当前体育产业规模已经跻身重点第三产业行列：其增加值规模已达到金融产业增加值的近 1/8，文化产业增加值的 1/4，信息、软件和技术服务业增加值的近 1/3。体育产业正逐渐成为经济增长的重要引擎之一，充分展现出经济新增长点的发展潜力。艾媒咨询数据显示，2010~2025 年中国体育行业 GDP 占比不断提升，体育行业市场规模将不断扩大，市场发展前景广阔。体育基础设施不断完善，2022 年中国体育场地总数为 422.68 万个，2023 年上半年中国体育场地总数为 450.90 万个。经过疫情低谷期后，体育消费释放新潜力，截至 2022 年 4 月，我国体育消费规模约 1.5 万亿元，到 2025 年复合增长率不低于 13%。2022 年 12 月，中共中央、国务院印发《扩大内需战略规划纲要（2022—2035 年）》，提出全面促进消费，其中也提到促进群众体育消费，包括深入实施全民健身战略，提升体育赛事活动质量和消费者体验感，发展在线健身、线上赛事等新业态。当前全民健身和发展户外运动的热情日益高涨。中国体育用品业联合会等机构的调研显示，2021 年大众健身平均总消费比 2020 年提升 35%，主要运动项目前五名是跑步、羽毛球、健步/健走、游泳和骑行。2022 年运动鞋服、器材消费增长迅猛，瑜伽、游泳和球类用品广受欢迎，羽毛球和跑步机品类成为爆款。体育产业和户外运动蓬勃发展，为户外运动旅游提供广阔市场。

（三）游客消费需求发生变化

随着我国经济的不断发展，城乡居民可支配收入水平越来越高，而越来越快的工作节奏和越来越大的工作压力使人们远离城市、返璞归真的愿望越来越强烈，在物质生活之外追求更高的精神享受，旅游成为获得高品质生活的重要途径。中国旅游研究院发布的《中国国内旅游发展年度报告（2022—2023）》显示，2021 年，15~34 岁的青年是国内旅游市场消费的主力军，他们的消费行为和习惯深刻影响着旅游产品的开发、旅游目的地的打造。受新冠疫情的影响，2022 年国内旅游的出游距离和目的地游憩半径明显收缩，国内旅游呈现短时间、近距离、高频次等新特征，"轻旅游""微度假""宅酒店"等成为新亮点。青年群体在旅游活动中更加注重个性化、便捷性和品质，相比于传统的观光游，青年群体更喜欢沉浸式、体验式的休闲游，从传统的旅游项目延伸到登山、攀岩、自驾、徒步、露营等新兴户外运动旅游项目。

二 河北省户外运动旅游发展现状

（一）体育产业市场规模逐年增长

河北是体育大省，也是体育产业大省。为促进河北省体育旅游发展，河北省体育局印发《河北省体育产业发展"十四五"规划》，提出到 2025 年，全省体育产业总规模达 3000 亿元以上，冰雪产业总规模达 1500 亿元，成为河北省特色优势产业，人均体育消费明显增加。2021 年，河北省体育产业总规模（总产出）为 1857.6 亿元，比 2020 年增长 12.3%；全省体育产业增加值为 652.5 亿元，比 2020 年增长 12.2%；冰雪产业总规模达 532.6 亿元，增加值为 200.1 亿元。2021 年，河北省体育消费总规模为 1278.32 亿元，比 2020 年增加 129.532 亿元，同比增长 11.27%。为加快建设体育强省，河北省从体育旅游示范基地、旅游产业基地、运动休闲小镇、体育旅游精品线路等多方面入手。2023 年，河北省级体育旅游示范基地共有 19 个，国家级体育旅游示范基地 3 个，其中张家口富龙四季小镇既是省级体育旅游示范基地，又是国家级体育旅游示范基地；国家体育产业基地 8 个，国家级滑雪度假地 3 个；河北省建设 6 个国家级运动休闲特色小镇，并根据各地市资源特色在 2021~2022 年共建设 14 条体育旅游精品线路。

河北省在体育旅游发展上多方发力，提升河北省体育产业产值和体育消费。户外运动旅游是体育旅游的重要组成部分，河北省借助体育旅游发展契机，依托京张体育文化旅游带建设战略布局，发挥大运河沿线、太行山山脉、燕山山脉等文化、自然、体育资源优势，初步形成张家口、保定、承德冰雪、户外运动聚集区，秦皇岛水上项目聚集区，衡水航空项目聚集区，石家庄、廊坊、沧州、张家口、定州等体育用品制造业聚集区，持续打造体旅融合新场景、户外运动新地标，为河北省户外运动旅游融合发展拓展市场空间。

（二）户外运动赛事掀起健身热潮

2023 年以来，河北省举办了一系列赛事，包括省运会 28 项、全民健身赛事 25 项，共 53 项。截至 2023 年 1 月，河北省共举办 49000 多场赛事活动，是 2019 年赛事活动的两倍，依托优势资源和当地特色开展品牌赛事活动，打响河北省体育旅游和户外运动品牌，彰显品牌影响力。张家口市举办"雪耀中国·高山滑雪积分赛"、越山向海人车接力中国赛、崇礼"168"国际超级越野赛、崇礼 50 公里国际山地越野赛等体旅融合品牌赛事，打造户外运动品牌，培育更多消费群体和消费热点。石家庄市举办 2022 年（第三届）河北省体育消费季"乔丹杯"少儿趣味篮球训练营（石家庄站），共向社会发放活动体验券和消费代金券 300 余万元，将石家庄 2022 年暑期"儿童篮球"培训做成了热点和亮点。保定市举办 2022 年"体总杯"中国城市排球赛试点赛、2022~2023 年中国男子排球超级联赛、2022 年中国·保定国际空竹艺术节、2022 年穿越火线百城联赛等，全力打造赛事之城，带动竞赛表演产业发展。沧州市高质量举办体育文化旅游融合发展系列活动，已建设完成海兴宠物文体小镇、孟村桂川射击基地等一批吸附力较强、成长性较好、可持续发展的健身休闲基地，促进了体育与旅游、文化等产业融合发展。定州市"鑫天华"牌防护垫顺利完成 2022 年北京冬奥会短道速滑与花样滑冰赛的保障任务。衡水市、辛集市通过举办各具特色的体育消费季系列活动，拉动体育消费。河北省各地积极举办赛事活动，着力推动体育产业和户外运动旅游创新升级，打造河北省户外运动旅游知名品牌。

（三）冰雪旅游产业持续发展

2022 年冬奥会在北京和张家口举行，为河北省冰雪旅游产业带来了前所未有的机遇。河北省户外运动旅游以冰雪运动发展为焦点，持续放大奥运效应，围绕冰雪运动高质量发展发布一系列政策、法规，促进冰雪产业蓬勃发展。2022 年，河北省大力实施冰雪运动进学校、进企业、进机关计划，积极开展群众性冰雪运动赛事活动 347 场，在全省高标准打造了 14 个冰雪运动体验中心和培训中心，建设浇冰场、嬉雪场 189 个，全省 202 个公共滑冰馆、29 个滑雪场实行免费或低收费开放。同时，培训冰雪社会体育指导员 1120 名、冰雪体育教师 6000 名，各地组织开展各类冰雪培训、冬令营

2248 批次，11.5 万人获得河北省大众冰雪运动等级标准证书。河北省通过一系列举措鼓励越来越多的游客走向冰场和滑雪场，激发社会各界参与冰雪运动的热情。截至 2023 年，河北省共有滑冰场地 512 个，滑雪场地 134 个，冰雪场地数居全国首位，全省冰雪运动参与人数已达 3500 万人。冰雪运动的蓬勃发展为河北省户外运动旅游注入强劲动力，未来冰雪运动高质量发展会继续推动河北省户外运动与旅游深度融合。

三 河北省户外运动旅游消费问卷调查

（一）问卷设计与回收

户外运动旅游在近年来受到越来越多的关注，为更好地研究河北省户外运动旅游发展情况，本文就河北省户外运动旅游消费情况展开调查。本次调查主要运用问卷调查法，问卷共设置 22 个题项，主要对河北省户外运动旅游游客基本画像、游客对户外运动旅游的认知程度、游客参与河北省户外运动旅游的行为特征和行为偏好、游客参与河北省户外运动旅游的影响因素以及游客对河北省户外运动旅游的满意度和忠诚度等进行分析。

本次调查在 2023 年 12 月 7~9 日通过问卷星网站面向全国旅游者发布河北省户外运动旅游消费调查问卷，共发放问卷 609 份，回收问卷 609 份，问卷回收率 100%，实际有效问卷 594 份，有效率 97.5%。

（二）游客基本信息

本研究通过 6 个题项了解河北省户外运动旅游的游客基本信息，包括性别、年龄、文化程度、职业、月收入、来源地。

1. 性别和年龄

调查对象中女性较多，占 57.24%，男性占比略低于女性（见图 1）。从年龄结构看，排名第一的是 18~30 岁的群体，占 51.01%；其次是 31~45 岁的群体，占 39.90%；18 岁以下的群体占比最少，仅为 0.17%（见图 2）。

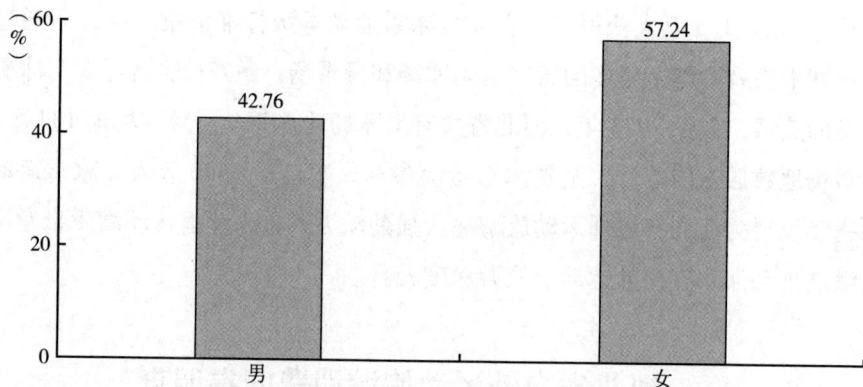

图 1　性别

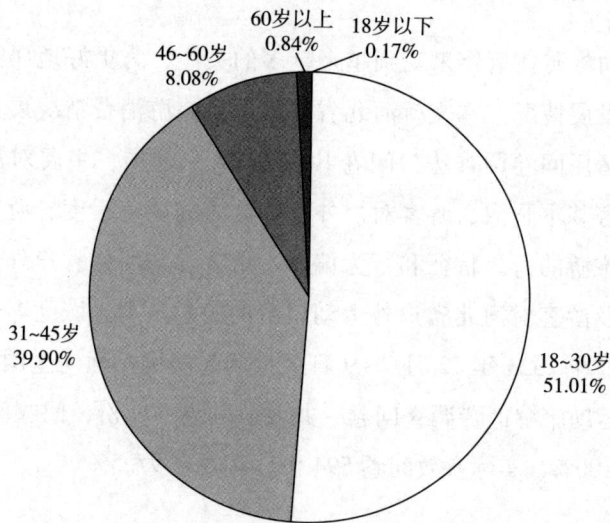

图 2　年龄

2. 文化程度

学历分布方面，本科/大专学历占 83.16%，表明该样本群体中大部分人拥有本科或大专学历。高中/中专学历占比为 4.71%，初中及以下学历占比为 1.35%。研究生及以上学历占比为 10.77%，表明也有一小部分样本群体拥有较高学历（见图 3）。总体来看，该样本群体具有较为广泛的学历分布，涵盖从初中到研究生各个层次。

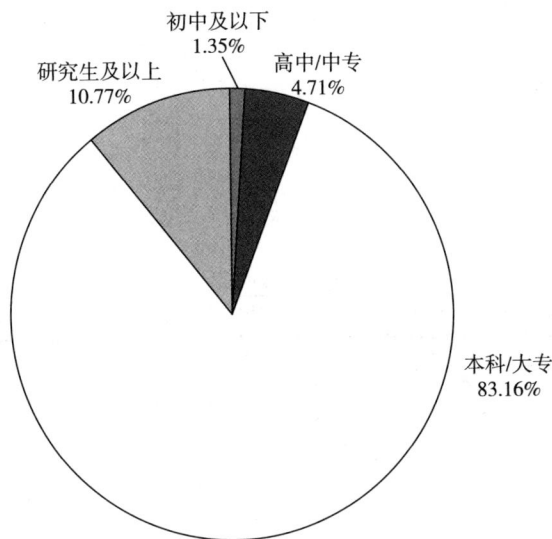

图 3 文化程度

3.职业

职业属性中，企业职员占比最高，达 60.77%；其次是学生，占比为 13.30%。个体经营者、自由工作人员、事业单位工作人员和公务员的占比分别为 4.38%、6.57%、9.60% 和 2.69%。离退休人员、农民和其他职业的占比较小，分别为 1.01%、0.17% 和 1.52%。可以看出，调查对象以企业职员和学生为主（见图 4）。

4.月收入

从调查情况看，调查对象的月收入主要集中在 5001～10000 元和 10001～20000 元，分别占比 38.22% 和 24.07%。而 2000 元及以下的占比为 10.27%，2001～5000 元的占比为 20.2%，20001 元及以上的占比为 7.24%。整体来看，大部分调查对象的月收入为 5001～20000 元（见图 5）。

5.来源地

从调查情况看，来自河北省的参与者最多，占 14.98%；其次是广东

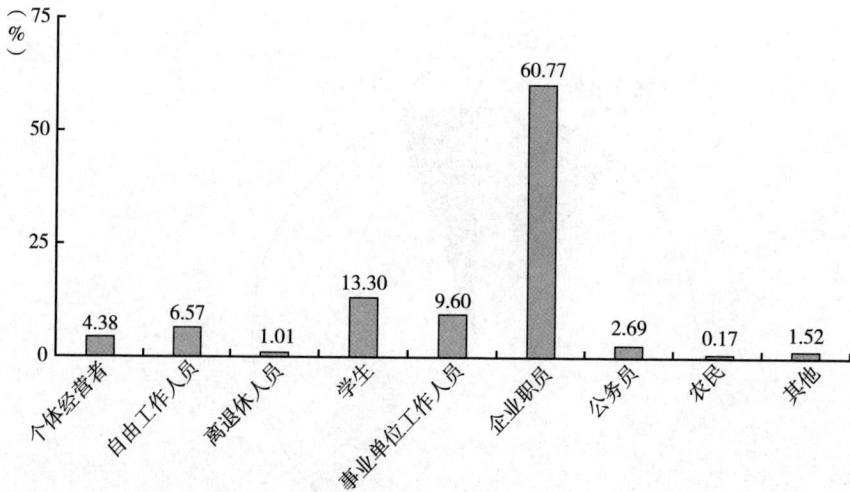

图4 职业

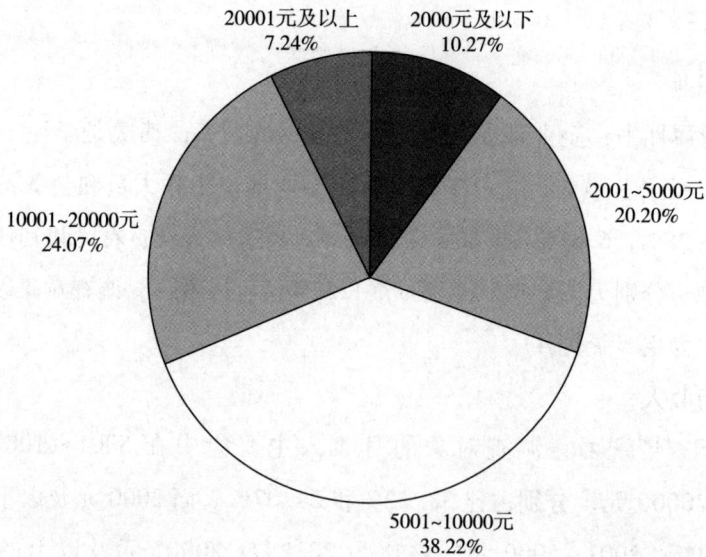

图5 月收入

省，占 12.63%；江苏省和山东省均占 6.06%，排名第三；最少的是宁夏和海外，均有 1 人，各占 0.17%（见图6）。

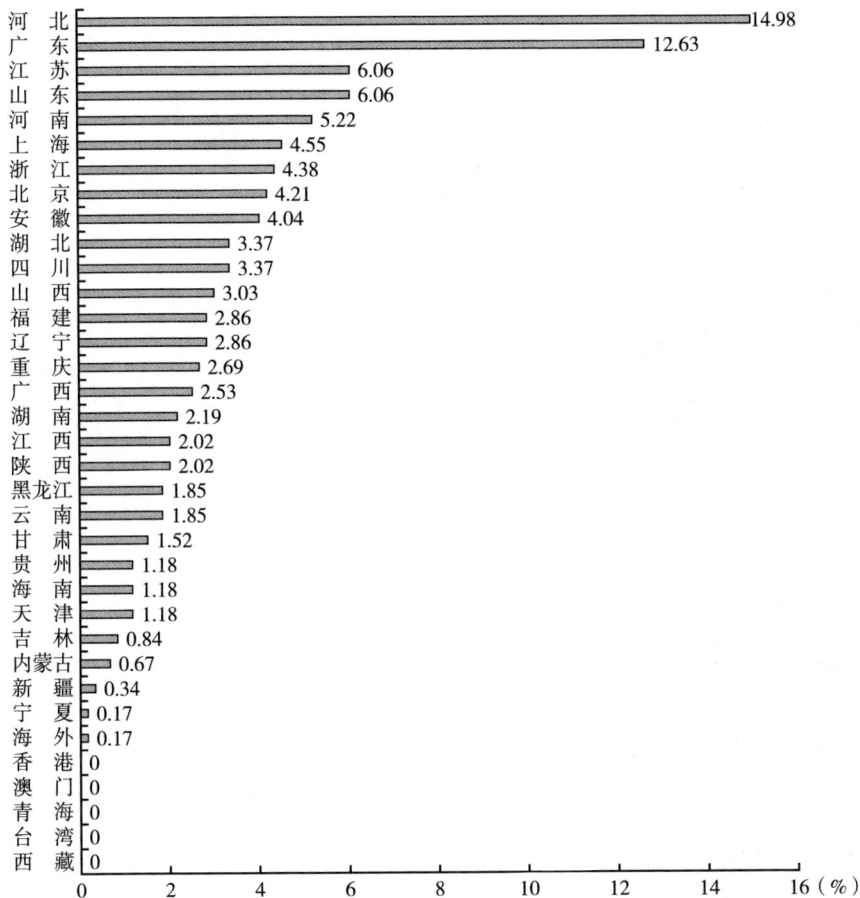

图 6 来源地

来源地	数值
河北	14.98
广东	12.63
江苏	6.06
山东	6.06
河南	5.22
上海	4.55
浙江	4.38
北京	4.21
安徽	4.04
湖北	3.37
四川	3.37
山西	3.03
福建	2.86
辽宁	2.86
重庆	2.69
广西	2.53
湖南	2.19
江西	2.02
陕西	2.02
黑龙江	1.85
云南	1.85
甘肃	1.52
贵州	1.18
海南	1.18
天津	1.18
吉林	0.84
内蒙古	0.67
新疆	0.34
宁夏	0.17
海外	0.17
香港	0
澳门	0
青海	0
台湾	0
西藏	0

（三）游客对户外运动旅游的认知程度分析

1. 了解程度

从游客对户外运动旅游的了解程度看，53.37%的游客表示了解户外运动旅游，29.12%的游客表示一般了解，非常了解的占13.80%，非常不了解的最少，占0.51%（见图7）。由此可见，大多数游客对户外运动旅游有一定程度了解但是不深入。

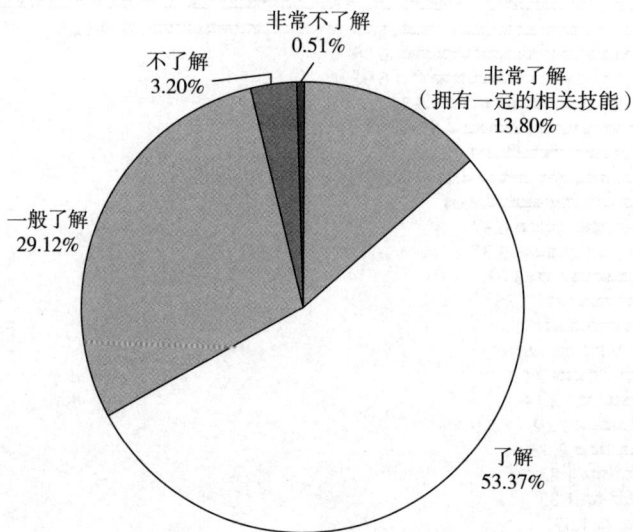

图7　了解程度

2. 态度

从游客对户外运动旅游的态度看，56.90%的游客表示"感兴趣，有机会愿意尝试"，表示"非常感兴趣，会主动参加"的游客占36.70%，"兴趣一般，非必要不参加"的游客占6.23%，"不感兴趣，也不想尝试"的人数最少，占0.17%（见图8）。由此可见，游客对户外运动旅游的了解程度在一定程度上影响参与户外运动旅游的态度。

（四）游客参与河北省户外运动旅游的行为特征分析

1. 参与次数

调查对象户外运动旅游参与情况如下：2023年，从未参加过的比例为21.38%，参加过1~2次的比例为54.55%，参加过3~5次的比例为19.36%，参加过5次以上的比例为4.71%（见图9）。可以看出，大多数人参加过1~2次户外运动旅游，而参加次数超过5次的人数较少。

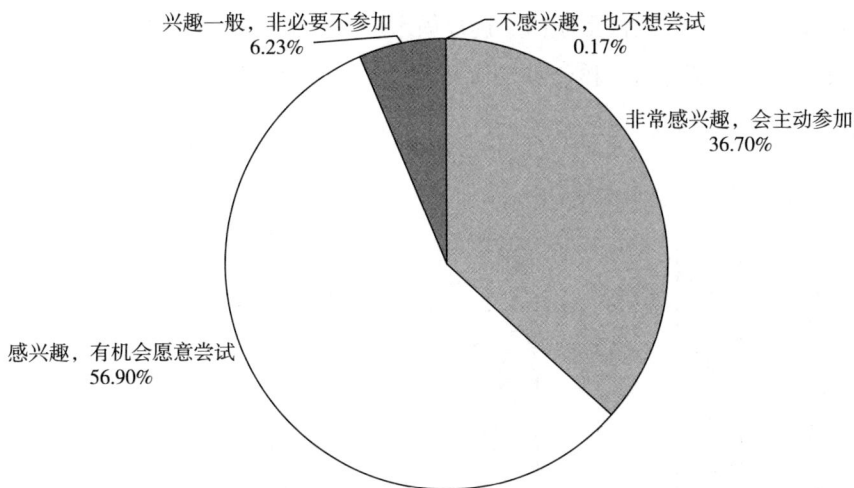

图 8 态度

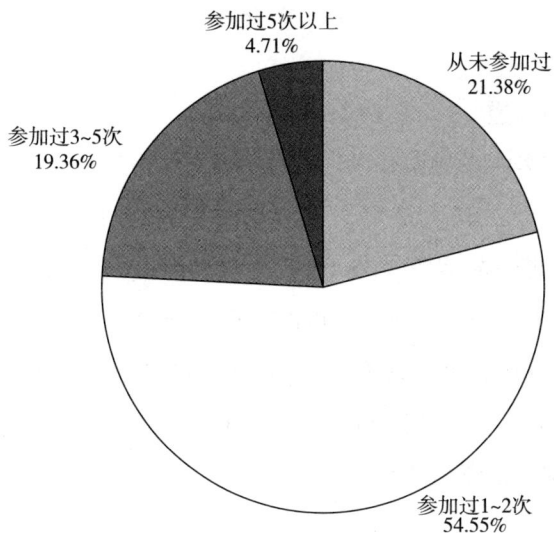

图 9 参与次数

2. 参与时间段

65.15%和61.78%的调查对象表示会在法定节假日和周末参与河北省户外运动旅游,57.24%的调查对象表示在寒暑假参与(见图10)。这表明参与户外运动旅游的人群更倾向于选择周末、法定节假日和寒暑假作为出游时间段。这可能因为周末和节假日是大多数人放假的时间，寒暑假则是学生和教职工放假的时间，更适合进行户外运动旅游。

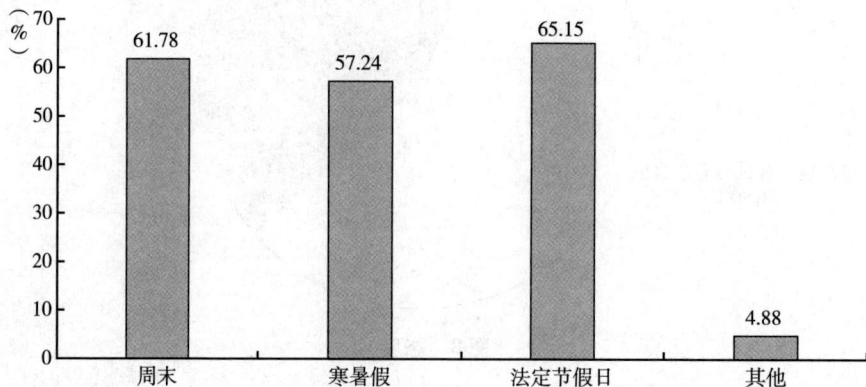

图 10　参与时间段

3. 获取资讯渠道

调查对象户外运动旅游获取资讯的主要方式为抖音、微博、小红书等媒体平台（66.67%），其次是户外旅游相关网站/软件（去哪儿、携程等）（65.32%）。亲朋好友推荐（43.60%）、旅行社宣传（42.59%）和电视广播（19.87%）也是一些人获取资讯的途径。杂志（11.11%）、移动广告端（如公交站、地铁站、火车站等）（8.08%）和其他方式（2.02%）相对较少被选择（见图 11）。从数据分析可以看出，互联网和社交媒体平台成为人们获取户外运动旅游资讯的首选方式。

4. 交通方式

选择高铁的游客占比最高，为 65.82%；选择自驾的游客排名第二，占64.14%；飞机占 30.81%；火车占 23.91%；公交、打车、步行的游客比例均在 10%左右（见图 12）。

5. 参与方式

选择与朋友相伴出行参与河北省户外运动旅游的人数最多，占

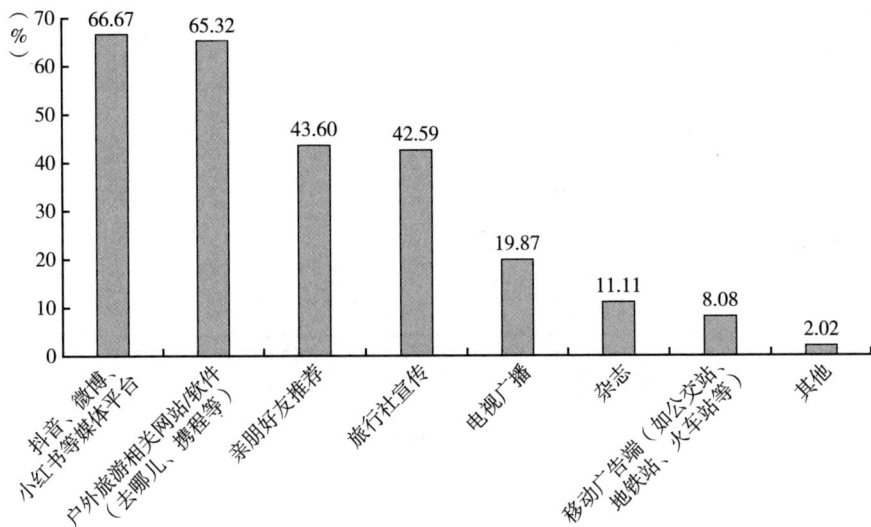

图 11 获取资讯渠道

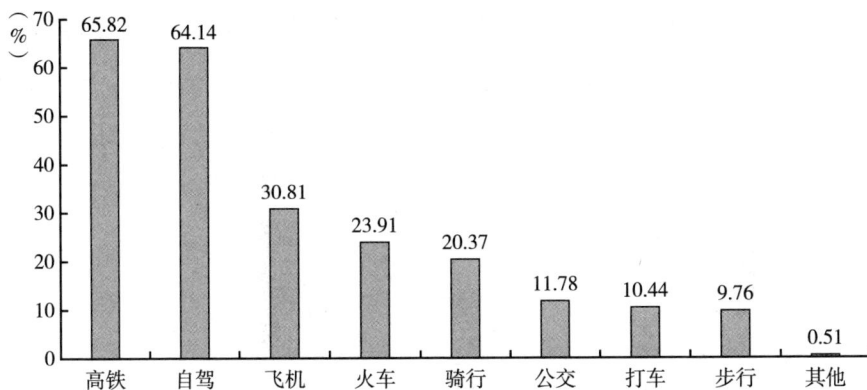

图 12 交通方式

68.01%；其次是家庭成员组团出行，占 58.75%；旅行社报团的占 34.68%；与网上的"驴友"出行的占 30.81%；独自出游的最少，仅占 7.74%（见图 13）。

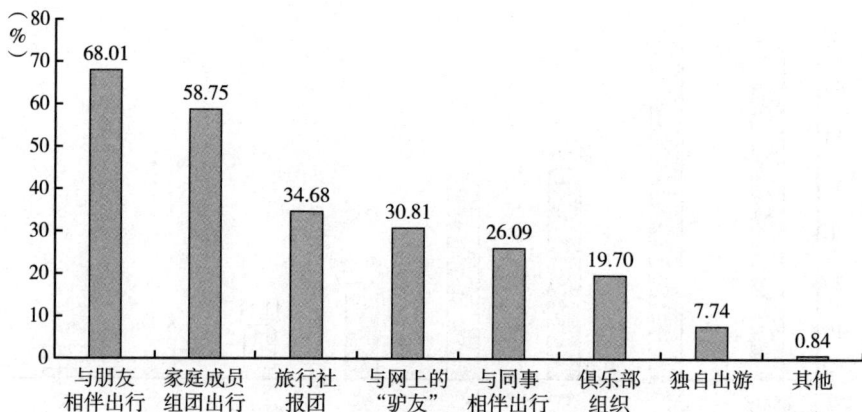

图13 参与方式

（五）游客参与河北省户外运动旅游的行为偏好分析

1. 最感兴趣的户外运动旅游类型

调查对象中选择登山的人数占比最多，为53.54%；其次是露营，占48.65%；选择徒步的占34.51%，滑雪占30.98%，骑行占25.76%（见图14）。

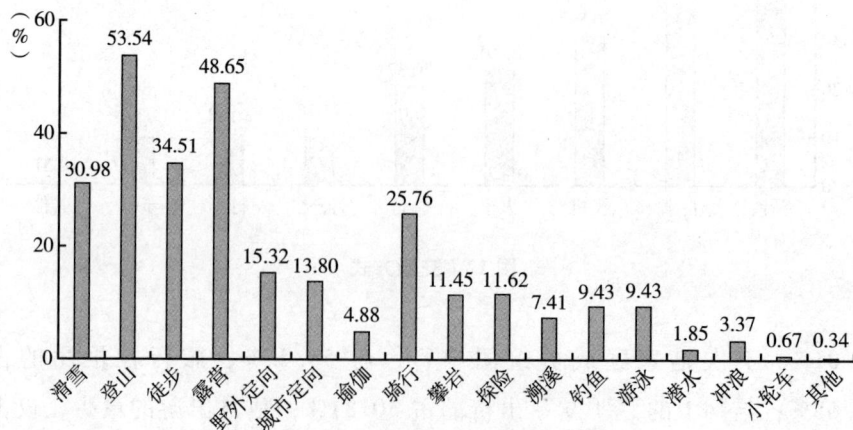

图14 最感兴趣的户外运动旅游类型

2. 通常喜欢的户外运动旅游时长

大多数调查对象选择 2~3 日，占 67.85%；其次是 4~7 日，占 21.55%；选择旅游 7 日以上的最少，占 2.19%（见图 15）。可以看出，大多数人更喜欢较短时间的户外运动旅游，可能因为较长时间的旅游需要更多精力，而且可能增加旅游成本。

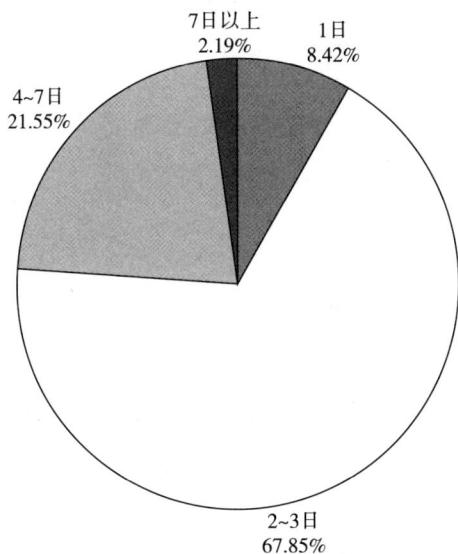

图 15　通常喜欢的户外运动旅游时长

3. 可接受的户外运动旅游消费价格

调查对象可接受的河北省户外运动旅游消费价格范围主要集中在 1001~2500 元和 2501~4000 元，分别占比 45.12% 和 30.81%。相较之下，1000 元及以下的占比较低，为 14.65%。仅有 9.43% 的调查对象表示可接受户外运动旅游消费 4000 元以上（见图 16）。因此，大多数调查对象可接受的户外运动旅游消费价格为 1001~4000 元。

4. 户外运动旅游首选住宿方式

在参与调查的 594 人中，最受欢迎的住宿方式是民宿，占比48.15%；其次是酒店，占比 28.11%；露营和农家院的占比分别为

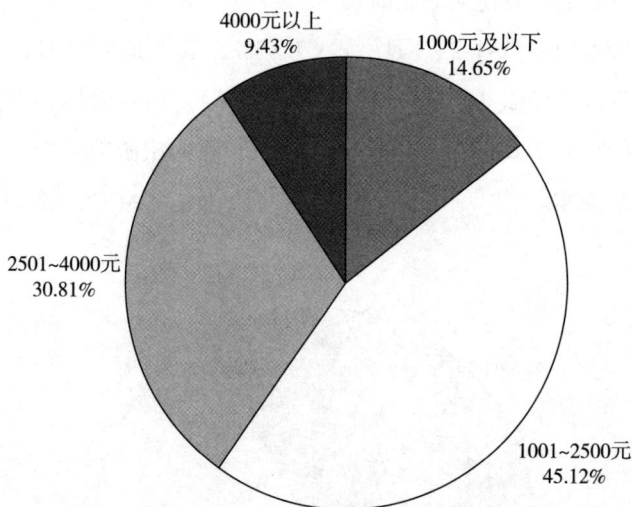

图16 可接受的户外运动旅游消费价格

12.46%和9.26%；房车和其他方式的占比较低，分别为1.68%和0.34%（见图17）。可以看出，大多数调查对象喜欢有家庭氛围的住宿方式，而不是传统的酒店住宿。

5. 最喜欢的户外运动旅游城市

选择张家口市的最多，占67.00%；58.75%的调查对象选择秦皇岛市；34.01%的调查对象选择石家庄市（见图18）。

6. 最喜欢的户外运动旅游基地

选择张家口市万龙滑雪场的游客占34.51%，在所有基地中排名第一；其次是秦皇岛老君顶景区，占29.63%；排名第三的是张家口翠云山国际旅游度假区，占27.27%；秦皇岛远洋蔚蓝海岸帆船航海基地占25.08%（见图19）。从数据可以看出，张家口市的滑雪基地明显更受欢迎，同时秦皇岛市的户外运动旅游基地也占一定的比例，这可能与其地理位置靠近河北省会石家庄、交通便利有关。承德、保定等地的滑雪场和景区也有一定的吸引力。

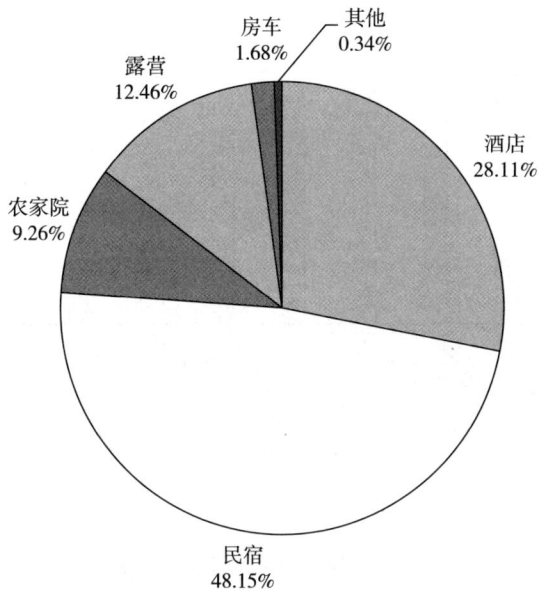

图 17　户外运动旅游首选住宿方式

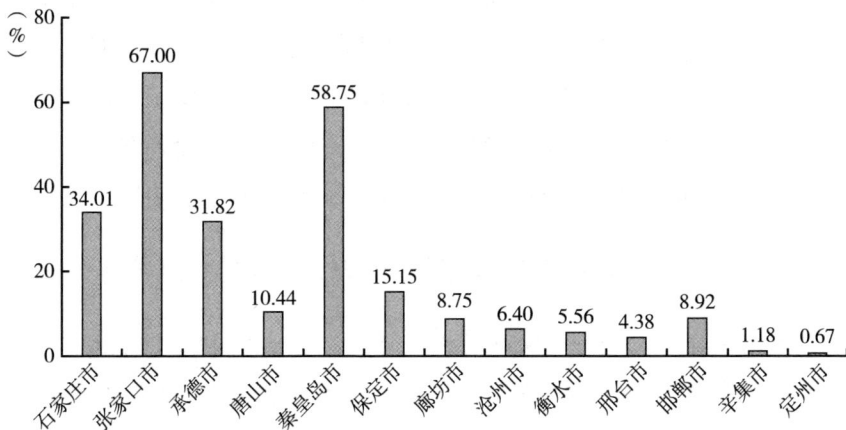

图 18　最喜欢的户外运动旅游城市

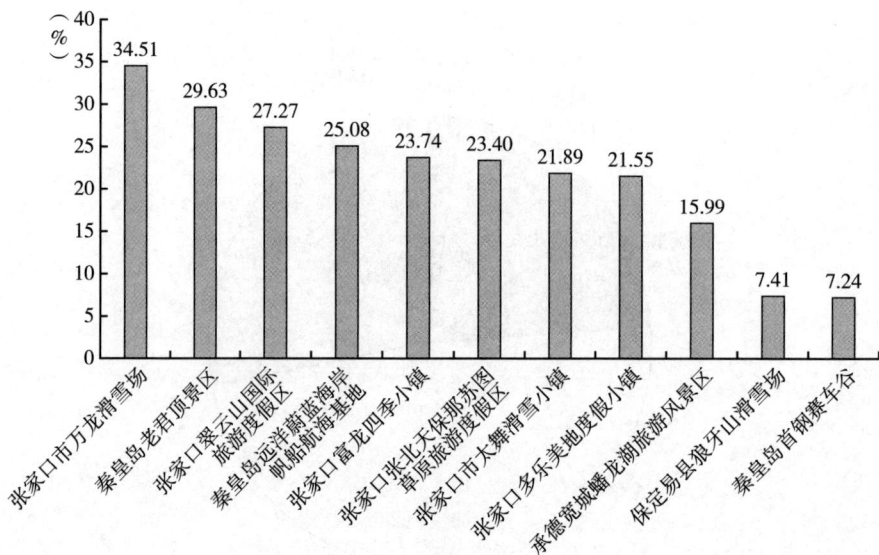

图 19　最喜欢的户外运动旅游基地

（六）游客参与河北省户外运动旅游的影响因素分析

53.03%的调查对象认为"缺乏户外旅游时间"是参与户外运动旅游的最大影响因素，"没有充足、合适的运动场地"排第二、占37.54%，"无合适的出行同伴"占35.86%，"缺乏户外运动知识和相关技能"占34.68%，"害怕户外运动旅游过程中有安全隐患"占30.13%，"资金不足，经济条件限制"和"交通不方便"分别占28.11%和25.93%（见图20）。

（七）游客对河北省户外运动旅游的满意度和忠诚度分析

调查结果显示，对于"我对河北户外运动旅游感到非常满意"题项，仅1.69%的调查对象认为"不符合"和"非常不符合"，认为"符合"和"非常符合"的占82.49%，15.82%的调查对象认为"一般"（见图21）。对于"我愿意下次再来河北户外运动旅游"题项，认为"符合"的调查对象占50.00%，认为"非常符合"的有203人，占34.18%，仅2.19%的调查对象认为"不符合"和"非常不符合"（见图22）。

影响因素	百分比(%)
感觉参与户外运动旅游太累	22.73
缺乏户外旅游时间	53.03
没有充足、合适的运动场地	37.54
公共场合有社交心理障碍	16.16
缺乏户外运动知识和相关技能	34.68
无合适的出行同伴	35.86
资金不足，经济条件限制	28.11
交通不方便（无合适的交通工具、距离较远、路况差）	25.93
参加户外运动旅游没有愉快的活动体验（新鲜，刺激，冒险等）	14.48
没有感兴趣的户外运动旅游活动	12.29
户外运动旅游目的地不够舒适	15.15
害怕户外运动旅游过程中有安全隐患（如滑雪"炸雷"）	30.13
没有了解到户外运动旅游的相关营销（不了解户外运动品牌）	7.91
其他	0.17

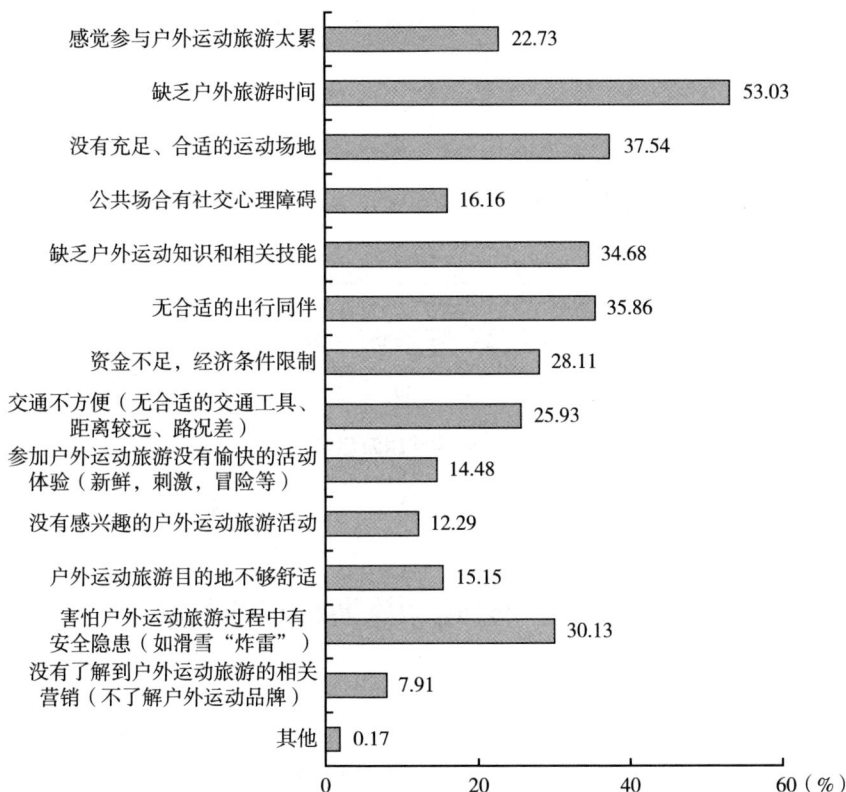

图 20　参与户外运动旅游的影响因素

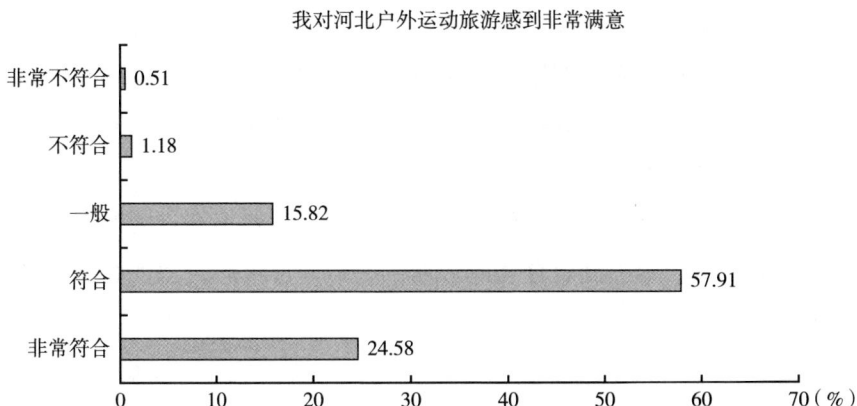

我对河北户外运动旅游感到非常满意

满意度	百分比(%)
非常不符合	0.51
不符合	1.18
一般	15.82
符合	57.91
非常符合	24.58

图 21　户外运动旅游满意度

我愿意下次再来河北户外运动旅游

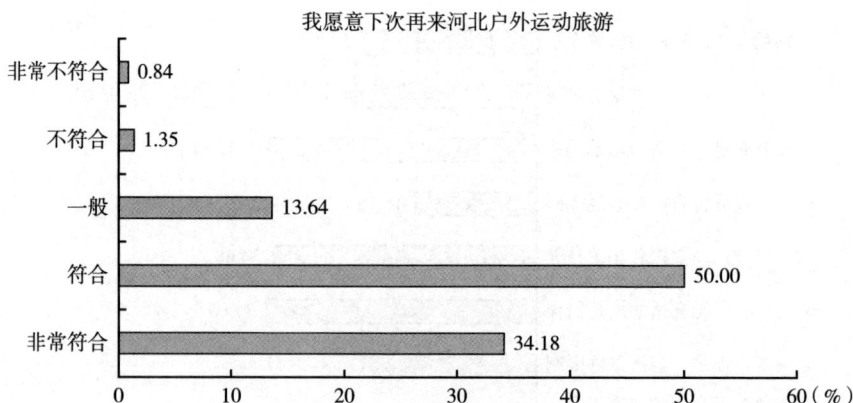

图 22　户外运动旅游忠诚度

四　河北省户外运动旅游存在的问题

（一）管理机制有待健全

我国户外运动旅游行业正在蓬勃发展，但目前户外运动旅游行业缺乏整体的管理机制。安全是户外运动旅游的生命线，应时时刻刻放在第一位，户外运动旅游行业管理制度和安全保障制度的不足，将会影响河北省户外运动旅游行业可持续发展。目前，河北旅游业以休闲观光为主，仍未与户外运动行业形成有效的联结，旅游相关责任部门对户外运动旅游组织未实现有效监督，无法对其形成约束，导致行业乱象出现。此外，进行户外运动旅游资源开发的前提是不破坏当地生态环境，并且对经营者和游客的素养要求较高，而户外运动旅游参与人群素质参差不齐，资源开发存在种种矛盾与冲突，亟须制定合理的管理机制和分责机制，为河北省户外运动旅游发展提供保障。

（二）配套设施有待完善

户外运动旅游发展需要完善的基础设施，但是河北省基础设施和配套服务能力不能充分满足游客户外运动旅游的需求。就 2023 年风靡全网的露营而言，河北省提供露营的场地较少，部分景区提供露营的环境较差、配套设施不完善，存在标识系统不全面、交通道路不完善、停车场数量不够、电力供给不足、垃圾处理不及时、餐饮娱乐设施缺失以及不能保障厕所卫生的问题，且管理混乱，对自然环境造成破坏。不完善的基础设施和配套服务，不仅影响游客户外运动旅游满意度，更会破坏河北省户外运动旅游形象。因此，必须完善河北省户外运动旅游相关基础设施，提高配套服务能力，为游客提供高品质旅游服务和高满意度的旅游体验。

（三）游客认知度有待提升

户外运动在国外发展成熟，但在我国广泛兴起是最近十几年的事情，因此，参与户外运动旅游的多是思想比较开放、乐于接受新鲜事物、敢于挑战的游客。对河北省内游客来说，户外运动仍算是新鲜事物，很多游客对户外运动了解并不深入，并且部分游客对户外运动的认知存在误区，认为"户外运动是高收入群体才能参与的刺激性运动""户外运动需要专业设备才能参与"等，部分游客对户外运动的认知程度较低，不具备相关的专业知识。游客对户外运动的认知误区决定了其参与户外运动旅游行为较少，大多数游客对户外运动旅游持观望态度，难以参与其中。省内居民参与户外运动旅游的总体规模小，并未形成浓厚的氛围，因此影响河北省户外运动与旅游深度融合的一个因素是本地游客参与度不高，无法推动户外运动旅游快速发展。

（四）户外运动旅游品牌影响力有待提升

河北省户外运动旅游品牌较少，影响力和知名度不高。河北省内有张家口滑雪、秦皇岛帆船、衡水低空飞行等知名户外运动旅游品牌，整体上品牌建设不足、影响范围较小，并未辐射全国。多数户外运动旅游产品设计缺乏特色、形式单一、同质化严重，大多停留在登山、徒步等形式，对游客吸引力不够，没有形成专业化户外运动旅游产业链条。户外运动旅游营销推广形式和渠道不够多样化，导致户外运动旅游产品信息传递不及时。从整体看，河北省户外运动旅游并未形成"政府支持、部门协同、企业联手、媒体跟进、游客参与"的宣传营销体系,户外运动旅游产品宣传力度不足。

(五)户外运动旅游专业人才有待培养

户外运动旅游强调体验式、探险式旅游,对游客有一定的知识和技能要求,对场地和设备安全有较高的要求,这就决定了户外运动旅游经营比普通的休闲观光游难度更高;户外环境的多变性和不可预测性使户外运动旅游具备一定的危险性,因此户外运动旅游活动的开展离不开专业领队或教练。根据《2022年度中国户外探险事故报告》,2022年共发生户外探险事故372起,人员伤亡事故326起,与2021年相比,大众参与较多的登山、露营事故发生率明显上升,事故发生率最高的是登山,占全年事故总量的37.36%。大众参与较多的项目反而事故率较高,这与常识相悖。经验认为人人都能参与的项目难度和专业性要求不高,而数据告诉我们户外运动旅游需要一定的专业知识和技能,并不是没有门槛,在进行户外运动旅游之前必须了解相关知识、掌握一定的技能,而危险性较高的户外运动旅游必须经专业的教练和领队培训。河北户外运动专业人才较为匮乏,无法满足市场需求,部分户外运动旅游活动的领队并没有职业资格认证,大多凭经验和兴趣带队,这为户外运动旅游行程埋下安全隐患。此外,多数游客与领队之间并无合同关系明确双方权利与义务,仅是口头约定一些免责条款。河北省户外运动旅游的服务人员存在一定的缺口,非专业的服务人员面对突发事故和紧急情况的风险规避能力不足,不能及时解决游客的问题,导致游客旅游体验感不佳,最终可能影响河北省户外运动旅游口碑。

五 河北省户外运动旅游提升策略

(一)优化顶层设计,营造良好环境

河北省要把户外运动旅游产业提高到既保障人民身心健康,又增强游客

满足感和幸福感的高度，加强各部门的沟通联系，尤其是建立体育、生态环境、文化和旅游、卫生健康、应急管理、林业和草原等相关部门的协作机制，制定统一的户外运动旅游信息共享平台和监督管理体系。完善户外运动旅游安全政策法规体系，规范户外运动旅游的预警、控制和施救行为，为游客人身安全提供法律保障。对户外运动旅游行业提供政策和财政支持，出台保障措施，引导各生产要素合理流入市场。明确市场准入制度，对户外运动旅游的组织者和领队进行资格认证，对户外运动旅游企业进行资格认证、行业标准检验，绝不给不符合规范的户外运动旅游企业以可乘之机。加强行业监督管理，严厉打击户外运动企业无证经营、假冒伪劣等违背市场公平性原则和扰乱市场秩序的行为，确保河北省户外运动旅游行业维持公平、公正、公开的市场环境。

（二）完善基础设施，丰富消费空间

河北省完善户外运动基础设施要重视场地建设，解决游客"去哪玩"的问题，推动体育公园、健身步道、户外露营地建设，布局自驾营地、水上营地、户外山地、冰雪运动等设施建设，拓展消费空间。增加政策和资金支持，鼓励社会资金投入，持续增加项目储备，推动建设更多户外运动旅游基地，为河北省户外运动旅游产业高质量发展夯实基础。优化产业结构，吸引多元化社会主体参与户外运动旅游产业投资，尤其是重点项目和场地设施建设，增加户外运动旅游产业的高品质产品和高水平服务供给。加大户外运动基础设施建设力度，加快公共交通、旅游、餐饮、休闲娱乐、康养等消费便利化建设，改善户外运动旅游景区交通条件，因地制宜地增加公共交通路线、停车场、垃圾桶，完善标识系统、建设旅游厕所、增加电力供应等，提供便捷的旅游服务。同时，强化安全保障，安装必要的安全设施，在危险地带设立防护网、警示标识，提供救生设备，对基础设施进行定期维护和更新，确保设施能长期有效运营。建立游客反馈机制，及时收集游客意见，不断改善基础设施和服务。

（三）普及专业知识，促进群众参与

加强河北省户外运动旅游的知识培训和观念普及，提升全年龄阶段人群的户外运动旅游体验，加快发展户外运动教育培训行业，特别是开展"户外运动普及推广工程"进校园、进社区、进家庭，加强户外运动技能培训，注重培养青少年户外运动习惯。加强对户外运动旅游爱好者和消费者消费能力、消费理念、个人责任意识的引导和培育，开展门槛较低的户外运动旅游活动如赛事、节庆活动等，让参与户外运动旅游成为群众日常生活方式。完善户外运动旅游消费政策，激发户外运动旅游消费活力，提高游客参与度。

（四）整合省内资源，打造特色品牌

户外运动旅游市场主体要紧跟户外运动的风向标，运用大数据关注游客最新需求和喜好，整合河北省旅游资源优势，借鉴成熟的运作模式，加强各地交流与协作，延长户外运动旅游产业链条。在不破坏自然环境的前提下，有计划地开发户外运动旅游场地，根据当地资源打造特色品牌，不断丰富户外运动产品供给体系，增加本地化、个性化、品质化户外运动产品和服务供给，满足多元化需求。比如张家口大力发展草原运动和冰雪运动，承德发展山地运动和森林探险等。重视赛事推广，引导市场主体稳妥办好户外赛事活动，打造一批"跟着赛事去旅游"品牌，创造消费新场景、户外运动旅游新场地，推动河北省户外运动与旅游深度融合。鼓励支持旅居车、帐篷、服装、户外运动、生活装备器材等国内户外运动相关装备生产企业丰富产品体系。雇用专业教练和服务人员，提供专业齐全的设备，努力提升运营管理水平和游客体验。利用互联网、自媒体等平台，拓宽网络宣传推广渠道，扩大品牌影响力。通过线上线下销售渠道，为游客提供便捷的购票和信息咨询服务，关注游客的消费反馈，及时解决游客提出的问题，打造优质服务品牌。

（五）创新营销宣传，凸显品牌特色

户外运动旅游作为一种新的消费形式，对大多数游客而言较为陌生，很多游客缺乏对河北省户外运动旅游的定义、类型、参与方式的认知，因此，河北省要通过多样化宣传向游客推广户外运动旅游，提升河北省户外运动旅游品牌的影响力和游客的认知度。整合线上线下营销渠道，利用互联网和社交媒体平台，发布高质量的户外运动旅游内容，如旅行日志、运动攻略、旅游视频等，吸引目标受众。同时，与旅游网站、博客、论坛等合作，扩大宣传范围；线下组织相关活动，如户外运动挑战节、各类赛事，邀请明星、户外运动旅游爱好者、旅游达人参与，分享旅游体验，提高河北省户外运动旅游的知名度和吸引力。通过与旅游机构、运动俱乐部、学校等建立合作关系，共同推广河北省户外运动旅游产品，提供优惠套餐、联票服务等，增加客流量和旅游消费。通过多种多样的宣传方式，打开河北省户外运动旅游在全国的知名度，促进河北省户外运动旅游高质量发展。

（六）多元协同合作，培养专业人才

专业人才是河北省户外运动与旅游融合发展的关键，是河北省户外运动旅游发展的软实力。河北省户外运动旅游行业起步较晚，专业人才不足，所以要重视人才引进和人才培养工作。在人才引进方面，政府要给予政策和优惠，变传统的"人才所有权"为"人才使用权"，增加智力引进。在人才培养方面，要加强与高校和企业的合作。一是精准定位河北省未来所需要的户外运动旅游人才，重视专业知识培训和技能培训，培养河北省户外运动旅游管理型人才、技术型人才和服务型人才。二是根据河北省户外运动旅游资源特色和市场发展需求，科学构建课程体系，并在现有的课程中融入户外运动旅游相关知识，在理论与实践中培养专业人才。三是加强师资力量，依靠优质的教师团队培养河北省户外运动旅游行业所需人才。四是联合社会力量，与户外运动企业、户外运动俱乐部等达成合作，对学生进行全方位指导，通过定向培养和长短期培养的方式，完善人才培养体系。通过人才引进与人才培养相结合，为河北省户外运动与旅游融合提供智力支撑，推动河北省户外运动旅游发展。

（七）健全安全保障体系，坚持以人为本

户外运动旅游安全的重要性不言而喻。首先，要健全河北省户外运动旅游安全规范，建立事故预警体系，建立灾害信息发布平台，利用人工检测和智能预警，及时公布可能出现的灾害信息，做好灾害预防和规避工作。制定多方救援体系，借鉴国外先进经验，建立生命地图网站，旅游者在进行户外运动旅游之前，将个人基本信息录入生命地图网站，实时分享地理位置，在旅行过程中一旦发生危险，可拨打紧急电话获取救援；设立户外运动旅游事故救援中心，接听游客报警信息，组织专业人员进行施救；组建志愿者救援中心，定期为户外运动旅游志愿者进行急救培训，增加救援力量。其次，对游客进行户外运动知识普及和安全教育，提高游客的安全意识。通过户外运动旅游组织和相关机构对游客进行相关技能和风险应对知识培训，提高游客风险意识和自救能力，还要对游客进行团队凝聚力训练，避免出现由于好奇心、好胜心而私自离队的情况。在团队内部营造和谐积极的氛围，互帮互助，提高户外运动旅游安全性，将风险降到最低。同时要重视媒体的作用，对户外运动旅游安全事故进行追踪报道，既能提升游客的安全意识，又能对相关责任团体起到舆论监督作用。

（八）倡导生态理念，走可持续发展之路

户外运动旅游发展基于尊重自然、保护自然的理念，游客能从大自然中获得能量、汲取自然养分，保持生活品质和愉悦心情。因此，河北省户外运动旅游发展的首要原则是加强生态保护，倡导生态理念，改变传统的发展观念，不仅要关注经济增长，更要重视生态 GDP。树立生态文明观，发挥政府统筹作用，约束户外运动旅游企业和户外运动旅游者的行为，颁布绿色发展政策，对户外运动旅游企业和游客权责进行明确规定，对行为恶劣的户外运动旅游企业和游客进行批评教育，必要时进行罚款；户外运动旅游企业要对规划区域进行合理开发和建设，考虑当地环境的承受能力；鼓励游客低碳

出行，以公共交通、单车、徒步为主要出行方式；户外运动旅游爱好者要提高个人素质，在旅游过程中避免破坏当地环境。积极推进户外运动与多产业融合的发展策略，多举措推动河北省户外运动旅游可持续发展。

参考文献

《协会动态丨中国探险协会发布〈2022年度中国户外探险事故报告〉》，中国探险协会网站，2023年2月17日，https：//www.caa1993.org.cn/content/86/2658.shtml#：~：text。

《"燕赵好山水　户外在河北"2023河北省体育旅游精品项目推介会成功举办》，"燕赵体育"微信公众号，2023年12月10日，https：//mp.weixin.qq.com/s/xksZjSZ_fNhCivpJ5OtPaw。

《2022年河北省体育旅游示范基地名单揭晓》，河北省体育局网站，2022年11月30日，https：//sport.hebei.gov.cn/faguichanye/2022/1130/19589.html。

《2023年度河北省体育旅游示范基地、精品线路拟命名名单公示》，河北省体育局网站，2023年12月6日，https：//sport.hebei.gov.cn/tongzhigonggao/2023/1207/22494.html。

《关于河北省第四届冰雪运动会，这场发布会都解答了》，河北省体育局网站，2023年2月2日，https：//sport.hebei.gov.cn/zhuantipindao/hebeishengdisijiebingxueyundonghui/z/2023/0202/19997.html。

《【产业观察】河北省体育产业基地发展现状》，"河北体育产业"微信公众号，2022年8月12日，https：//mp.weixin.qq.com/s/xqriZemh5glSzuOKp-AsjQ。

《艾媒咨询丨中国体育产业发展状况与体育运动人群调查数据》，"艾媒咨询"微信公众号，2023年8月12日，https：//mp.weixin.qq.com/s/Gbj_UpN_tVM6XoWTLs7m6Q。

《普华永道全球体育行业调研（第七期）中国报告-蓄势待发》，普华永道网站，2023年3月22日，https：//www.pwccn.com/zh/industries/government-and-public-services/publications/global-sports-industry-survey-mar2023.html？icid=social_wechat-20230322。

《中国旅游研究院：2021中国国内旅游发展年度报告》，2022年11月7日，https：//www.199it.com/archives/1338684.html。

《抢抓后冬奥机遇　促进高质量发展　2022年河北省体育产业发展取得新突破》，河北省体育局网站，2023年1月6日，https：//sport.hebei.gov.cn/faguichanye/2023/0106/19868.html。

B.16
基于燕赵文化内涵的河北旅游
"文创+"发展[*]

张祖群　吴秋雨　贺婷婷　陈正坤[**]

摘　要： 本文基于旅游"文创+"的时代背景，将河北旅游文创发展分为预热期、初创期、觉醒期三个阶段，并通过物质文化遗产与非物质文化遗产解析河北旅游"文创+"特色，提炼了燕赵文创的文化性、艺术性、地域性、实用性、经济性、时代性特征，应用案例分析法分析了以刘伶醉、长信宫灯、唐山皮影戏为代表的文创个案，最后讨论了"河北游礼"、文创平台、未来发展等问题。

关键词： 燕赵文化　旅游"文创+"　河北旅游

---

[*] 本文系教育部首批新文科研究与改革实践项目"新文科背景下产品设计专业建设的探索与实践"（项目编号：2021160005）、中国高等教育学会2022年度高等教育科学研究规划课题重点项目"基于文化遗产的通识教育'双向'实施途径"（项目编号：22SZJY0214）、教育部学位与研究生教育发展中心2023年度主题案例"中华优秀传统文化的文化基因识别与文创设计"（项目编号：ZT-231000717）、北京理工大学党建研究会2023年立项课题"艺术设计类专业课程思政融合机制研究"（B类，序号12）阶段性成果。

[**] 张祖群，中国科学院博士后（优秀出站），北京理工大学设计与艺术学院文化遗产系高工、硕士研究生导师，主要研究方向为文化生态旅游、文化遗产与艺术设计；吴秋雨，北京理工大学设计与艺术学院2020级硕士研究生，主要研究方向为文化遗产与艺术设计；贺婷婷，北京理工大学设计与艺术学院2021级硕士研究生，主要研究方向为文化遗产与艺术设计；陈正坤，北京理工大学设计与艺术学院2021级学生，主要研究方向为文化遗产与艺术设计。杜心悦同学参与资料收集整理，特此致谢。

一 旅游"文创+"的时代背景

（一）政策背景

文创产品依附于其所属文化的特性，具有强烈的文化个性与历史地域性。文创产品又可以分为旅游文创、农业文创、生态文创、艺术文创等类型。于丽娜、钟蕾认为文创产品是艺术衍生品的一种类别，设计者依据自己对文化的独特见解感悟，将文化与物质载体融合形成创新创意产品。[①]

随着社会的不断发展，新时代的文创环境来临，技术导向为文创产业带来新的机遇。互联网技术的发展开拓了"文创+互联网"市场需求，文化政策引导了"文创+旅游""文创+IP"等新方向，文创使文化产业呈现新的姿态。各地出台不同举措支持文创产业发展，如给文创企业发放专项补贴，提供文创产品研发补助，加大文创产品宣传力度等，为文创发展营造良好的政策环境。随着大众对文创产品需求的不断增长以及市场的不断发展，文创成为资本投资热点领域之一。文化产业与服务业相结合，成为地方新的经济增长点。新媒体、新技术拓展了大众了解文化内容的渠道，使文创产品样式和传播渠道更加多元。

2016年，文化部等部门出台《关于推动文化文物单位文化创意产品开发若干意见》，提出加强文化创意品牌保护，提升文物单位、文创企业的品牌培育意识与运营管理能力。2017年，中共中央办公厅、国务院办公厅发布《国家"十三五"时期文化发展改革规划纲要》，鼓励各地文博单位大力开发文创产品，推进现代化服务业发展。2018年，中共中央办公厅、国务院办公厅发布《关于加强文物保护利用改革的若干意见》，建议将各单位文创收益纳入单位预算统一管理，并对优秀文创开

[①] 于丽娜、钟蕾：《IP时代下的文创旅游产品设计研究》，《包装工程》2020年第18期。

发给予绩效奖励。2021 年，国务院印发《"十四五"旅游业发展规划》，倡导文旅创意产品开发，支持博物馆、艺术馆、图书馆、美术馆、非遗馆开发文创旅游产品。2022 年 10 月，党的二十大报告强调"繁荣发展文化事业和文化产业"，以文塑旅、以旅彰文，共同推进文化和旅游深度融合。

在"文创+"时代背景下，本文以河北旅游为例，通过文献研究法、对比研究法、案例分析法对河北"文创+"系列产品进行研究，深入挖掘燕赵文化的历史内涵，以揭示燕赵文创特征，由点及面地展望未来"文创+"新时代。

（二）河北旅游文创的发展阶段

中国文化创意产业的发展大致可以分成三个阶段：1978～1992 年，改革开放促进文化经济发展；1992～2002 年，市场经济转轨推动中国文化创意产业发展；2002 年至今，小康社会建设加快文化产业发展。结合河北旅游文创发展历程，本文将河北旅游发展分为预热期、初创期和觉醒期三个阶段。

表 1　河北旅游文创发展阶段

阶段	时间	标志	主要特征
预热期	1978～1992 年	改革开放	经济逐步复苏发展、文化产品意识出现
初创期	1992～2002 年	国外版权行业的大批量涌入	外来文化产品充斥市场，传统文化势微，产品大面积同质化
觉醒期	2002 年至今	《关于深化文化体制改革的若干意见》的发布、建立具有地域特色的河北旅游"文创+"模式	特色文化产品大量涌现，文创产业爆发式发展，"文创+"产业链全面建设

1. 文创发展预热期

改革开放以后，文化工作者的生存意识、商品意识和竞争意识逐渐显现，中国文化产业开始发展，娱乐型、多样化、可参与的市场需求及文化消费特征越来越明显。这一阶段，将文化资源转化成文化—经济产能的动力有待提高，国内对文化软实力存在误解，以传统框架下的"修养"认识文化软实力，将"电影""书籍"等文化产品经济效益理解为"软实力"，部分领域认为"软实力"核心竞争力在于"有魅力的价值观"与"科技驱动能力"。

2. 文创发展初创期

以好莱坞为代表的外来文化对我国文创产业的"自主性"产生一定影响，中国以巨大的人口市场优势、廉价劳动力吸引了众多国外文化产业品牌。基于传统文化的产业经济、文化创新式微，传统文化的生存空间被挤压。此时，我国文化商品市场高速发展，但是整个文化行业面临国外文化的冲击，文化产业的地域特色不明显，产品同质化严重。因此，需要保持民族文化的自主性、原创性，充分释放地域文化的产业潜能，不断研发创新，推出具有核心竞争力的文化产品。

3. 文创发展觉醒期

2002 年 11 月，党的十六大强调"积极发展文化事业和文化产业"。在社会主义市场经济条件下，发展文化产业兼具繁荣社会主义文化和满足人民群众精神文化需求的双重任务。2006 年，中共中央、国务院颁布《关于深化文化体制改革的若干意见》，对中国文化产业发展具有重要意义。各地开始响应中央号召，中国文化产业原创力量逐渐崛起。

近年来，河北省文化和旅游厅通过"文创进景区"加快文化产业的市场化、规模化和可持续发展，促进"文创+旅游"融合。2021 年，出台《河北省文化文物资源数据化采集标准》，建立全省文化文物资源数据库，全省博物馆、美术馆、文化馆等文创产品研发有了相对统一的标准，河北文创产品发展步伐加快。

河北省文化和旅游厅、河北博物院等部门通过深度解析传统文化内涵和精神内涵，立足大众文化需求和精神需求，研发一系列充满燕赵文化特色的创意产品。有学者对早期河北博物院文创产品进行统计，主要集中于文物复制类、服饰饰品类、书籍出版类、生活用品类、个人用品类等，约1000 种，但早期文创研发在设计理念、营销途径、品牌化建设等方面仍显不足。经过改进，河北博物院充分利用馆藏 IP 核心研发 678 种文创产品，注册 134 件商标，获得 16 件原创作品登记版权，制作文创成品 10 万余件。例如，根据馆藏长信宫灯，设计北京冬奥会接力火种灯与温暖文创系列；根据馆藏书画、中秋文物、瓷枕、衣物等，开展"诗情·画意·悦中秋"特色活动和"诗情画意 瓷上锦裳"特色课程；根据馆藏汉代刺绣文物，研发汉代绢纹系列文创产品；依托馆藏中山国山字形器，研发设计山字形时尚器包系列；根据馆藏汉代安车饰件，研发设计现代小汽车装饰用品系列；根据北宋白釉黑彩孩儿垂钓纹枕，研发设计"儿童垂钓熏香盘"Q 版文创系列。河北不断拓展博物馆的教育空间，开展传统技艺研学体验，基于燕赵文化与地方特色推广云端教育体系。孩儿垂钓香器荣获河北省"最佳创意产品奖"，长信宫灯温暖文创系列产品、车较纹系列产品荣获第三届河北省文创和旅游商品创意设计大赛金奖。

河北博物院从有到优，构建高标准的特色文创服务体系。打造"中心店+品牌店"服务模式，形成"河博茶咖""香约河博""和玉缘"3 个文创品牌店与 1 个"冀驿"主题邮局。河北博物院推动创意"下乡"与"进景区"，其文创产品已覆盖全国 106 个 4A 级以上景区。2023 年第五届河北省文创和旅游商品创意设计大赛在全国征集的 15069 件（套）作品中，钢铁巧味、"狮舞吉祥"3D 立体剪纸画、"印象河北"多功能创意摆件、"传邮燕赵"文化徽章等尤其突出，将传统河北地方文化元素、工业元素与现代科技、时尚创意相结合，形成雅俗共赏的创意衍生品。新时代，河北不断丰富各种文创载体，稳步提升燕赵文创品牌形象。

二　基于燕赵文化的"文创+"特征分析

（一）燕赵文化概述

燕赵地区有着悠久的历史和深厚的文化底蕴，既是孕育华夏文明的摇篮，也是华夏文明的重要分支。燕赵文化不同于江南泽国的"小桥流水、主情尚文"，不同于中原地区的"源头活水、海纳百川"，也不同于关陇大地的"崇礼重气、耕读传家"。燕文化的诚挚与忠勇，赵文化剽悍强直、淳朴豪迈的民俗民风，形成豪迈奔放却又忠实侠义的燕赵侠客之风。燕赵地区独特的历史、艰难困苦的历程，既有以刚为主的刚柔相济，又可以做到以和为贵的通达求实。从秦汉时期的"慷慨悲歌好气任侠"到中国共产党人的西柏坡精神，从抗战时期的"保卫平津、保卫华北、保卫全中国"到唐山抗震救灾时的"公而忘私、患难与共、百折不挠、勇往直前"，无论时代如何变迁，河北人都在为燕赵文化增添新的光彩、为中华文化增添新的光辉。这种独特而复杂的文化构筑了燕赵文化超强的生命力，让它可以向外融合、向内更新，从而不断迭代。燕赵文化是河北文化的根基，在燕赵地区悠久的历史长河中，诞生了众多传统技艺，产生了大量物质文化遗产与非物质文化遗产。

在物质文化遗产层面，河北省拥有 4 项世界文化遗产：长城（河北段）、承德避暑山庄及其周围庙宇、明清皇家陵寝（清东陵清西陵）、中国大运河（河北段）。河北省拥有 8 批全国重点文物保护单位（合计 291 处）、6 批省级文物保护单位（合计 963 处），8 个国家级历史文化名镇、32 个国家历史文化名村，24 个省级历史文化名镇、208 个省级历史文化名村。河北省文物局公布了两批革命文物名录：第 1 批革命文物名录包括各级文物保护单位 595 处，珍贵文物 10302 件（套）；第 2 批革命文物名录涉及不可移动革命文物 5 处，可移动革命文物 503 件（套）。河北省的元中都国家考古遗址公园、泥河湾国家考古遗址公园、赵王城国家考古遗址公园、邺城国家考古遗址公园合计 4 处列入国家考古遗址公园名单，中山古城考古遗址公园、燕下都考古遗址公园、定窑考古遗址公园合计 3 处列入国家考古遗址公园立项（建设）名单。

在非物质文化遗产层面，河北省有 8 项人类非物质文化遗产，163 项国家级非物质文化遗产（第一批有 40 项，第二批有 78 项，第三批有 15 项，第四批有 16 项，第五批有 14 项），共 7 批次省级文化产业示范基地。2021

年，河北省文旅厅公布了12家省级旅游特色商品购物店。

这些文化遗产是燕赵大地宝贵的智慧结晶和精神财富，是文创的基本底盘和设计基础。

（二）燕赵文创特征

河北非遗文创产品开发仍然存在地方文化特色不足、知名品牌较少、产品种类单一等问题。河北有着丰富的自然与人文资源，民俗文化、民间艺术、民间技艺是河北传统文化中至关重要的组成部分，这些有形或无形的文化符号，都可以作为河北文创的设计元素。基于燕赵地区深厚的文化底蕴，设计师结合当地特色、出土文物、传承技艺等创造各式各样的文创产品，体现和而不同的地域文化特征。本文从文化性、艺术性、地域性、实用性、经济性、时代性等多个方面，分析燕赵文创蕴含的独特魅力，阐述河北特色文创产品丰富的文化内涵与宝贵的精神财富。

1.文化性

传承燕赵地区优秀传统文化，深挖地域文化内涵，继承前人精神财富设计文创产品。以河北皮影戏相关非遗文创为例，皮影戏是中国民间传统艺术，历史悠久，传承着古老的民间故事，是一种独特的艺术形式。河北省皮影戏分为三支：一支是以唐山皮影戏为代表的冀东皮影，一支是以河间皮影戏为代表的冀中皮影戏，一支是以邯郸和邢台部分县区皮影戏为代表的冀南皮影戏。这三支皮影戏既有相似之处，又有鲜明的地方差异和不同的文化传统，三者的历史渊源、风味格调和民间信仰等均有差异，以此衍生的文创产品也各有千秋。

2.艺术性

结合历史景象、精神活动、神话传说、宗教信仰等文化元素，创作出蕴含燕赵特色的文创产品。以曲阳石雕为例，2006年入选第一批国家级非物质文化遗产名录（序号333，编号Ⅶ—34，类型：民间美术）。曲阳石雕注重神韵、化繁为简，努力抓住人的精神，根据不同石材形状展开想象，雕刻各异。曲阳石雕线条轻盈、变化多样，发展了阴刻、阳刻、阴刻阳刻结合等多种表现技法，将雕刻线条的表现力发挥到极致，呈现独特的美感。曲阳石雕因其轻盈多变的线条、不拘泥于形体外表产生神似的空间美感，有着与西方雕塑截然不同的东方审美。

3. 地域性

一个地区的文化发展程度标志着其发展水平与文明程度，折射这一地区的文化形态。因此，提取文化元素符号，揭示艺术、技艺、风俗等文化内涵，融入文创产品设计，不仅可以体现当地文化艺术，也可以达到传承当地文化的目的。由某一地区内部衍生的文化遗产，演变外化为具有地域特色的文创产品。以保定地区的部分文化遗产为例，结合易县铜雕、易水砚、曲阳石雕、刘伶醉酿酒技艺等，衍生设计出的一系列文创产品，助力保定文旅实现跨越式发展。

4. 实用性

与消费者的实际需求相结合，设计生产具有实用意义的产品。大多数消费者倾向于购买具有使用价值的商品，选择在生活中具有使用价值的产品进行设计具有广阔市场。以河北博物院围绕长信宫灯设计的一系列文创产品为例，设计师从长信宫灯中提取主要线条，凝练出一个简约的长信宫灯造型，并以此为基础纹样进行设计改进，制作出笔袋、书本、背包、T恤、茶杯、相框、U盘、鼠标等系列产品，兼具实用性与美观性，让又美又实用的长信宫灯以另一种形式"飞入寻常百姓家"。

5. 经济性

以不同文创形式带动当地经济发展，促进文旅产业转型升级。仍以河北博物院推出的长信宫灯形象设计为例，以长信宫灯的造型、图案研发了复古巧克力和鎏金芒果两种口味雪糕，结合中山戟、朱雀衔环杯等不同图样制作咖啡拉花并进行售卖。这两种文创产品以食物和饮品的方式出现，大受欢迎，让观众从舌尖感知文物的魅力，既可以起到宣传燕赵文物作用，也可以带动经济消费，实现双赢。

6. 时代性

结合时代特征进行设计，需要在尊重本土文化的同时又符合通行审美规则。长信宫灯有着独特的设计巧思，在使用时油烟可以随热空气的推动上升，沿着宫女的袖管进入空的灯体内，与金属壁接触后冷却凝结在内壁，落入灯体下端的水盘中。根植于古人造物原理，河北博物院将长信宫灯超前的环保原理与北京冬奥会的绿色办奥理念相结合，设计出2022年北京冬奥会接力火种灯，获得一致好评。

三 河北文创个例分析

（一）刘伶醉的文创特征分析

刘伶醉是徐水区特色，河北至今还保留着宋金时期的烧锅遗址，2006年入选第6批全国重点文物保护单位，2021年入选第5批国家级非物质文化遗产名录（编号928，项目编号：Ⅷ-145，类型：传统技艺）。刘伶醉还获得了"首批中国食品文化遗产""中国地理标志产品""首批中华老字号""中国驰名商标"等多项荣誉。其中，古法发酵池已有900年历史沉淀，刘伶醉既保留了酒的悠久醇香，也拥有深厚的文化底蕴。至今，徐水区仍然有至少5000个刘伶醉发酵池，年生产量超过3.2万吨，年销售量达5万吨。在继承传统方面，当地推出千年古法烧锅、酒海窖藏、烧锅酒等不同产品，并根植于文化遗产衍生出具有当地特色的文创产品谱系。

表2 刘伶醉文创谱系

设计领域	设计内容	设计特性
Logo	增加品牌辨识度，凸显品牌特色	以艺术性、文化性为主
具象图形	挖掘刘伶醉酒的故事，从历史典故中提取图样文案	以艺术性、文化性、时代性为主
茶饮酒器产品	产品设计生活化、更具品牌亲和力	以实用性、文化性、艺术性为主

设计领域	设计内容	设计特性
旅游纪念	酒糟雪糕、刘伶醉折扇、以刘伶醉前身润泉涌烧锅古井为设计背景的润泉涌矿泉水等,融入了更多的本土元素	以文化性、时代性、地域性、艺术性为主
文化用品	水杯设计、明信片设计等	以文化性、艺术性为主

文创的发展与保护、传承非物质文化遗产密不可分。刘伶醉作为中国古窖酒的代表之一,在文创研发上不断拓展,推动当地文旅产业不断前进。刘伶醉的文创系列涉及范围广,有着明显的辨识度和文化艺术性。不同类别的文创产品依据物质载体的不同而具有不同的特征。在"文创+"的时代背景下,文创的宣传途径与销售渠道更加多元。

(二)长信宫灯文创特征分析

长信宫灯于1968年出土于河北省满城县陵山汉墓,是西汉中山靖王刘胜妻窦绾的墓葬。长信宫灯是国家一级文物,被誉为"中华第一灯"。长信宫灯灯身共有九处铭文,一共六十五字,其上刻有"长信尚浴,容一升少半升,重六斤,百八十九,今内者卧"的铭文,其铭文内容体现主人生平、制造时间等。在战国秦汉12种灯具造型中,长信宫灯属于第一种人俑灯的造型。长信宫灯造型生动、外观优美,它通体鎏金、璀璨夺目,灯体中空,外形为跪姿宫女执灯。宫女穿宽袖长衣,右臂高高举起,垂下的袖管成为灯罩;左臂伸向右方,左手执灯座,灯座上放置可以旋转的灯盘,灯罩由两块弧形板组成,分别嵌入灯罩灯盘的凹槽。这样设计即可随意调节灯光明暗与照射方向,与今日的台灯类似。长信宫灯造型之优美、构造之巧妙,是汉代宫廷灯具的杰作,不仅能体现出汉代匠人的高超技术、巧妙构思,也见证了当时的青铜器造物水平达到了科学性与艺术性的统一。设计师以长信宫灯文物造型与造物原理为基础,继承中华优秀传统文化,设计出各式各样的文创。

表3 长信宫灯文创谱系

设计领域	设计内容	设计特性
文物形象	改变文物的固有形象,增加趣味性,吸引游客兴趣。例如,长信宫灯卡通化形象冰箱贴、行李牌、钥匙扣、指甲刀等产品;针对年轻消费者塑造的长信宫灯二次元形象,让设计出的产品更具生命力与感染力,具体包括长信温饼和长信暖茶、胶带、笔记本、T恤、丝巾、冰箱贴、鼠标垫等产品	以艺术性、文化性、实用性、时代性为主
生活用品	产品设计生活化、更具品牌亲和力	以实用性、文化性、艺术性为主
文化产品	更贴近人们文化生活的产品,如笔袋、名片包等	以文化性、艺术性为主
旅游纪念	促进消费,提高游客兴趣,让文物以更温和俏皮的形式走近生活,如长信宫灯雪糕等产品	以文化性、时代性、经济性、艺术性为主
时代需求	根据时代需求设计出的产品,如将长信宫灯超前的环保理念与北京冬奥会的绿色办奥理念相结合设计出的北京冬奥会接力火种灯	以艺术性、实用性、时代性为主

上述长信宫灯文创谱系充分说明,文化的传承与发展离不开文化性、艺术性、科技性相结合的文创设计。文创应彰显历史文化、弘扬地域文化,用更艺术、更巧妙的构思设计出符合传统审美与时代需求的产品。

(三)以唐山皮影戏为代表的文创特征分析

唐山皮影戏、乐亭大鼓、评剧被誉为"冀东三枝花",富有当地特色及浓郁的乡土气息。"冀东三枝花"发源于唐山乐亭县、滦县、滦南县一带,是经过时间沉淀、历代传承保留下来的唐山优秀传统文化代表。唐山皮影戏(序号:235,编号:Ⅳ-91,类型:传统戏剧)、乐亭大鼓(序号:244,编号:Ⅴ-8,类型:曲艺)、评剧(序号:195,编号:Ⅳ-51,类型:传统戏剧)均在2006年列入第一批国家级非物质文化遗产名录,在国内外具有广泛影响。唐山皮影戏以滦县、乐亭方言为基础,以唱功见长,风格独特,为板腔体,又分男女两种声腔,男腔高亢粗犷,女腔则清

图 1　河北博物院推出的长信宫灯温暖系列文创

资料来源：河北博物院调研材料。

脆婉转，表现形式多样。唐山皮影戏剧目内容体现唐山社会民俗民风，其唱腔、音乐、表演、造型等都有着独特的地域性与艺术性，极富艺术价值与研究价值。随着时间的推移，如今唐山皮影戏面临着传承人老龄化、活化不足等困境，如何有效保护和传承这一传统技艺是亟待解决的难题。基于唐山皮影戏研发的不同类型文创体现了文创设计在保护和传承非物质文化遗产方面的努力。在这个飞速发展的时代，很多非物质文化遗产逐步走向衰落，文创产品实际上起到了抢救、保护、继承、发展非物质文化遗产的作用。

表4 唐山皮影戏文创谱系

设计领域	设计内容	设计特性
手工制作类产品	设计出提供材料与制作方法、让买家亲自体验的产品,如皮影戏体验套装、皮影戏手工自制书签等产品	以艺术性、文化性、时代性为主
旅游纪念	生活化、更具品牌亲和力,为游客留下纪念意义的文创产品,如冰箱贴、徽章、书签、明信片等	以文化性、地域性、实用性、艺术性为主
文化用品	宣传、展示相关文化的产品设计,如皮影镜框摆件等	以文化性、艺术性为主

四 河北旅游文创整体发展

近年来,各大博物馆、景区文创纷纷"出圈",拉近大众与文物之间的距离,使文化遗产得到高效传播与发展,增强了文化自信。

(一)"河北游礼"

河北省扶持、搭建各类平台,举办各类旅游竞赛与展会活动,积极发展"文化创意+旅游"商业模式,培育出一批具有地方特色的文创品牌,"河北游礼"自主品牌是其中最受欢迎的代表之一。在打造"河北游礼"系列文创产品品牌体系方面,石家庄推进"文创潮玩·庄尚有礼",张家口推进"张家口礼物",保定推进"和美保定",唐山推进"唐山符号",沧州推进"河海之城 沧州游礼",邯郸推进"邯风郸韵",承德推进"承德礼物",迁安推进"迁安礼物",雄安新区推进"大美雄安",全省各地都积极推进文创品牌建设。2022年12月,河北向全社会征集"文心印冀"图案设计创意,引发大众参与热潮。在河北省特色文化产品博览交易会、河北省文化创意产业博览会中,各地文创产品往往成为最佳的地方文化代言人。

河北省举办三届文创和旅游商品创意设计大赛,共吸引3000多家企业、3万多件文创作品参加,多个获奖作品成功投放市场,形成了兼具文化内涵和实用价值,又彰显地方特色的文创产品集群。河北以大赛为平台,推动全省优秀文化企业和旅游资源深度合作,实现文创及旅游商品市场的全方位建设。颁布"河北游礼"品牌使用规范和"河北游礼"品牌经营管理手册，建立了 130 家优质文创店联盟，覆盖全省所有 5A 级旅游景区、80% 以上的 4A 级旅游景区。

（二）文创平台

通过文创产品搭建文化与大众沟通的桥梁，通过文创平台激发文化经济潜能，"让文化遗产真正活起来"。在专业上深度解析文创 IP 的文化内涵和精神内涵，在市场上立足大众文化需求和精神需求，促进文化创意产品的研发，积极推动"文创+"旅游高质量发展。提炼地域文化符号，整合线上与线下设计，应用多样化设计理念，在"云冀游"文化用品、家居服饰、数码配件、户外广告等文创衍生品设计中大显身手，还可以设计旅游 App、电商界面等，提供新型文创消费与服务平台。利用"文创+互联网"优势打造线上与线下平台，积极与阿里、京东、美团等知名电商、OTA 平台合作，建立品牌运营管理机制，完善文创和旅游商品销售购物服务网络，激活"线上+线下"营销方式，初步形成文旅产业可持续发展的商业生态。充分利用文化遗产活动日、自然与文化遗产日、旅游日等公众节日，开展地域文化展演和文创产品展销活动。

（三）未来发展

河北旅游"文创+"早期多为文化符号叠加于扇子、手链、玉枕、背心等旅游纪念品上，到后来的印上地方标签的土特产、山货海鲜，再到人机互动的文创灯具、汽车装饰等，实现从外形简单模仿到文化元素提取，从实物实用产品到数字文化作品，从文化创意产品到文化服务内容，从形似到神似，从产品到体验等的全方位迭代升级。时代浪潮为燕赵文创带来良好的机遇与平台，传统文化创意产品需要更加多元的研发设计与传播渠道。文创可以反哺文化本身、反馈民众，使非遗等文化元素深入人心、走入大众生活。对内而言，文创可吸引更多年轻人进行更加专业的文创设计生产、技艺传播、展示交流等，征选更多符合标准的文化传承人，使非遗拥有更加持久的生命力。对外而言，文创的研发能够融入更多新鲜血液，研制行业标准，拓展营销渠道。河北应逐步健全文创相关制度，完善文创和旅游商品认证体系、旅游商品商标注册流程，促进相关部门制定文创省级标准与规范等，提升文创商品的规范服务水平和品牌形象。加大对文创的知识产权保护力度，实现文创产业由点及面地带动发展，提升文创对不同行业的辐射能力。

参考文献

习近平：《高举中国特色社会主义伟大旗帜 为全面建设社会主义现代化国家而团结奋斗——在中国共产党第二十次全国代表大会上的报告（2022 年 10 月 16 日）》，《光明日报》2022 年 10 月 26 日，第 1 版。

戴佳瑞、戴佳琦：《河北博物院文创产品的开发与营销策略研究》，《科技传播》2022 年第 5 期。

袁树平：《发扬燕赵文化优良传统 提升河北文化统战软实力》，《广西社会主义学院学报》2010 年第 4 期。

张春梅、杨静：《河北非遗手工艺品文创产品开发》，《河北科技师范学院学报》（社会科学版）2022 年第 3 期。

高力群、杨波、刘小龙：《对河北地域文化符号在旅游商品转化方式上的思考》，《包装工程》2010 年第 8 期。

秦汉：《论汉代青铜灯具的设计特征》，《装饰》2004 年第 8 期。

叶小燕：《战国秦汉的灯及有关问题》，《文物》1983 年第 7 期。

吴静等：《从非遗到文创——浅议唐山"冀东三支花"的传承与创新》，《明日风尚》2021 年第 11 期。

刘松源：《互联网背景下地域符号在"云游冀"旅游文创产品中的设计研究》，河北大学硕士学位论文，2021。

B.17
河北省民宿产业创新发展研究

和　冰*

摘　要： 旅游产业是优化经济结构、促进百业兴旺和人民增收致富的重要
途径之一。民宿作为旅游要素体系的重要内容，已成为延长游客停留时间、
丰富住宿消费选择、提升区域旅游目的地形象和吸引力的重要载体，为地域
文化传播、旅游产业升级、一二三产业融合提供了重要推动力。本文对民宿
的发展历程、发展背景及趋势、经典案例进行了全面分析，在深入剖析河北
省民宿产业的发展基础与存在问题的基础上，对河北省民宿产业创新发展路
径进行探析。

关键词： 乡村旅游　民宿产业　旅游市场

一　国内民宿发展历程

根据《旅游民宿基本要求与等级划分》（GB/T 41648-2022），旅游民
宿是利用当地民居等相关闲置资源，主人参与接待，为游客提供体验当地自
然、文化与生产生活方式的小型住宿设施。我国民宿产业从 20 世纪 80 年代
发展至今，经历了 1.0 时代——以家为宿、2.0 时代——以宿为家、3.0 时
代——品牌精品、4.0 时代——民宿集群等四个阶段。

1.0 时代（以家为宿）——传统住宿补充。人们利用家庭闲置的房屋资
源建造的农家乐、家庭旅馆等，为游客提供不同于传统旅馆、酒店的居住场

---

* 和冰，河北省科学院地理科学研究所经济师，主要研究方向为旅游规划与设计。

所。这类民宿以床位费作为主要收入来源，多用于缓解部分地区在旅游旺季的住宿困难问题，房间数量较少且装修较为简单，从业人员素质较低且服务不够专业。

2.0时代（以宿为家）——个性化住宿体验。经过多年的发展，民宿更加注重"家"的概念塑造和日常使用功能建设，通过装修、装饰将房屋改造成有感情、有故事、有背景的民宿，并提升接待设施和服务，为游客带来优质住宿体验。如浙江省莫干山涌现出80余家精品民宿，使得莫干山民宿迅速成为行业旗帜并被效仿，也在国内掀起了民宿热潮。

3.0时代（品牌精品）——旅游特色吸引物。随着时代的发展，民宿消费者以新一代年轻人和中等收入群体为主，他们对住宿环境、接待设施、服务品质等要求较高，一大批低端民宿逐渐被市场淘汰，促进了整个民宿行业大洗牌。与此同时，裸心、松赞绿谷、山里寒舍等大量中高端民宿和品牌民宿迅速兴起，并获得市场认可。"为一间房，赴一座城"的热潮使得各地通过引入外来资本发展网红民宿、品牌民宿、主题民宿，民宿行业进入快速转型发展时代。

4.0时代（民宿集群）——"吃住行游购娱"一体化的休闲度假目的地。随着民宿行业呈现专业化、连锁化、集群化发展趋势，千里走单骑、千宿科技、云舍等民宿品牌逐渐演化成民宿度假区域，"民宿集群"概念应运而生。民宿集群以精品民宿为核心主题，叠加特色餐饮、主题娱乐、休闲农业、文化体验等多种业态共同发展，形成特色旅游度假区或综合旅游目的地，实现销售联动、客源共享，整体提升区域旅游整合能力和接待品质。

二 民宿发展背景及趋势

（一）民宿成为助力实施乡村振兴战略的重要抓手

乡村振兴战略实施以来，国家自上而下凝心聚力推动乡村建设，持续引导和推动资本、技术、人才等要素向乡村聚集和流转，进一步优化了乡村居住环境、改善了居民精神面貌、提高了乡风文明程度，为民宿发展提供了有利条件。河南、贵州、重庆、安徽等地将发展乡村旅游与实施乡村振兴战略紧密结合，并将老房屋改造成山居、湖居、河居等特色民宿吸引周边"城客"前来度假，以特色民宿为主题的周边游成了"网红"打卡点，使居民不离乡、不失房、不失地、不失业就能实现就业和致富。与此同时，民宿逐渐成为能够发挥生态保护、资源增效、富民增收等综合效应，且促进城乡发展、推进供给侧结构性改革的新兴增长点，对助力实施乡村振兴战略具有重要意义。

（二）民宿成为促进文旅产业发展和提升旅游目的地吸引力的重要支撑

2018 年，全国发展乡村民宿推进全域旅游现场会提出，民宿是乡村旅游的重要组成部分，是推进旅游产业发展的重要抓手。民宿作为文旅产业产品体系和要素体系的重要载体，具备整合生态资源、文化资源的关键作用，为地域文化传播、旅游产业升级、一二三产业融合提供了重要的推动力，使旅游发展由点及面发挥产业集聚效应，有效提升文明素质和环境卫生，改善区域对外综合形象。同时，民宿能够为游客提供多元化的住宿选择、本土文化体验及宾至如归的服务环境，成为延长游客停留时间、满足消费需求、提升旅游目的地综合吸引力的重要载体，也成为一些地区产业发展的新赛道和新热点。

（三）国家出台系列政策支持民宿发展

基于民宿发展对助力乡村振兴、促进旅游消费等的多重作用，国家层面不断出台各项政策给予民宿大力支持。国务院办公厅出台的《关于加快发展生活性服务业促进消费结构升级的指导意见》首次提出积极发展客栈民宿、短租公寓、长租公寓等细分业态。《关于落实发展新理念加快农业现代化 实现全面小康目标的若干意见》提出要大力发展休闲农业和乡村旅游，有规划地开发休闲农庄、乡村酒店、特色民宿、自驾露营、户外运动等乡村休闲度假产品。《关于实施乡村振兴战略的意见》《乡村振兴战略规划（2018—2022 年）》等明确提出实施休闲农业和乡村旅游精品工程，建设一批设施完备、功能多样的休闲观光园区、森林人家、康养基地、乡村民宿、特色小镇，全面构建农村一二三产业融合发展体系。2023 年中央一号文件也明确提出，要实施乡村休闲旅游精品工程，推动乡村民宿提质升级。近年来出台的文旅规划、政策意见中，均有鼓励发展民宿的相关内容，持续利好民宿发展。

（四）民宿产业呈现规模化、品牌化、集群化发展

随着旅游市场消费需求的持续升级，游客住宿需求也趋于多样化。民宿作为一种区别于酒店的非标准化住宿业态备受市场青睐，民宿市场蓬勃有序发展。调查显示，全国民宿数量从 2016 年的 5 万家增长至 2022 年的 20 万家，房源数量从 2016 年的 59 万套增长至 2022 年的 300 多万套。[①] 其中，有80%的民宿分布在乡村，且多数集中在知名景区附近及乡村旅游发展较为成熟的地区，形成了景区依托型、田园乡村型、文化主题型、康养旅居度假型等多种发展模式。随着民宿规模不断扩大、资本资源整合叠加、市场需求转变升级，民宿行业发展趋势也在不断发生变化，涌现出裸心、大乐之野、松赞绿谷、原舍等一批民宿品牌，并不断扩大市场规模。同时，这些品牌民宿在资源整合和资本运作的双重驱动下，实现连锁化集成、集群化扩张、品牌化发展，形成"精品民宿+N 种新业态"且拥有统一规划设计、品质生活配套的休闲度假综合体，成为提升区域整体接待能力和留住顾客的"金钥匙"。

（五）休闲度假时代推动民宿市场需求持续升级

我国居民旅游休闲度假需求旺盛，发展民宿与当代都市人群回归自然、体验特色乡风民俗、享受田园慢生活的需求相契合。伴随新冠疫情后"补偿式出游"需求的释放，城乡居民出游比例大幅提高，民宿市场需求持续

---

① 张艺驰：《旅游民宿发展的现状、问题与对策》，《中国旅游报》2023 年 9 月 8 日。

旺盛。木鸟、途家等民宿平台发布的数据显示，2023 年"端午""五一""暑假""中秋国庆"等假期的民宿订单达到 2019 年同期的 3~5 倍，旅游市场强势复苏，民宿市场需求攀升，用户出游深度及长线出游意愿恢复明显。民宿客群以"80 后""90 后""00 后"等年轻化消费群体为主，出游目的以家庭游、亲子游、亲朋游、蜜月游等休闲度假为主，多数从互联网、新媒体等渠道获取民宿信息并进行预订，更加关注地理位置、房间价格、主题风格、房客评价、设施配套与服务品质等方面，并希望获得特色餐饮、传统文化、民俗风情等配套体验，更加青睐高性价比民宿、微度假民宿和民宿综合目的地等类型产品，市场需求持续升级。

三　河北省民宿产业发展现状

（一）发展基础

1.民宿产业规模持续壮大，呈片区化、集聚化发展

河北省敏锐把握市场需求，大力培育民宿产业。截至 2022 年 9 月，全省民宿企业注册数量达 6200 余家，较 2021 年增加了 1600 余家[①]，呈现快速增长的趋势，民宿逐步成为促进旅游产业发展和助力乡村振兴的重要载体。全省民宿呈片区化、集聚化发展趋势，重点依托京津、省会等大中型城市和燕山、太行山、渤海、坝上、长城、大运河等优势资源集中区域，初步形成滨海度假型—北戴河区民宿集群、城市近郊休闲型—承德新杖子乡民宿群、景区辐射带动型—保定野三坡民宿群、旅游风景道或主题线路带动型—张家口草原天路民宿群、特色文化体验型—井陉古村镇民宿群等主题群落，民宿市场规模日益扩大。

2.民宿主题类型多样，趋于品牌化、品质化

河北省充分利用区位优势、生态优势、自然优势、文化优势，创新

---

① 《河北开展乡村民宿提档升级专项行动》，《河北日报》2023 年 10 月 11 日。

发展山野、长城、冰雪、温泉、康养、文化等不同主题的特色民宿，引进培育首旅寒舍、梨花公社、唐乡、星宿、叁时壹宿、雄库鲁帐篷酒店等民宿品牌，打造王坡民宿、雾灵山居、象外高卧、桃花树下、昔古回院等网红民宿，塑造了一批具有场景化、故事性和辨识度的民宿产品。同时，河北省着力将民宿培育成全省文化和旅游产业的新亮点、新增长点，每年重点培育扶持100家精品民宿，推出一批民宿经济发展示范村、精品旅游民宿示范户、民宿投资运营商、精品民宿集聚区等示范标杆，培育形成"冀忆乡居"河北旅游民宿品牌，推动全省民宿产业品质化发展。

3. 强化统筹指导，有力有序推进民宿经济高质量发展

近年来，河北省文化和旅游厅启动全省乡村精品民宿发展三年专项行动，发布实施了《关于促进旅游民宿高质量发展的实施意见》《河北省精品民宿发展三年行动计划》等系列政策文件，整合省内外知名民宿规划设计、管理运营、文化传承、文创开发、产品策划、营销推广等方面的专家，组建民宿帮扶专家团队，实施精准匹配"送智上门"，推动全省乡村民宿高质量发展。同时，河北省举办全省乡村民宿发展交流活动、乡村精品民宿发展优秀案例发布活动，启动乡村民宿旅游攻略征集活动，推出《河北省乡村精品民宿电子地图》，集中挖掘展示全省乡村民宿发展的典型案例、创新做法与特色亮点，示范引领全省民宿提档升级，为推动全省民宿特色化、品质化、集群化、产业化、品牌化发展注入了新动能。

4. 突出标准化管理，着力推动民宿行业规范化、专业化发展

河北在省级层面成立了旅游民宿等级评定委员会，统筹推动旅游民宿等级评定与复核工作；制定出台了《河北省旅游民宿等级评定管理办法》，发布了《乡村民宿服务质量评估规范》（DB13/T 2812-2018）、河北省旅游协会《民宿管家服务质量评价规范》等系列标准，明确评定流程、管理要求，规范旅游民宿等级评定工作，指导民宿规范化发展。同时，大力开展民宿专题培训工作，并利用"冀旅学堂"小程序搭建民宿线上培训学习平台，力争培育一批专业民宿管家、民宿运营管理和服务人才，扶持一批"民宿经济带头人"，加快构建更加专业化、特长突出的民宿从业队伍，形成高质量的民宿人才储备库。此外，举办河北省乡村民宿服务技能竞赛、乡村精品民宿培育提升分享交流活动，全面推进民宿产品供给和管理服务升级，有效提高整体竞争能力。

（二）存在的问题

1.综合管理协调机制不够健全

民宿产业涉及的监管部门较多，相关职能部门一般只能在自身权限范围内审批和监管，如公安部门主要进行旅馆业特种行业许可管理，文旅部门主要进行等级评定和复核工作，市场监管部门负责民宿市场主体登记注册、食品安全、价格监管工作，消防部门进行消防安全检查管理，城管部门负责燃气、垃圾分类等管理工作，卫生监管部门通过公共场所卫生许可进行管理，住建部门负责房屋建筑安全鉴定验收等，管理范围和管理标准参差不齐，缺乏牵头和统筹协调机制，未能形成部门联动、流程顺畅的联合审批机制，使得民宿主体在经营过程中存在审批程序不畅、流程不清晰、许可标准不统一、对法规和政策的理解执行存在差异等问题。同时，各部门的交叉检查、分头检查也增加了企业迎检工作量，在一定程度上影响了乡村旅游营商环境和企业正常经营活动。

2.科学规划体系尚未形成

全省民宿产业尚未形成自上而下的科学规划体系与发展指引。部分地区忽视顶层设计的指导作用，民宿产业处于自发和无序发展阶段，存在重复建设、产品雷同、无序竞争等现象。部分地区缺少整体规划，导致土地利用不充分、布局极为分散、未来发展空间不足、发展定位不准确等问题出现，不能根据市场需求培育主题与特色突出的产品业态和接待设施，不能合理配套基础设施与公共服务设施、组合串联旅游线路，使得区域内民宿品质、档次整体偏低。

3. 民宿产品品质与品牌竞争力不足

虽然河北省打造了王坡民宿、雾灵山居、象外高卧、桃花树下等一批精品民宿，但缺乏像莫干山、中卫黄河宿集、大乐之野、松赞等真正知名度高、市场欢迎度高的民宿集群和民宿品牌，还需进一步引进和培育。目前，河北乡村酒店、农家乐较多，精品民宿、主题民宿、特色民宿较少，多数民宿还以单一的住宿供给为主，对自然生态、历史文化、非遗民俗、乡野环境等的挖掘利用不够充分，与农业、文化、体育、康养等产业的融合互动不够明显，缺乏配套的休闲娱乐、参与体验项目，整体品质不高。

4. 民宿配套设施与营销方式不完善

部分民宿所在地区存在交通不畅、道路狭窄、旺季拥堵等通行问题，缺少停车场、旅游厕所、标识系统等配套设施，以及环境风貌较差、周边建筑凌乱、食宿条件不高、基础设施不完善、水电暖供应不稳定等，导致整体服务接待水平较低、旅居度假游客生活不便，很大程度上影响民宿吸引力、游客留宿率和重宿率等。部分高品质民宿所在市县宣传推广支持力度不足，自身利用社交媒体、网络平台等营销方式不丰富，且缺乏抱团发展与营销的意识，导致辐射范围小、市场吸引力有限，难以形成较大规模和较好口碑。

5. 经营管理和服务水平有待提升

民宿经营者以本地企业或村民为主，多数没有受过专业培训并且文化水平参差不齐，在经营管理上缺少科学规划，对政策、法规学习和理解不到位，导致发展模式不科学、接待服务水平较低、产品供给不能满足游客需求。此外，全省民宿产业普遍缺乏具有敏锐市场感受力、创造力的创意人才和具有开阔视野、专业技能的经营管理人才，缺乏有针对性的精准指导与专业培训，导致民宿从业人员素质整体较低，与快速升级的乡村旅游市场需求不相适应。此外，土地限制、资金支持、生态红线、思想认识、行业管理标准等多重因素也在一定程度上影响了民宿的投资建设、经营管理和服务水平。

四　经典案例分析及经验借鉴

（一）日本民宿

日本是亚洲最早发展旅游民宿的国家之一，并在国际上处于优势引领地位。特别是 2018 年颁布实施《住宅宿泊事业法》（《民宿新法》）之后，日本民宿数量增加到新法实施前的 6.2 倍。2019 年，日本民宿接待超过 400 万人次，其中访日游客占 80%，市场规模不断扩大。但 2020 年以来，受新冠疫情、环境污染等影响，访日游客骤减，对民宿业发展造成直接打击。

1. 政策机制完善，法律规范约束

日本民宿行业已比较成熟，管理体制机制、标准规范逐步健全。《住宅宿泊事业法》将日本民宿行业经营管理纳入法律层面进行约束，要求民宿建设运营之前必须到当地政府注册并获得许可，且要符合消防、卫生、业主管理组合同意等一系列条件，才有资格营业。各地相关部门也根据地方实际情况制定了民宿监管办法或管理细则，加大对非法民宿打击力度，推动民宿合法化、合理化经营。总体来说，日本民宿行业具有整体素质高、市场发展有序、管理系统性强等特点。

2. 协会组织健全，行业自主自律

日本已经形成成熟、健全的民宿行业协会与运行机制，多数民宿经营者会加入当地的民宿协会组织。各级民宿协会充分发挥桥梁作用，负责各地民宿行业的运营管理，对内制定行业标准和规范，科学引领民宿健康、有序经营，保护民宿经营者的合法权益，并保障民宿的接待服务品质，对外向政府相关部门和社会组织申请各类优惠政策和专项资金支持，在推动日本民宿发展过程中发挥了重要的行业指导和市场监管作用。

3. 融合本地文化，突出创意个性

日本民宿设计过程中，在保持区域整体格调统一的前提下，充分利用当地自然景观和特色人文资源，积极融入并凸显民宿主人的生活美学和艺术品位，打造创意丰富、主题明确、氛围浓郁且具有鲜明个人特色的民宿，既增加了民宿的产品附加值，又满足了游客多元化、体验式需求，也避免了同质化经营、千店一面。

4. 舒适、人性化，高品质配套设施与高质量服务结合

日本民宿家装设计和家具摆设重视营造家庭氛围，并在细节上彰显人情味，突出温暖舒适格调。同时，民宿经营者在接待游客过程中，也会秉持宾至如归和一期一会的服务理念，为游客提供优质的住宿体验。

（二）浙江民宿

2003年起，浙江省开展了"千村示范、万村整治"工程，造就了优美的城乡大环境。随着苏浙沪市场出游需求和消费能力不断升级，浙江逐渐在城市、景区、古镇、海岛、乡村等分化出不同类型的民宿，如以莫干山、西湖等为代表的景区型民宿，以乌镇、西塘等为代表的古镇型民宿，以嵊泗、象山等为代表的海岛型民宿，并逐渐推动全省民宿发展进入快车道。截至2022年，浙江省民宿数量达2.5万余家，位居全国第一，年营收近100亿元。特别是湖州市德清县共有各类民宿近900家，床位超过1万张，年营业额突破30亿元，被誉为"中国民宿经济第一县"。①

1. 政府高度重视，高站位统筹民宿经济发展

浙江省相关部门在较早时期就认识到了发展民宿经济对盘活存量资产、丰富产品供给、保护传承文化、带动当地就业、吸引外出打工居民回归、优化产业结构、促进城乡协调等多方面的综合效益和重要作用，并将发展民宿经济确立为全省重大发展战略之一，将其作为推进旅游供给侧结构性改革、优化文旅产业发展格局的重要抓手和实施乡村振兴战略的重要载体。

2. 政策保驾护航，引领民宿行业规范发展

2016年1月，浙江出台实施《浙江省旅游条例》，在全国率先将民宿管

---

① 《浙江出台乡村民宿服务认证全国首部行业标准》，民主与法制网，2023年2月25日，http://www.mzyfz.com/html/2165/2023-02-25/content-1583619.html。

理列入地方性法规范畴。随后，陆续起草发布《关于确定民宿范围和条件的指导意见》等一系列政策文件，促进全省民宿行业规范化发展。出台《民宿基本要求与评价》行业标准，开展民宿等级评定，将全省民宿划分为白金宿级、金宿级和银宿级三个等级，各地不断涌现环境美、服务好、文化突出、带动面广的优质精品民宿。

3. 搭建各类平台，助力民宿产业蓬勃发展

近年来，浙江省文化和旅游主管部门积极担当、主动作为、综合施策，推进民宿产业快速发展。全面摸清民宿资源家底，牵头成立民宿产业联合会，搭建了产业互动交流平台；整合全省精品民宿，编制《浙江民宿导览》，搭建宣传推广平台，并在旅游交易会上进行重点推介，有效提升区域品牌民宿知名度和影响力。发布了《浙江民宿蓝皮书》，深入剖析浙江民宿发展特点、发展趋势和实践经验，为政府决策提供参考，为民宿产业发展提供遵循，为投资创业者提供借鉴与经验。

4. 培育优质品牌，打造多元化精品民宿

浙江民宿突出诗画江南的本土文化元素，形成了千村千面的乡村风貌和原汁原味的乡土人情，培育了丽水松阳、湖州德清、台州仙居、绍兴新昌等多个民宿集群和网红品牌。同时，深入推动民宿与当地农业、文化、生态、娱乐等领域融合，积极拓展"民宿+文创""民宿+美食""民宿+滑雪""民宿+康养""民宿+研学"等特色业态，推动民宿从单一的住宿向乡村综合体转型。浙江省文化和旅游厅正式启动"浙韵千宿"工程，旨在打造具有浙江特色的高品质民宿。到 2025 年，浙江将建设 1000 家品质高、特色足、综合效益强的乡村风情等级民宿，以跨界融合推进"住而有趣"，以多元整合推进"住而有品"，以放管结合推进"住而有范"，推动全省民宿产业发展再上新台阶。

（三）"大乐之野"民宿

"大乐之野"成立于 2013 年，是浙江莫干山地区最早的民宿品牌之一，从最初的莫干山 4 个民宿房间到安吉、太湖、宁海、余姚、锦溪、桐庐、中卫等多个地区、多个民宿系列，再到碧坞、庚村、绿山墙、锦溪、谷舍等12个旗下品牌，一处处美好的度假民宿、高调性的设计以及用心的服务受到游客、媒体、政府部门的一致认可与好评。

1. 因地制宜的环境特色与别具一格的建筑风格

"大乐之野"的经营理念是美好的生活体验，从最早的山居岁月到现在的小镇生活、江南水乡、高山台地、传统村落、隐世孤岛、高山梯田、黄河大漠等，每一处都是美好生活与环境特色的体验。比如碧坞店是山居生活体验，目前拥有6栋山居别墅，每栋由3~5间客房组成，共24间客房。这里是典型的20世纪七八十年代浙北民居，在保留建筑结构的基础上，大量使用旧木料、旧砖、旧瓦等从当地旧屋拆除下来的原材料，并运用现代建筑设计与装饰思路进行改造，达到修旧如旧、体现当地特色、融于环境的特点。

2. 民宿聚落发展模式与主题产品品牌

不同于小个体民宿及传统酒店发展模式，"大乐之野"以"1+N"（1家民宿+N个体验活动及配套）的发展模式打造自身特色民宿聚落。同时，以野有食（餐厅）、野有咖（咖啡厅）、野有酒（居酒屋）、野有集（生活美学空间）等为住店客人提供更多丰富的配套生活。此外，时常举办有趣的活动、聚会，民宿客人聚在一起变成朋友，享受"大乐之野"独特的乐趣与温情。

3. "小而美""小而精"的服务品质

"大乐之野"为每栋民宿请了不同的设计团队，确保每个系列的民宿都独具特色、别具一格。每栋民宿都配备管家服务，温泉、泳池、壁炉、地暖都是标准配置，客厅、餐厅、厨房等设施也一应俱全，配套设施十分完善。餐厅饮食都是选用靠山吃山、就地取材的纯天然新鲜食材，提供点菜及按人数配餐服务和私房菜套餐。此外，还根据地理区位和地域环境设计水上瑜伽、麦田书店、亲子乐园等各具特色的活动，给游客提供多种参与体验。

此外，重庆"巴渝民宿"、云南"古城古镇民宿"、河南"民宿走县进村"，以及四川、广东、江苏、山东等地的民宿产业发展也在全国处于领先地位，这些省份的成功经验为河北民宿经济发展带来一些启示。一是充分发挥政府部门管理和服务职能，明确区域民宿发展战略和总体布局，在环境治理、土地供给、财税金融等方面出台专项扶持政策，在旅游交通、医疗卫生、水电通信、便民设施等方面优化民宿所在区域环境，在资源整合、宣传推介、精准营销方面发挥"官宣"作用。二是在成立各级民宿行业协会组织的基础上，逐步建立完善行业监管机制，明确民宿发展规范、建设标准和经营制度，搭建民宿经营交流平台，丰富民宿理论和实践学习，建立与政府部门、民宿经营主体上下沟通与组织协调的桥梁纽带，指导民宿健康可持续发展。三是以地域文化为核心，突出本土特色、品质服务和个性化设计，强化民宿创意、文化内涵和产品丰度，打造多元化情境体验式民宿，形成主题鲜明、业态多样、等级分明的民宿产品，培育壮大本地民宿品牌。

五　河北省民宿产业创新发展路径

（一）建立健全民宿产业综合协调监管机制

一是各级政府要充分发挥统筹作用，积极联合文旅、公安、商务、消防、住建、卫生、市场监管、生态环境、应急管理等相关部门，建立符合本地实际的民宿行业综合协调和联合监管机制，理顺和明确监管主体、配合各部门职责，多方联动做好民宿行业的有效监督和统筹管理。二是利用好"双随机、一公开"机制，定期开展多部门联合指导与监管，重点针对设备安全、食品安全、网络经营、价格诚信、环境卫生、市场秩序等方面，形成常态化定期检查与节假日重点检查相结合的动态管理机制和民宿安全"自主承诺+随机监督抽查+失信惩戒"机制，实现多部门、一次性、全方位监管。三是加强各级民宿行业协会建设，研究制定地方民宿行业管理制度，大力推进民宿行业在市场秩序、服务质量、安全卫生等方面强化自律管理和标准化建设，定期开展政策宣贯、从业人员培训、经验交流学习等相关工作。

（二）持续完善民宿产业配套支持政策

一是鼓励属地政府优化民宿办证、审批、登记制度，设立一站式服务窗口或开辟绿色通道，打通民宿住宿实名登记系统接入及卫生、食品、消防安全检查、特种行业等许可证办理的"最后一公里"，真正落实"进一次门，办多项事"。二是完善落实土地政策保障，对民宿聚集区域加大政策倾斜力度，探索推动点状用地在民宿建设中的试点试行；在符合各类规划、保障农民权利的条件下，鼓励利用村集体建设用地发展民宿经济，解决产权纠纷导致的民宿用地问题，探索灵活解决公共服务配套用地问题的机制。三是强化资金与金融支持，制定推动民宿发展的专项资金、奖励补助、税费减免、水电减免等优惠政策；引导金融机构和民宿创办主体开展银企对接活动，鼓励金融机构创新担保机制和信贷支持模式；支持地方通过国有参股、农户以房屋作价入股或租赁经营等形式，组建旅游民宿经营管理公司，构建资源整合和融资运作平台。

（三）鼓励探索民宿标准化管理与运营模式

一是加强规范化管理，鼓励地方政府依托行业协会，对区域内民宿产业的规划布局、风貌设计、运营模式、行业规范、评星定级、经营制度、宣传招商、培训交流等进行统一指导把关，并建立奖惩退出机制，引导民宿行业健康有序发展。二是突出标准化打造，通过政府背书方式，对区域民宿实行统一编码管理，将民宿代码、民宿名称、联系电话、房间数量、床位数量、运营方式、民宿等级等关键信息登记造册，并以此规范高、中、低不同档次民宿收费和服务标准，让游客有得选、选得准。鼓励地方统一设计民宿品牌标识，注册申请区域（地方）公共品牌，对满足标准的民宿授予品牌标识使用权，并制作专门"身份证"。三是引入日本温泉民宿、秦皇岛阿那亚民宿等的发展模式与服务理念，探索咨询预订、入住办理、布草清洗、服务设施、环境风貌和设计装修提升指导等一体化联合经营模式，为游客提供一站式便捷服务。

（四）创新培育民宿品牌产品与特色业态

一是围绕《河北省加快建设旅游强省行动方案（2023—2027 年）》中"一体两翼五带"的空间格局，重点依托京张体育文化旅游带、长城文化旅游带、大运河文化旅游带、太行山旅游带、渤海滨海旅游带"五带"建设，推动民宿集聚化、主题化发展。二是依托全省优势资源，创新培育山野客栈、滨海渔家、长城乡居、运河人家、草原牧家、温泉汤宿、田园农家、艺术社区、民俗家园、河畔湖居、冰雪小屋等民宿品牌产品与核心特色，做强河北旅游民宿的"冀忆乡居"品牌支撑。三是创新"文化+民宿""农业+民宿""餐饮+民宿""节庆+民宿""体育+民宿""教育+民宿"等业态融合与产品优化模式，在民宿周边因地制宜开发农业观光、农事体验、非遗体验、户外运动、体育健身、特色研学、文娱活动等配套项目，力争围绕民宿形成多条旅游线路，提升游客参与度和体验感，增加游客停留时间。

（五）分类构建民宿产业发展模式与路径

民宿产业可大体划分为交通区位依托型、景区带动发展型、主题文化依托型、生态环境依托型和特色产业依托型等五种发展模式，每种类型的民宿都有特殊的发展路径。一是交通区位依托型民宿，要重点依托交通枢纽、中转村落，突出综合接待、美食体验、商品购物、自驾车服务等特色供给，完善"吃住行游购娱"等旅游要素和基础设施，整体提升接待服务水平。二是景区带动发展型民宿，要突出景宿一体化发展，强化景区主题元素植入，并在民宿配套产品开发中注重与景区已有内容和功能的互补发展、体验延伸，实现资源结合、互利双赢。三是主题文化依托型民宿，要挖掘确定核心文化并将文化元素创意融入民宿建筑设计、软装改造、项目设置，以情境体验、活态呈现等方式增加参与性、趣味性强的产品业态，形成主题突出的民宿文化 IP 和特色居住体验。四是生态环境依托型民宿，重点突出绿色低碳、亲近自然生态优势，创新发展生态宜居、休闲娱乐、康养度假的民宿集聚项目与产品业态，打造自然乡居度假品牌。五是特色产业依托型民宿，重点突出特色产业与民宿的融合嫁接，衍生系列产业资源下的主题产品、特色业态与住宿体验，促进特色产业与民宿行业协同发展。

（六）完善民宿配套基础设施与公共服务设施

一是加强民宿所在地区与外部高速公路、干线公路、火车站、汽车站、机场等交通设施的联系，改善提升旅游民宿所在地"毛细血管"道路连接，优化内部消防车、生活服务车辆通行道路，完善民宿直通车、包车服务及停车换乘设施等，实现内外交通无缝衔接。二是围绕数字乡村开展主客共享的智慧化公共服务提升行动，完善汽车租赁、汽车救援、加油维修、旅游咨询等服务功能，优化旅游厕所、生态停车场、游览步道、骑行绿道、健身设施、生活超市、快递点等生活配套服务设施建设，为游客、居民提供便捷的旅居生活环境。三是大力推进农村人居环境整治，加强消防给水设施和治安巡防、志愿消防组织建设，完善通信网络、水电暖、环境卫生、综合防灾、安防安保系统设施，提升民宿所在村庄景观效果。

（七）大力促进民宿市场主体多元化发展

一是加大招商引资力度，引驻四季民宿、松赞、云尚、花筑原舍等知名民宿品牌，支持河北旅投、康旅控股、唐山文旅投等骨干企业和旅行社、酒店、文化、工业等各类企业投身民宿产业发展，并注重培育本土民宿企业品牌。二是鼓励村集体利用农村资源、资产、资金组建民宿合作社，自主开发或者合作入股连片民宿项目，鼓励景区周边或特色资源优势区的农户利用自有房屋改造提升为旅游民宿。三是开展民宿创客行动，吸引高校毕业生、返乡青年、退伍军人、设计师等参与民宿的建设与管理；探索众筹共创民宿发展模式，对闲置房屋进行统一改造、开发和经营管理，打破融资瓶颈。

（八）持续加大宣传推广与精准营销力度

一是加大等级民宿的品牌塑造与宣传推广力度，打造民宿样板，引导更多潜在消费者认可等级民宿品牌，进一步带动住宿产业转型发展和微度假目的地建设。二是创新政府支持、部门协同、企业联手、媒体跟进、游客参与的"五位一体"宣传方式，将民宿推广融入省市县旅游产品、精品线路宣传矩阵，创意策划打造精品民宿专题栏目，推出主题推广活动。三是鼓励民宿依托大数据对目标客群进行精准营销，做好京津冀、长三角、珠三角等重点市场的广告精准投放，做细亲子度假、蜜月旅游、银发康养、研学教育、自驾休闲等重点人群的"爆款"产品推送和话题营销。鼓励民宿依托微信、微博、抖音、小红书等社交媒体进行宣传，并与去哪儿、携程、美团等平台深度合作，提供精品民宿信息、实用攻略、套餐组合等，并实现与地方自媒体平台的链接与互通。通过内容营销、交互式营销、视频营销等手段，以及网红大咖引流、直播带货、小视频、App 推送等方式，进行立体式市场宣传，构筑强势营销体系。

（九）培育构建高素质民宿人才支撑体系

一是积极引进民宿职业经理人，采取项目合作、岗位聘任、任务聘用、短期兼职、授课培训、技术入股等多种方式柔性引进专业民宿经营管理人才。鼓励河北大学、河北经贸大学、河北旅游职业学院等相关院校开设民宿管理与运营、民宿管家等相关专业，大力培养民宿运营管理人才。建立民宿人才名录，大力培树民宿带头人，带动村民共同发展民宿经济。二是建立省市民宿人才培训与交流机制，聘请专家学者、优秀民宿经营者进行民宿管理、技术服务培训或开展民宿品质提升现场指导工作，组织选送优秀民宿运营管理人才参加高等级专业进修、培训和考察交流活动。三是完善推广以赛促学方式，在省市范围内持续开展民宿服务技能竞赛、民宿管家服务技能大赛、民宿直播人才选拔赛、民宿伴手礼设计大赛等，为民宿培养新型综合性人才。

参考文献

戴其文等：《世界范围内民宿内涵的演变及对我国民宿发展的启示》，《中国农业资源与区划》2022 年第 11 期。

杨柯俭、徐向安、王磊：《日本民宿发展研究及对我国的启示》，《中国商论》2019 年第 4 期。

陈瑾：《乡村旅游转型升级下我国民宿经济高质量创新》，《企业经济》2020 年第 12 期。

张葳、施俊庄：《乡村振兴背景下河北乡村旅游高质量发展研究》，《经济论坛》2021 年第 9 期。

田力：《乡村民宿与乡村旅游协同发展的路径研究》，《智库时代》2019 年第 4 期。

吴丽云、张燕雪：《乡村民宿："三化"发展引领未来方向》，《环球经济》2019 年第 1 期。

雷俐丽：《河南乡村民宿发展现状及金融需求》，《绿色科技》2020 年第 18 期。

王文妍：《"民宿热"背景下对乡村民宿集群化现象的思考》，《大众文艺》2019 年第 2 期。

叶振强：《乡村民宿规范化管理研究》，西北农林科技大学硕士学位论文，2019 年。

案例分析篇

B.18

文旅融合推进城市休闲旅游
发展模式探索

——以唐山市为例

胡　颖　章叶童　姚丽芬*

摘　要： 在文旅融合背景下，唐山市持续用文化赋能旅游发展、丰富旅游内涵，大力探索城市休闲旅游发展模式，让"诗"和"远方"在群众眼前的城市生活中实现更好联结。本文分析了文旅融合助推城市休闲旅游的发展背景，深入探索唐山发展城市休闲旅游的条件基础，对唐山文旅融合推进城市休闲旅游发展模式进行解读，总结了唐山文旅融合推进城市休闲旅游发展的经验，并据此提出唐山文旅融合推进城市休闲旅游的启发与思考。

---

* 胡颖，河北经贸大学硕士研究生，主要研究方向为旅游管理；章叶童，河北经贸大学硕士研究生，主要研究方向为旅游管理；姚丽芬，博士，河北经贸大学旅游学院副教授，硕士研究生导师，主要研究方向为区域经济、旅游消费行为。

关键词： 文旅融合　城市休闲旅游　文化赋能　唐山

在全域旅游理念的引领下，城市居民的休闲游憩空间与游客的观光游览空间进一步交融重叠，城市日渐成为主客共享的重要休闲空间与消费场景。唐山市立足当地资源优势，以文旅融合为抓手，通过新场景打造、新业态提升、新服务升级、新形象宣传，聚力完善周末休闲旅游产品体系、服务体系、环境体系、政策体系、营销体系等，扩大旅游消费、繁荣周末经济，打造河北省城市休闲旅游示范样板。

一　文旅融合推进城市休闲旅游发展背景分析

（一）文旅融合为区域经济发展注入新动能

文化是旅游的灵魂，旅游是文化的载体；旅游因为增添文化底色而富有内涵，文化因为旅游带动而焕发活力。党的十八大以来，以习近平同志为核心的党中央高度重视文化和旅游发展，2018 年组建文化和旅游部，做出推动文旅融合的重大决策。各地坚决贯彻落实中央指示，不断推进文化旅游深度融合发展。在中央和地方双向推动下，文旅融合形成了资源、产业、服务、推广融合叠加的良好态势。文旅融合契合高质量发展要求，为区域经济发展注入新动能。近年来，随着文化与旅游的深度融合发展，我国旅游城市建设正在由过去要素保障型向质量内涵型转型升级，文旅融合为城市旅游建设提供坚实基础。2021 年，"十四五"规划提出要"打造一批文化特色鲜明的国家级旅游休闲城市和街区"，将全面推进城市休闲旅游发展提升到新的高度。在未来一个时期，扩大旅游休闲消费市场、优化旅游休闲产品、完善旅游休闲服务，将成为文旅产业融合发展的重点，文旅融合将为城市休闲旅游注入新的活力。

（二）夜间经济为城市休闲发展提供新模式

夜间经济被认为是城市延长消费时间、拉动经济增长的重要举措。近年来，夜间经济受到中央和地方的高度重视，各地纷纷出台相关举措。夜间经济的健康发展能够丰富城市产业结构和产品供给，满足居民对美好生活的向往，打造城市特色旅游品牌，形成新的经济增长点。2022 年，中国 GDP 达1204724 亿元，按不变价格计算同比增长 3%，[①] 为国内各行各业稳定发展提供了经济基础。据统计，我国居民消费近 60%发生在夜间，中国夜间经济规模快速增长的节点是 2016 年。截至 2020 年，中国夜间经济规模突破 30 万亿元大关，预计 2023 年夜间经济规模将超过 48 万亿元。夜间经济作为日间经济的补充和延展，可以为居民提供更多休闲、购物、娱乐的消费场景，满足不同消费群体的多样化需求，充实城市发展休闲旅游内容。夜间经济不只是美食，多元化的业态和城市文化才是夜间经济保持长久生命力的核心。为满足消费者对高品质、个性化的夜间消费需求，实体商户除延长营业时间外，更致力于对餐饮、零售、娱乐休闲等业态的提质升级，并以户外空间为主，丰富消费场景，实现业绩增长。不少城市已经探索出成熟的夜间经济发展模式，往往把文旅融合作为核心要素，如西安"大唐不夜城"，主推大唐文化，依托西安深厚的文化底蕴，融入商业、休闲、娱乐、体验等多种元素，打造特色IP 符号，精心设计夜演、夜游、夜市三大夜间经济品牌，并以"唐文化"贯穿内外、贯彻始终；天津则围绕戏曲、相声等特色文化发展夜间经济。

（三）"City Walk"为城市休闲游带来新机遇

"City Walk"起源于英国伦敦的"London Walks"，也叫城市漫步，是指在城市中徒步探索、游览的活动。它是一种休闲方式，让人们通过步行深入城市，欣赏城市的景观、建筑，感受文化和氛围。"City Walk"一词虽来自

---

① 《国家统计局关于 2022 年国内生产总值最终核实的公告》，中国政府网，2023 年 12 月 29日，https：//www.gov.cn/lianbo/bumen/202312/content_ 6923263. htm。

海外，却在我国扎扎实实地"开枝散叶"。2023 年以来，"City Walk"爆红网络，《2023 小红书 City Walk 趋势报告》数据显示，2023 年上半年，小红书平台上"City Walk"的相关搜索量同比增长超 30 倍，据不完全统计，过去一年"小红薯们"已"Walk"了 32 万公里，相当于绕地球 8 圈，成为继露营、飞盘后的又一潮流热词。进入信息化社会，越来越多人通过网络联结在一起，现实中"附近的消失"已经成为许多人的困扰，而"City Walk"能够号召年轻人重新关注现实生活，符合年轻人的现代生活方式。在国内，越来越多的人参与这项活动，漫游探索城市魅力，近距离感受城市温暖，在漫步中发现城市特色，换一种方式欣赏城市中的"诗和远方"，"City Walk"已经成为城市发展休闲旅游的新兴动力。"City Walk"的核心在于旅游体验，游客希望旅游是充实、丰富、有新体验的，与人和场景产生联结、与周边产生联结，而"City Walk"的沉浸感和新鲜感正是游客最大的乐趣。从小红书相关笔记的类型来看，"City Walk"并不是无意义的随便走走，笔记热门类型中的"人文风光展示""美食探店""景点""接地气生活"都指向"City Walk"目的地，它们分别代表文化、饮食、美景、当地生活，也就是最能标识城市特色的模块。"City Walk"的第一要素是文化，这表明相较于自然美景，绚丽多彩的文化更能打动人，它让"City Walk"更具体验感，让城市旅游发展更具活力。无论城市本身的文化底蕴如何，光有自然美景是远远不够的，只有挖掘本地文化，丰富文化产品和体验，实现文旅融合，才能促进城市休闲旅游的可持续发展。

二　唐山市发展城市休闲旅游的条件分析

（一）政策文件为城市休闲旅游指明了方向

唐山市积极响应国家文化和旅游消费试点城市创建工作，加强顶层设计和政策引导，大力推进文旅融合发展。截至 2023 年，唐山市印发了《唐山市推动文化旅游产业发展支持政策》《唐山市文化和旅游消费试点城市创建工作方案》《唐山市"帮文旅促消费"行动实施方案》等，从惠企、惠民、强化文旅产品供给和公共服务等方面出台推进文化和旅游消费试点城市建设的举措，确保各项规划有序推进。2023年6月30日，唐山市颁布《唐山市加快建设旅游强市行动方案（2023—2027年）》，提出以推动文旅融合为方向，立足唐山资源优势，聚力完善唐山休闲产品体系，把唐山市打造成河北省休闲旅游示范城市，明确提出唐山市建设旅游强市的目标和路径，展示了唐山市以文旅融合助力打造休闲旅游城市标杆的信心和决心。

（二）社会经济为城市休闲旅游提供了保障

经济水平是休闲旅游发展的内生动力。唐山市是百年工业名城，经济实力雄厚，2021年唐山市GDP达8230亿元，在河北省内排名第一，在北方地区排名第八；2022年唐山市GDP达8900亿元，超河北省会石家庄市2200多亿元，在河北省内蝉联第一，人均GDP达11.56万元，[①] 市民生活富裕、生活水平显著提高，休闲旅游需求旺盛，对多种多样、丰富多彩的休闲娱乐方式兴趣浓厚，文化教育、体育、健身、休闲度假成为新的消费趋势，经济基础为文旅消费和城市休闲旅游发展提供强有力的支撑。

（三）交通优势为城市休闲旅游提供了支撑

唐山市地处河北省东北部，依山环海，与秦皇岛和北京、天津毗邻，从地理位置来看，唐山市客源地密布，辐射范围较广。北京和天津是我国主要的旅游中心城市和重要的旅游客源地，是河北省主要的旅游客源市场，也是唐山市的核心客源地。在京津冀协同发展背景下，京津地区与河北省的联系更加深入，京津是拉动河北省经济增长和旅游发展的重要城市，大规模的人口流动和经济消费为发展城市休闲旅游提供了基础。唐山市正处于人口稠密区和经济发达区的交错地带，发展城市休闲旅游具有优越的区位优势。唐山

---

① 《冀观察2022年河北各地市GDP排名出炉：唐山超石家庄2200多亿元　蝉联第一》，"金台咨询"百家号，2023年3月17日，https：//baijiahao.baidu.com/s？id=17606044987228 36488&wfr=spider&for=pc。

市内交通发达，形成铁路、公路、飞机、港口等完善的交通体系。全市铁路网呈现"六横五纵"主格局，运营里程达1266公里；公路网络布局更加完善，2012~2022年全市新增公路6000公里，总里程达1.99万公里，基本建成城市辐射县、乡、村，干支线相连的公路网络；唐山港与国内外120多个国家港口实现通航，2022年底唐山港吞吐量76887万吨，跃居世界港口第二位；2023年初唐山机场执行航线17条，通航城市23个，覆盖全国17个省级行政区。[①] 唐山市的立体交通网络为城市休闲旅游发展提供坚实的支撑。

（四）旅游资源为城市休闲旅游提供了基础

唐山市旅游资源丰富，具备良好的产品供给能力。唐山市自然景观类型丰富且独具特色，有山、海、林、岛等多样景观，也有兼具历史文化内涵的人文景观，不仅有长城文化，更有百年工业文明、丰富的民俗文化和红色文化，唐山市内拥有世界文化遗产、国家历史文化名城、国家历史文化名镇、国家级乡村旅游重点村、全国重点文物保护单位、全国工农业旅游示范点、全国红色旅游景点景区等旅游资源。唐山更是一座滨海城市，物产丰富，拥有6家中华老字号、70家唐山老字号，以及众多耳熟能详的风味小吃。[②] 唐山培仁历史文化街是首批国家级旅游休闲街区，南湖夜间文旅消费集聚区是第一批国家级夜间文化和旅游消费集聚区，多玛乐园是首批国家旅游科技示范园区，这三个示范区均是唐山发展夜间经济和城市休闲旅游的重点区域，是年轻人的热门旅游目的地。丰富的自然资源和人文资源为唐山市打造休闲旅游城市提供充足的底气。

（五）服务能力为城市休闲旅游提供了保障

唐山具有较强的休闲度假接待能力和集散能力。近年来，唐山城市

---

① 《这十年，看唐山基建①综合交通网建设成就显著》，"身边24小时"百家号，2022年10月30日，https：//baijiahao.baidu.com/s? id=1748189852937397450&wfr=spider& for=pc。
② 《唐山老字号嘉年华暨餐饮美食展览会即将开幕》，"中工网"百家号，2023年9月20日，https：//baijiahao.baidu.com/s? id=1777525743393678578&wfr=spider&for=pc。

开发与建设步伐不断加快，休闲娱乐公共服务和设施不断完善，如广场、公园、绿地、会展中心、体育场馆、剧院、文化馆、影院、商业广场、百货大楼等公共场所成为市民休闲娱乐的好去处。与旅游相关的"吃住行游购娱"等行业功能完善、服务质量较高。目前唐山共拥有 A 级以上景区 57 家、星级酒店 38 家、旅行社 155 家，[①] 良好的基础设施和丰富的旅游供给为唐山市的旅游接待能力提供保障，也为唐山市城市旅游发展奠定基础。

（六）生态环境为城市休闲旅游提供了空间

城市休闲环境是衡量城市户外游憩活动的重要指标。唐山市重视城市生态环境建设，2021 年开展造林和绿化提升工程，完成绿化面积 6.63 万亩，开展封山育林项目，完成封育面积 7.2 万亩。城市绿地遵循开放共享原则，拆除违建违挡，设立绿地免费进入标识，鼓励、引导群众在绿地中进行休闲活动。截至 2023 年 9 月，累计开放共享绿地面积 320 公顷，其中林下空间166 公顷，草坪 154 公顷。[②] 开放共享的绿地为市民和游客提供了休闲游憩、户外露营、运动健身等亲近自然的城市绿色空间。

三　唐山市文旅融合推进城市休闲旅游发展模式解读

（一）锻造文旅品牌，讲好唐山故事

依托类型多样的自然生态景观、悠久的历史文化底蕴和丰富的现代文化资源，唐山市大力推进文旅深度融合，优化旅游发展格局，以"旅游+"不

---

① 《唐山市 A 级景区名单》，买购网，2022 年 7 月 17 日，https://www.maigoo.com/search/?block=&q=%E5%94%90%E5%B1%B1%E5%9B%9BA%E7%BA%A7%E6%99%AF%E5%8C%BA。
② 《我市打造精致靓丽的城市园林绿化新风貌》，"唐山发布"百家号，2023 年 9 月 9 日，https://baijiahao.baidu.com/s?id=1776487985479114354&wfr=spider&for=pc。

断拓展文旅发展新空间，全力打造河北周末休闲旅游示范城市。唐山市借助旅发大会重要契机，着力深化"唐山周末"文旅品牌。"唐山周末"是综合性休闲度假品牌，将生产、生活和服务链接在一起，以旅游为牵引进行产业融合，高质量发展全域旅游。"唐山周末"精心策划10条精品旅游线路，为人民打造更多"诗和远方"，为唐山文旅发展注入澎湃生机，为唐山发展城市休闲旅游提供助力。

讲好唐山故事，唐山旅游宣传登上央视平台，借助京津冀协同发展战略，推动唐山与京津两地的资源共享和市场共建，扩大京津市场。在京津较大的旅游集散地推广唐山市文旅品牌，通过进驻线上平台，增强唐山休闲旅游城市品牌辐射能力。举办线下品牌推介活动，策划邀请网络达人参与，在微博上组织开展话题宣传，抢占优势流量；与各级主流媒体通力协作讲好唐山故事，扩大唐山故事影响力，助力唐山发展城市休闲旅游。

（二）培育产业集群，打造游玩好去处

唐山市通过培育文旅产业集群，不断探索文旅融合新模式，拓展文旅融合新空间，坚持以文旅融合推动城市休闲旅游建设。唐山统筹市内5A级、4A级景区和其他知名景区，将景点串联起来，精心策划文艺演出和主题活动，实现文化、商业、旅游、娱乐等深度融合，为市民打造休闲好去处。唐山市从未停止探索定位创新和方向创新的脚步，结合自身地域情况，以文旅融合、数字创新和城市休闲为发展方向，精心策划一大批重点文旅项目，培育形成三大民宿聚集区和四大文旅产业板块，持续用文化赋能旅游发展，满足人民美好生活需求。丰富旅游内涵，提升旅游文化价值，唐山整合市内文旅消费聚集区、街区、产业园，大力推进"文旅+体育""文旅+非遗"等模式，催生文旅融合新业态、新模式，为游客提供多样化的旅游活动。同时，依托唐山市厚重的工业文化，积极整合工业旅游资源，构成承载城市记忆的"四馆一街"文化产业集群，形成以工业文化为主题的研学产品谱系，打造一流研学品牌。积极寻求产业契合处、

联结点，全面深化跨界融合，催化文旅产业新业态，丰富和创新旅游体验新方式，着力打造唐山文旅融合高质量发展新引擎，通过文旅融合让美好生活持续扩容。

（三）赋能文旅融合，助推城市建设

一是提升服务质量，拓展消费空间。唐山市通过一系列举措，提高公共服务质量，创新消费新场景。唐山市延长图书馆、大剧院等文化场所营业时间，延长游客停留时间和消费时长。全面实现京津冀一卡通互联互通，调整公共交通等基础设施的运营时间，如途经旅游景区的公交车和旅游专线等，增加了游客可选择的游览时间段，大大方便了游客乘坐公共交通，在一定程度上拓展了客源市场、增加了市场份额。唐山市智慧景区建设支持人脸识别和体温检测，基本实现"一秒入园"。组织开展河北省职业技能导游员大赛，唐山市获得全省第二名的成绩，提高了导游员的职业素质，大大提高了唐山市旅游景区的服务接待能力。2022年，唐山市不断完善公共服务设施，新建、改建旅游厕所，新增道路服务驿站和观景台，建设区域旅游集散地和自驾车营地，在增加游客景区停留时间的同时，也提高了文旅消费便捷程度，为城市休闲游拓宽消费渠道。

二是丰富文旅产品，创新优质供给。为实现打造高质量旅游目的地的目标，唐山市推进高等级旅游景区创建工作，在全域范围内打造提升一批高等级高品质 A 级旅游景区和主题景区，市内 A 级以上景区达 57 家，其中曹妃甸多玛乐园、遵化尚禾源景区、迁西龙井长城漂流景区晋升为 4A 级景区；积极挖掘唐山本地饮食文化资源，打造一批高质量美食商家，形成美食地图，产生地标效应，打造高知名度的美食聚集区，为游客提供多样化的"美食旅游"精品线路。同时，积极开发、打造一批彰显唐山特色文化的旅游目的地，如特色文化小镇、特色旅游街区、特色研学基地等，为游客提供多样化、个性化的旅游产品，支持、引导户外休闲运动、传统民俗文化、研学旅游等元素进入旅游景区、主题乐园和乡村旅游村落，推出一系列沉浸式

舞台剧、音乐节、趣味运动会和其他演艺节目，创新旅游体验，增强旅游的互动性和趣味性，把游客吸引到城市，使游客停留在城市、消费在城市。创新文旅供给，积极打造唐山经济发展新引擎，为城市休闲旅游发展提供新动力。

三是搭建智慧平台，创新旅游服务。2023 年 4 月，唐山市级智慧旅游平台上线运行，平台精心打造多功能板块，完善旅游公共信息服务系统，如旅游信息咨询服务系统、旅游解说服务系统、旅游指引服务系统，为游客提供完备的旅游服务指南，保障游客安全。同时打造唐山南湖·开滦旅游景区等 7 家智慧景区示范单位，多玛乐园成为全省唯一首批国家旅游科技示范园区，唐山智慧旅游驶入发展快车道。唐山市持续引入新科技丰富游览体验，推动智慧旅游城市、智慧旅游景区建设，培育更多智慧旅游创新企业和示范项目，完善旅游信息基础设施，创新旅游公共服务模式，引导新业态发展，打造沉浸式旅游空间。同时进一步拓展文旅产业智慧化系统发展空间，推动大数据、人工智能、区块链等新技术落地，加快新技术与旅游信息管理、市场运营、管理决策等融合发展，激发创新活力，丰富发展模式，推动"互联网+旅游"服务水平实现整体跃升，推动旅游智慧化进程，为城市休闲游提供技术支撑。

四是赋能文旅企业，稳定市场主体。唐山认真落实助企纾困政策，刺激市场主体焕发新活力，印发《唐山市文化广电和旅游局关于促进文化产业和旅游业恢复发展的八条政策措施》等，对旅游行业符合条件的小微企业加大支持力度，并鼓励银行对文旅行业相关小微企业、个体工商户分类给予支持。

（四）强化公共服务，实现主客共享

城市的公共服务不仅关乎服务，更连接着民心。唐山市坚守初心本色，立足群众、惠及百姓，全力推动智慧服务进社区，致力于提高居民生活的智慧化、便利化水平，打造宜居便民生活圈，持续提高居民幸福感和满足感。完善公共文化服务体系，在景区内引入文化场所，增添景区文化底色，创新文旅运营模式，盘活公共文化存量资源，突出文化性、公益性、休闲性，使景区成为综合性休闲空间，能够满足居民休闲游憩、文化娱乐、强身健体、观光游览等多种需求，提升公共文化服务质量和水平，既让居民享受到公共服务，也让游客在景区里感受到城市文化，提高旅游服务效率。坚持旅游为民、旅游惠民，让人民群众享受更高质量的幸福旅程。唐山市制定了《2023 年唐山市文化和旅游消费促进活动实施方案》，统筹财政资金 400 余万元，2023 年上半年发放文旅惠民卡 1.8 万张、惠民券 40 万张，鼓励景区实施门票减免政策，众多高品质景区免费开放，不仅让本地群众享受到旅游发展红利，也吸引了更多外地游客，真正实现了"主客共享"。

（五）加强市场治理，保障安全发展

唐山市严抓市场监督管理，营造良好的营商环境和消费环境。唐山市政府组织开展文化和旅游市场专项整治系列行动，制定实施《2022 年文化和旅游市场集中整治行动实施方案》《关于进一步提高监管效能推动高质量发展工作方案》等，坚持"双随机、一公开"原则，深入推进监管工作，严格开展"扫黄打非""扫黑除恶"及知识产权保护工作，对旅游行业内存在的敲诈勒索、强买强卖、侵害消费者利益以及在旅游景区内的寻衅滋事、聚众扰乱景区秩序等涉黑涉恶行为进行严厉打击。进一步规范企业行为，维护市场秩序。唐山市在安全生产大检查期间，累计出动监督人员 3096 人次，检查文旅企业 1147 家，发展、整改安全隐患 603 处，为全市文旅产业未来持续发展打下稳定坚实的基础。关注游客人身安全和消费安全。唐山市关注老年人诈骗，成立"养老诈骗"工作专班，制定整治养老诈骗工作方案，积极开展防诈骗宣传活动，对被举报的涉事公司进行核实检查；加强未成年人思想道德教育，减少文旅运营的不稳定因素，进一步保护游客消费安全。从宏观到微观，为游客打造安心、安全的城市休闲旅游环境。

四 唐山市文旅融合推进城市休闲旅游发展的经验借鉴

（一）丰富城市休闲旅游新业态

积极培育"文旅+""+文旅"等新业态、新模式，促进文旅与教育、体育、会展、养老等融合发展，拓展文旅消费的新空间，合力推动文旅经济高质量发展。一是丰富"夜游、夜演、夜宴、夜购、夜读、夜宿"夜间旅游产品；二是依托唐山文旅资源，在工业文化旅游、冰雪文化旅游、康养文化旅游、滨海文化旅游、湿地文化旅游发展上下功夫；三是在产业融合模式上注重发挥联盟影响力和引领力，鼓励文旅企业发展，培育一批创新能力强、业态模式新、质量品牌优的明星企业；四是做到"内培、联合、外引"并举，加快集聚整合资源要素，大力推动产业模式创新发展，为京津冀大范围文旅产业融合发展提供动力支撑。

唐山市丰富城市旅游新业态，重点打造"唐山宴"和曹妃甸滨海旅游目的地。"唐山宴"会集唐山百位非物质文化遗产传承人和当地特色小吃，打造沉浸式特色餐饮度假地，倾情设计美食品牌；创新业态，设计我国北方最大的全场景沉浸式水上项目——河头老街、独具特色的田园风光——山里各庄，为唐山发展城市夜经济注入强劲活力，利用线上线下渠道进行全方位营销，为游客留下一段美好的城市记忆。曹妃甸打造海滨旅游目的地，通过高标准编制全域旅游规划，加快构建"一核、两带、三板块、七组团"格局，用活旅游资源，并运用曹妃甸特色文化发展海豚小镇项目和揽月湾景区，建设高品质餐饮街区，承办国家级体育赛事和节庆活动，打响曹妃甸文旅品牌，让文旅经济火起来。唐山市通过丰富城市旅游新业态，为城市休闲旅游发展夯实基础。

（二）大力提升数字文旅新体验

文旅产业数字化在培育发展新动能、平衡供需矛盾、推动转型升级等方面具有重要作用。唐山市通过智慧旅游建设提升整个智慧文旅企业内的管理、服务水平，努力攻坚数字文旅平台，为文旅企业搭建"企业内部生态+企业周边业态"的完整生态链。数字文旅平台与企业是共存共荣的合作关系，平台可以为企业开展营销活动以及后续对游客的跟进服务提供全方位支撑，借助科技手段对唐山的工业文化、长城文化进行创造性转化，将虚拟现实等技术应用于文化场馆，让工业文化、长城文化资源焕发新的生命力，推动唐山公共文化服务走上"云端"、进入"指尖"，为唐山发展城市休闲旅游提供高质量服务能力。

（三）全力构建文旅营销新机制

唐山市树立文旅"一盘棋"的营销思路，发挥资源整合优势，开展整体营销，形成推广合力。整合各类旅游宣传资源，建立市、县（区）、景区三级联动机制，采取品牌打造、重点聚焦、特色活动、内引外联、揽客奖励、全民参与"六位一体"文化旅游宣传营销机制，统筹开展"唐山周末"形象宣传，打出"组合拳"，形成集约化营销机制。大力开展事件营销、兴趣营销、内容营销，建立分地域、分人群、分季节的"唐山周末"主题营销活动体系。广泛整合传统媒体和新媒体传播渠道，形成"唐山周末"宣传合力。通过与主流媒体、新媒体平台进行深度合作，重点进行短视频、挑战赛、网络直播内容开发，引导培养一批唐山文旅正能量达人，重点打造一批代表唐山文旅气质的"网红"打卡地，鼓励本地居民和外来游客通过自媒体、社交平台等传播"唐山周末"品牌，引导全民营销，营造"人人都是唐山周末代言人"的氛围，打造全民创新营销体系，把唐山城市品牌打出去，努力提升休闲旅游城市影响力。

五　唐山市文旅融合推进城市休闲旅游发展的启发与思考

（一）强化顶层设计，破除发展障碍

唐山市推出一系列规划和行动方案指导京津及周边省份游客休闲度假重

要目的地、河北周末休闲旅游示范城市建设工作，各项行动都在稳步推进中，从丰富产品业态、提高消费便捷度到各种惠民共享举措，向着城市休闲旅游发展稳扎稳打。一要强化顶层设计，注重政策机制引领作用。政策的制定和落实需要相关部门做好监督管理，既要确保政策高标准制定，也要确保政策高标准落实、工作高质量完成。二要坚持协调发展，不仅要有效整合唐山市内旅游资源，规划城市休闲旅游发展布局，也要加强地区合作，借助京津冀协同发展战略，加强与京津地区协作交流，实现优势互补，共享旅游资源、共建旅游市场，形成京津冀文旅产业共荣、共享、共赢的局面。三要抓紧项目建设。项目是文旅产业发展的基础，政府要合理规划开发文旅项目，加大对项目建设的资金支持力度，统筹协调项目建设，加强企业合作，共建优质旅游项目，创新城市休闲旅游优质供给。

（二）深化文旅创新，保留城市记忆

唐山市拥有丰富多样的文化，需要充分挖掘当地特色文化，坚持以文塑旅、以旅彰文，深化文旅融合发展，为城市休闲旅游发展提供充足的文化底气。一要推动文化赋能，打造高品质民俗文化旅游产品。推动唐山特色文化资源有形化、故事化、体验化，如唐山皮影戏、抗震文化、陶瓷文化，以优质文化产品增强文化认同，重点打造文旅融合城市景观，充分利用各种媒体营销，不仅要做得好，更要让别人知道，重塑自身特色文化品牌，吸引并留住游客目光，从而抢占更多市场份额。二要彰显特色文化底蕴，丰富文化内涵。文旅融合不仅要让游客享受到旅游产品，更要让游客感受到文化内涵、留下深刻印象，不仅要在文旅产品设计上入手，更要在文化的表达和传递上下功夫，可在重点推介的景区、景点配备专业讲解员，为游客讲述产品的文化内涵，增强游客体验感，让游客充分感受唐山发展城市休闲旅游的诚意，以达到"以点带面"、一个游客带动一波人的效果。三要紧跟市场需求，实现文旅创新。旅游产品同质化一直是景区实现高质量发展的阻碍，只有创新、创意才是核心竞争力，因此唐山在开发特色文化时，应突出主题，重视规划的作用，丰富产品表现形式，加强行业内的交流合作，多举办项目观摩

会、座谈会等活动，了解文旅行业内的最新资讯与发展趋势，达成行业共识，提高各景区风险应对能力。四要带动唐山市工业旅游进一步发展，唐山是百年工业名城，众多工业文化有待挖掘。工业旅游也是城市休闲旅游的重要组成部分，唐山市发展工业旅游势头正足，唐山启新 1889 文化创意产业园和开滦国家矿山公园是唐山发展工业旅游的重点项目，并且已经取得较为不错的成绩，唐山应继续探索工业旅游发展的新机遇，推动工业旅游高质量发展，挖掘新资源、设计新路线、推广新产品，让工业文化走进现实，让工业遗址活起来，把工业旅游打造成唐山特色文化旅游名片，促进优质旅游资源向优质旅游产品转化，为城市休闲旅游发展锦上添花。

（三）创新文旅场景，点亮唐山烟火

旅游消费一直是旅游经济发展的关键所在，促进城市文旅行业消费是发展城市休闲游的重要一环。创新文旅新业态和消费新模式，是满足人民对美好生活向往的重要途径，是创建休闲旅游城市、促进文旅消费提质升级、促进消费内循环的重要引擎。一要刺激消费，激活市场。有序推进文旅惠民活动，积极推动文创产品进景区，扩大文创产品销售范围，发展"后备箱经济"，让游客"想买就能买"；创新非遗文化营销方式，利用互联网对非遗文化进行宣传营销，加强与电商平台的合作，拓宽产品销售渠道。二要繁荣特色经济。大力推广"夜游唐山"的夜间经济品牌，培育商业新形态，擦亮老字号品牌，创新文旅项目和演艺节目，让夜间经济持续散发活力。三要充分发挥"旅游+"和"+旅游"的功能，积极发展研学游、工业旅游、民俗体验旅游。积极开展主题教育研学游，宣传唐山"公而忘私、患难与共、百折不挠、勇往直前"的抗震精神，充分领会唐山市抗震精神的内涵，发挥文化赋能作用，以文塑旅，整合唐山市抗震文化资源，保护并修缮地震遗址，加强遗址周围的基础设施建设，提高旅游服务能力，为游客提供体验抗震文化的物质保障，并提供专业化、规范化的讲解，注重讲解与体验相结合，以旅彰文，通过多重感官的冲击使游客在游览体验过程中深刻感悟抗震文化。唐山素有"北方瓷都"的美称，陶瓷文化是中国传统文化，唐山应

加强陶瓷文化宣传工作，建设陶瓷主题休闲街区、陶瓷主题展厅等，深度开发陶瓷文化，创新设计陶瓷纪念品，打开唐山陶瓷旅游市场，扩大唐山休闲旅游知名度，创新旅游业态，激发唐山城市休闲游消费活力。

（四）强化景城一体，创建四宜城市

坚持景城一体理念，创建主客共享美好环境。城市休闲旅游不光要重视旅游内容，也要重视城市生活氛围和生态环境。在快节奏的生活环境中，休闲旅游城市可为本地居民提供闲暇时静心享受的一方天地，也承担着满足外地游客观光度假需求的责任。一要围绕打造休闲旅游城市的目标，不断完善城市公共服务设施，旅游基础设施和配套服务必须跟上休闲旅游的发展步伐，包括水电、通信、邮政、消防、港口、安全等各个方面，从多方面提高唐山市硬件实力，这是城市休闲旅游长足发展的必要保证。二要改善户外休闲生态环境，坚持生态优先，拓展生态产品价值实现路径，唐山市要持续推进城市绿化工程，加强公园景观建设，变废为宝，在荒废场地栽花铺草，打造观景平台，引入休闲娱乐设施，把公园真正建设成"可观、可用、可享"的城市游憩场所；持续推进沿海生态修复工程，着力推进滨海地区造林绿化，提高植被覆盖率，提高海滨地区可观赏性，带动生态提质升级。三要提高城市文化软实力，建成一批城市文化地标，培育提升一批城市休闲文化街区，推动文化资源创造性转化、旅游业态创新性发展，打造文旅消费新场景，不断满足广大居民游客日益增长的美好生活需要。唐山市要促进城市不断更新升级，合理规划空间布局，为广大居民游客提供全方位休闲娱乐消费场所，打造"宜居、宜业、宜游、宜乐"的"四宜"城市。

（五）以大战略思维，推动目的地建设

对标国际建设世界级城市休闲游目的地，以大战略思维编制世界级旅游发展规划。联合国世界旅游组织（UNWTO）是联合国15个专门机构之一，包含158个正式会员和6个联系成员，唐山可聘请联合国世界旅游组织或专家组成员参与编制规划，从高位出发，面向全球市场。以大旅游理念促进旅

游业与多产业融合发展，借鉴优秀休闲旅游城市的先进经验，加强与交通、教育、金融、装备制造等产业的融合，为城市休闲旅游业发展提供强有力的保障。加强与国际著名城市休闲旅游目的地的合作，同国外城市建立和发展友好城市关系，发展中外民间友好力量，建立对不同国家和地区的友协团体。通过建立旅游姐妹城市、旅游友好城市的方式，共享打造世界级城市休闲旅游目的地的经验，引入国际资源、国际资本、国际企业服务唐山城市休闲旅游发展，推动中外城市的交流与合作。

参考文献

《唐山创建国家文化和旅游消费试点城市的经验启示》，唐山市文化广电和旅游局，2022 年 12 月 30 日，http：//new. tangshan. gov. cn/lvyouju/lvyj_ gongzuodongtai/20221230/1490442. html。

《用好资源融合禀赋 带动全域旅游发展——唐山市文化广电和旅游局全力推进长城国家文化公园建设》，"度看河北"百家号，2022 年 11 月 28 日，https：//baijiahao. baidu. com/s？id＝1750732381792640247&wfr＝spider&for＝pc。

《唐山加快建设文旅融合、全域全季的旅游强市》，《河北日报》2023 年 9 月 22 日。

《艾媒咨询｜2022-2023 年中国夜间经济行业发展与消费者调研报告》，艾媒网，2022 年 7 月 18 日，https：//www. iimedia. cn/c400/86922. html。

《〈2023 小红书 City Walk 趋势报告〉发布：年轻人不开心就做"走人"》，"小红书"微信公众号，2023 年 7 月 25 日，https：//mp. weixin. qq. com/s/aQIx0I0Yco1_ tiW5 vz6mnQ。

B.19
文旅融合赋能县域经济高质量发展模式探索

——以平山县为例

章叶童　胡　颖　姚丽芬*

摘　要：　在文旅融合的背景下，平山县立足本地优势资源，大力发展特色文旅产业，对推动县域经济高质量发展，满足人民群众的美好生活愿景具有重要意义。本报告首先剖析了平山文旅融合赋能县域经济发展的基础条件，其次对平山文旅融合赋能县域经济发展的实践进行解读，最后总结了文旅融合赋能平山县域经济发展实践的相关经验，为我国同类型县域高质量发展提供启示。

关键词：　文旅融合　县域经济　高质量发展　平山县

　　党的十八大以来，以习近平同志为核心的党中央高度重视县域经济发展，实施一系列重大举措，增强县域发展活力，推动县域经济高质量发展。河北省颁布《促进县域经济高质量发展十条财政政策（试行）》《中共河北省委 河北省人民政府关于大力推进县域经济高质量发展的意见》等文件鼓励县域经济高质量发展。平山县作为石家庄市的主体县域，积极学习贯彻党中央及省政府的重要指示精神，认真落实工作部署，以文旅融合为抓手，全面提升旅游发展环境，大力发展旅游新业态，2021年全县地区生产总值达

---

* 章叶童，河北经贸大学硕士研究生，主要研究方向为旅游管理；胡颖，河北经贸大学硕士研究生，主要研究方向为旅游管理；姚丽芬，博士，河北经贸大学旅游学院副教授，硕士研究生导师，主要研究方向为区域经济、旅游消费行为。

293.94 亿元，旅游经济贡献率达到 27.29%，有效推动县域经济高质量发展，2022 年入选全国县域旅游综合实力百强县。

一　文旅融合赋能县域经济发展的价值

（一）经济价值

产业兴旺是县域经济高质量发展的实施重点。《平山县国民经济和社会发展第十四个五年规划和二〇三五年远景目标纲要》指出，充分发挥旅游业作为综合性产业的优势，释放"一业兴、百业旺"的乘数效应，创新融合发展模式；加快推进旅游业供给侧结构性改革，精心培育新业态、新产品、新模式，打造一二三产业深度融合的旅游产品体系；加快推进旅游产业改革创新步伐，发挥政府搭台作用，把提供优质旅游产品和服务放在首要位置；到"十四五"末，全县接待游客达到 2000 万人次，旅游综合收入突破130 亿元，真正实现旅游兴县、旅游强县。[①] 推动文旅深度融合，有利于实现产业之间、相关产业之间的协调发展，推动文旅产业朝高附加值方向优化升级，有助于形成多产业融合的县域旅游发展新态势。在产业规模扩大升级的同时，优化旅游供给和要素配置，完善旅游配套设施和服务体系，提升服务水平和服务质量，助推文旅品牌提质升级，增强核心竞争力，促使县域经济进一步繁荣、发展水平进一步提升。

（二）文化价值

在发展红色旅游助推文化强国建设的大背景下，文旅产业有机融合顺应发展大趋势，有利于潜移默化地传承中华优秀传统文化、增强文化自觉、彰显文化自信。平山县作为全国著名的革命老区，红色旅游资源富集且文化底

---

① 《平山县国民经济和社会发展第十四个五年规划和二〇三五年远景目标纲要》，平山县人民政府网站，2021 年 5 月 20 日，http://www.sjzps.gov.cn/columns/8e3e9c58-3401-470d-9a2e-e 61fb7305070/202112/10/516f1602-0b40-4c53-b161-07988f132f7c.html。

蕴深厚，推动平山文旅深度融合，有利于深度挖掘当地文化资源的内涵，充分发挥当地红色文化资源丰富且独特的优势，传承发扬红色记忆和红色精神，加强文化资源的创造性转化和创新性发展，激发文化资源新活力。利用多种形式向游客展示平山当地的文化资源，让广大游客和当地群众在旅游活动中深刻感悟平山县自然之美的同时，深刻理解平山文化的独特吸引力，有助于树立平山地域品牌形象，增强民族自豪感和认同感，增强文化自觉，激发广大游客和当地群众对文化资源的自发性保护，有利于传承和弘扬中华民族源远流长、博大精深的优秀传统文化，坚定文化自信，促进文旅产业蓬勃发展，带动县域经济高质量发展。

（三）民生价值

满足人民过上美好生活的新期待，必须提供丰富的精神食粮。当前，广大人民群众对精神文化生活的需求日益增长，参与文化旅游活动已成为时代潮流。平山县文化资源丰富、文化底蕴深厚，文旅融合有助于营造良好的发展氛围、树立积极向上的地域形象，也有助于提升当地人民的获得感和幸福感，助力构建平山县域旅游发展格局。平山通过挖掘和打造县域特色旅游资源，为游客提供更优质的旅游体验，使游客在旅游活动和消费过程中能够享受美好生活、感悟优秀文化、增强文化自觉、坚定文化自信，在让游客精神文化需求得到满足的同时，也让当地更多群众搭上"旅游快车"，大力发展文化和旅游产业，通过特色农产品加工、特色小镇建设、多样主题旅游活动开发等，为平山县人民提供更多的就业机会，促进持续稳定增收，提高人均可支配收入，实现平山县人民美好生活愿景，助推县域经济高质量发展。

（四）生态价值

文旅深度融合归根结底要实现生态之美与人文之美共美。要将生态之美与人文之美结合，加快打造兼具文化和旅游特色的新模式、新业态，让游客在领略生态之美的同时得到高层次的精神反馈，即在享受自然美景的同时能够感悟优秀传统文化的美好，陶冶情操、愉悦身心。自然资源和人文资源是发展旅游的基础，优越的生态环境与丰厚的文化底蕴是旅游业发展的核心竞争力。文旅深度融合就是把深度挖掘文化内涵与旅游发展、保护生态环境紧密结合起来，三者实现完美融合、相互促进。平山县坚持走生态优先、绿色发展之路，充分发挥自身红色圣地和绿水青山两大资源优势，将对旅游资源的开发与优美的生态环境、独特的地域文化结合起来，也在一定程度上有助于生态环境的保护和修复，有助于实现物质文明与精神文明相协调，实现人与自然和谐共生。

二　平山县文旅融合发展的条件

（一）叠加政策引领发力

党的二十大报告对我国文旅融合发展经验进行了高度总结，也为新时代新征程文旅深度融合发展指明了前进方向，提出"坚持以文塑旅、以旅彰文，推进文化和旅游深度融合发展"。《"十四五"文化发展规划》《"十四五"旅游业发展规划》等均对文旅融合做出具体部署，强调推动文旅深度融合发展。

作为国家首批全域旅游示范区创建单位，平山县出台《平山县全域旅游发展规划》，立足"石家庄西部生态涵养支撑区、国家全域旅游示范区、休闲观光农业特色区、新兴业态聚集区"的功能定位，坚决建设好国家全域旅游示范区，全面挖掘和充分利用当地优势资源条件，加大对旅游项目的投资力度，加强各资源间的统一性和关联性，围绕"吃住行游购娱"六要素，不断丰富新产品、新业态、新功能。近年来，平山县委、县政府高度重视文旅融合发展，坚定不移学习贯彻党的二十大精神，以推动高质量发展为主题，结合县域概况积极主动进行规划，加大投资建设力度，致力于建设更高层次的全域旅游示范区，打造国际知名的旅游度假休闲目的地，走好文化旅游强县道路。依托当地丰富的文旅资源、悠久的历史文化、宜人的生态环境以及西柏坡的红色旅游资源，平山县采取了挖掘产业新业态、完善旅游基础设施、加大资金投入、加强产品开发等一系列举措，实现了红色文化旅游资源创造性转化和文旅产业创新性发展，让游客在感受自然美好的同时提升文化自觉和文化自信。

（二）交通区位优势明显

平山县地理位置优越，交通线路完备，基础设施和公共服务设施建设水平明显提升。平山县地处河北省西部、太行山东麓、滹沱河上游，在京津冀旅游产业带的位置突出，是联系北京、天津、太原等多个城市的重要节点，距河北省省会石家庄市 60 公里左右，距山西省省会太原市 190 公里左右，距首都北京 330 公里左右，距离天津 350 公里左右；平山县境内交通线路四通八达，公路通车里程 2836.59 公里，路网有国道 2 条、省道 4 条、县道 6 条，朔黄铁路、西柏坡高速公路、京昆高速公路、张石高速公路等均穿过平山县境内，进出交通十分便利。现如今，平山县加快旅游事业发展，重视基础设施和公共服务设施建设，设施体系已比较完善，吸引了来自全国各地的游客观光游览。

（三）生态景观类型多样

绿水青山是平山县发展旅游的优势资源之一，平山县总面积 2648 平方公里，素有"八山一水一分田"之称，境内自然景观类型多样，几乎囊括了河北省全部地形地貌，如奇峰、溶洞、温泉、湿地等均有分布，依托这些生态景观资源开发了众多景点，如天桂山景区、白鹿温泉、冶河湿地公园等。平山县始终将"绿水青山就是金山银山"理念贯穿县域发展过程，按照"旅游生态化，生态旅游化"思路统筹资源与环境，实施水系治理、水系涵养，全县湿地面积达 8500 公顷；开展太行山绿化和矿山复绿，全县林木绿化率达 60.78%，空气质量得到持续改善，真正将生态优势转化为发展优势。

（四）文化资源禀赋优越

1. 红色资源丰富的革命圣地

作为全国著名的革命圣地，平山县红色旅游资源存量大、品位高，是文化自信的精神高地。据中共中央办公厅、国务院办公厅考察界定，平山县被认定的红色革命遗址有 200 多处。平山县红色资源核心区域西柏坡及周边村庄红色资源丰富多样，如中共中央旧址、西柏坡纪念馆、新华通讯社旧址等都承载着深厚的红色文化和历史记忆，具有极高的文化价值。平山县这片深沉的土地在新中国成立前后处于十分重要的位置，震惊中外的三大战役在这里指挥，具有深远意义的中共七届二中全会在这里召开，"进京赶考"从这里出发，"团结就是力量"在这里唱响，西柏坡精神从这里发祥。近年来，平山县深挖红色资源，大力发展红色旅游，西柏坡圣地红色资源已与周围旅游资源形成了线路完整、功能完备的区域旅游模式，使游客感悟和传承革命先辈留下的榜样力量和红色精神，为游客提供更好的旅游体验；距离西柏坡仅 7 公里的李家庄村依托中央统战部旧址，打造出一个集农业休闲、生态观光、特色民俗、研学教育、亲子游乐等多功能于一体的旅游胜地。

2. 多姿多彩的民风民俗

深厚的历史文化底蕴和多姿多彩的民风民俗也是平山县文旅融合发展的要素之一。平山县有 13 项省级、18 项市级非物质文化遗产，民俗类、传统舞蹈类、传统音乐类等都有涉及。其境内多山，旧时山上多建寺庙，每逢神佛生日，附近村民常入庙烧香，较大的寺庙还吸引了周边地区及较远地区的人前来祭祀，县内有很多规模较大的庙会，庙会和祭祀活动的举办也为平山县吸引了众多游客。此外，平山县还有各类民间工艺品制作、花会灯会活动以及民间传说、民俗饮食及乡土特产等，有助于旅游产品文化内核的塑造。

三 平山文旅融合助推县域经济发展实践解读

（一）政府多措并举铸就一致目标

第一，在平山县委、县政府的坚强带领下，平山县始终坚持以中国特色社会主义理论体系为引领，坚决筑牢意识形态主阵地。平山县高度重视领导班子的政治站位，坚持用新思想武装头脑、指导实践工作，为全面学习党的二十大精神，组织召开全体干部职工会议，要求大家在思想上、政治上、行动上与党中央保持高度一致。同时以文化馆、图书馆线上、线下平台为载体，认真做好习近平新时代中国特色社会主义思想和党的二十大精神的宣传，扎实推进"六进"工作，持续抓好"学习强国""河北干部网络学院"等学习平台建设运行，大大提升了广大干部党员政治觉悟。平山县明确以全面实现平山文化旅游现代化为发展目标，不断把认识向高处提领、把学习向信仰扎根、把改革向纵深推进，努力交出文化旅游走在前列、打造全国样板的优异答卷。

第二，平山县坚持推进文化旅游产业高质量发展，坚定不移走文化旅游兴县道路。近年来，平山县出台了促进文化产业和旅游业恢复发展的一系列政策措施，帮助企业做大做强。部分景区已享受到政策红利，如白鹿温泉景区已申报退还税费124万元；红色胜典景区正在办理110万元的退税手续；红崖谷和沕沕水两个景区均申领贷款贴息资金55万元。此外，平山县以项目拉动为重点，拓宽融资渠道，不断发展新业态，丰富旅游产品，激发旅游业新活力。如平山县天桂山景区对标整改提升项目，重点对景点建筑提升改造、对综合环境整治改造等，总投资2100万元，利用地方政府专项债券1700万元，自筹资金400万元。

（二）旅发大会助力打响特色名号

近年来，旅发大会模式在全国兴起，秉承"办一次会，兴一座城"理念，实现对承办地政策、资金、项目最大限度的扶持。旅发大会成为地方旅游产业提质升级、旅游产业结构集中优化、推动承办地旅游产业及经济社会发展全面提速的重要平台，因此很多地方高度重视旅发大会的承办。

平山县将旅发大会作为自身发展的重要机遇。为承办好旅发大会、抓住发展机遇，平山县做出相关决策，结合实际情况对各区域内景观设施进行科学规划，并加大投资建设力度，且已取得明显成效。同时投资5亿多元，对长75公里的环岗南水库旅游路进行优化升级，优化提升沿线花卉、水系等景观，完善沿线厕所、驿站、骑行道等配套基础设施，全力打造了一条有颜值、有气质、有品位、有故事的太行山乡村风情大道。

借势承办旅发大会，平山县不断丰富全县旅游业态。平山县高标准承办第三届石家庄市旅发大会，协办第四届河北省旅发大会，精心打造旅发大会8个重点观摩项目；投资开发西柏坡红色文化、温塘温泉康养、岗南滨水休闲三大特色片区；高品质打造滹沱河生态画廊、中山古城遗址公园、李家庄美丽乡村等新业态项目。

此外，平山县还进一步重塑当地旅游品牌。第三届石家庄市旅发大会开幕式《新中国从这里走来》大型实景演出，借助声画组合的视听盛宴重现那段峥嵘岁月，使游客沉浸其中，深刻感悟西柏坡的红色精神，有助于扩大提升西柏坡品牌的知名度。平山县通过石家庄首届旅游产业投融资大会，发布了最受游客喜爱的十佳旅游纪念品，即西柏坡电报手稿、西柏坡红色影像制品、中山国青铜器艺术品、李家庄酸枣叶茶、百年巧匠木版画、红地根老粗布、华莹玻璃工艺品、平山绵核桃、平山高海拔糖心苹果、南策城中华寿桃，这些纪念品承载着平山特色，彰显了平山文化。通过发挥旅发大会平台优势，平山打响了自身知名度，成功让"平山别样红""金山银山、看看平山"在游客心中留下深刻印象。

（三）产业联动促进实现共同富裕

平山县坚持旅游兴县、文化富民，把文旅资源转化为百姓共享的经济资源，推动城乡呈现新的精神面貌，激发全县旅游新活力。

第一，平山县实施"文旅产业+美丽乡村"，在成功打造以西柏坡片区

277

为核心的30个旅游专业村的基础上，又打造了50多个美丽乡村发展乡村旅游，初步实现了农村变景点、居民变客栈、产品变商品的目标，特别是李家庄村借力荣盛集团建设了酒店、小院等，二者合作取得新成果，也为其他地区乡村旅游发展提供了经验和模板。

第二，通过实施"文旅产业+现代农业"，平山县着力打造集农耕体验、观光采摘、科普教育、休闲康养于一体的综合性现代农业示范园区，目前已初步实现"一乡一园区"目标，被评为全国休闲农业与乡村旅游示范县。平山一个个特色农业项目的落地，丰富了旅游内容，形成了农文旅融合发展的新业态，拓宽了群众增收渠道。

第三，平山县深入实施"旅游+""+旅游"发展战略，推动旅游相关产业的发展，为社会提供更多就业机会，促进共同富裕。平山县依托当地优势资源，采取典型引领，持续协同发展，借助旅游产业要素集聚，深化产业开发，带动周边地区发展旅游产业，如农家乐、研学基地、露营地、采摘园等；探索建立"旅游景区+龙头企业+脱贫户"模式，脱贫户通过自己的双手赚取薪金，以旅游业的发展巩固脱贫攻坚成果，推动实现共同富裕。

（四）完善基础设施服务体系

随着旅游市场回暖复苏，游客需求的活力与潜力被激发，更加多样化和个性化的游客需求对基础设施建设提出了更高的要求。平山县采取了一系列措施来加强基础设施建设，完善公共服务体系。

第一，加大文化设施建设投入力度，促进文化权益均等化。平山县出台了《关于进一步推动舞台艺术繁荣发展的若干措施》，认真做好中央补助地方公共文化服务体系建设专项资金管理，严格申报程序。截至2022年9月，已将406.32万元拨付至全县16个乡镇文化站和151个行政村，将文化站免费开放专项资金80.5万元拨付至23个乡镇文化站。此外，平山县开展了丰富多样的文化惠民活动，如非遗宣讲展演、戏曲进校园、"彩色周末"文艺演出等。

第二，加强体育场地设施建设，带动全民健身热潮。2022年平山新建和更新健身设施 120 余处，改造了平山县全民健身中心冰雪功能厅 139.6 平方米，对全民健身中心进行了防水处理和水电维修维护，还谋划了多条健身步道、多功能运动场等项目，为全民健身提供设施支撑。此外，平山还组织了多项赛事活动带动全民健身，举办了"七一乒乓球团体赛事"、暑期青少年篮球联赛等活动；举办了平山县 2022 年国际奥林匹克日主题活动，开展 5 公里健康跑活动，参赛人数 150 余人，为历年之最。

第三，加强景区设施建设，提升景区服务质量。当今互联网飞速发展，与人们的生活息息相关，智慧旅游顺势出现，已然成为旅游业的新发展方向。平山县加强"智慧旅游"平台管理应用，补充完善平山别样红商家的入驻，完善电子讲解、电子售票、商品购买等板块功能，为游客提供便捷高效的旅游体验。此外，平山县对重点旅游路沿线标识标牌、县城内公园及主要节点的旅游地图、全域旅游地图等进行了维护和更新，进一步完善了旅游公共服务系统。

四 平山县文旅融合助推县域经济发展的经验借鉴

（一）保护生态底色，坚持绿色发展

坚持生态优先是旅游高质量发展的根基，新时代要注重旅游发展与生态环境保护的良性互动。平山县始终坚持"绿水青山就是金山银山"的发展原则，将良好的生态环境作为县域经济的发展底色和优势资源，大力推动绿色发展、循环发展、低碳发展，倡导绿色生活方式。为守护好当地的绿水青山，平山县加大查处力度，通过"绿盾"行动严查破坏生态环境的违规违法行为，对违规违法项目进行拆除；强化土壤污染防控，开展危险废物大排查大整治行动，对疑似污染地块全部纳入系统管理，实施重点监管；在河北省内率先实行"林长制"，严厉打击破坏林业生态资源的违法犯罪行为，有效保护了平山森林、湿地和野生动植物资源，为各地林业生态发展提供了新样板；科学编制"三线一单"，将全县划分为 17 个环境控

制单元，其中优先保护单元 13 个、重点管控单元 4 个，为县域可持续发展提供了科学依据。

（二）整合多元资源，服务乡村振兴

平山县坚持以红色旅游为发展核心，整合旅游资源，构建旅游发展新格局。在全面实现平山文化旅游现代化的新征程上，平山县充分利用当地红色资源优势，深挖红色资源内涵，促进其创造性转化，大力传承弘扬党中央铸就的西柏坡精神，以西柏坡、北庄、李家庄等红色旅游景区为重点，建设以西柏坡为核心的红色旅游聚集区，使西柏坡精神叫得更响、擦得更亮、传得更远，打造西柏坡精神高地。此外，平山县做大做强乡村旅游，以西柏坡、沕沕水、红崖谷等 20 多个乡村旅游点为主体，以 260 个乡村振兴重点村为突破，让文化旅游服务乡村振兴、乡村振兴促进文化旅游发展，不断扩大产业规模、拓宽产业路径、提升产业质量，吸引更多游客前往平山，身临其境地感受平山的地域文化魅力，让乡村旅游走在全县文化旅游发展的前列，奋力谱写新时代平山文化旅游高质量发展的新篇章。

（三）坚持以人为本，共享发展成果

以人为本的理念要求在县域经济高质量发展过程形成共建共享的旅游发展机制。人民是旅游的参与主体，平山旅游的发展离不开当地环境与当地人民群众，鼓励人民积极参与旅游的开发和建设、共享发展成果，有利于激发人民群众旅游致富的主观能动性，增强旅游发展驱动力。平山县通过加大政策支持力度、引导社会资本加入，鼓励周边地区和人民群众大力发展旅游关联产业，如农家乐、研学基地、手工艺作坊等，带动人民群众稳定增收，有利于实现共同富裕。人民群众是旅游的参与者和受益者，要充分发挥旅游的辐射作用，为人民群众提供更多的就业机会，让发展成果更多惠及人民，使人民群众乐起来、富起来、强起来，实现美好生活的愿景。

五　平山县文旅融合助推县域经济发展的启示

（一）加强政策扶持，实现规范发展，完善旅游管理体系

一是加强政府引导。充分结合地区自然和人文资源优势，进一步完善文旅产业发展规划，建立健全旅游业管理体系，加强政府对旅游行业的管理，实施积极的旅游政策，建立统一的标准，规范化管理，明确各景区的旅游协调管理机构，解决管理体制混乱、重叠交错的问题。发挥旅游发展推进委员会的职能，努力打造"一核引领、两带串联、三网覆盖、四区联动"的全域旅游大格局。二是制定相关标准规范，落实管理举措。对旅游景区、特色乡村、农家乐进行内部管理、应急管理等多个方面的规范引导，确保各项旅游活动及旅游服务的安全性。三是持续推进招商引资项目。政府应将各类旅游项目纳入招商计划，与企业开展招商对接，给予一定的政策优惠，开展不同类型的专题招商，如生态旅游、红色旅游、研学旅游等，为企业创新业务提供更多机遇。四是发挥政府金融支持作用。政府应加强与各部门的沟通，发挥组织协调优势，推动各项金融政策有效落实，鼓励金融机构加大信贷投放力度，研究出台金融帮扶措施，推动文旅消费激发新活力。

（二）创新管理机制，优化人才结构，健全人才发展体系

旅游业长远发展离不开人才培养，人才是推动旅游业高质量发展的第一资源，因此各地区应着力优化人才结构，完善人才发展体系。对于现有从业人员队伍，要强化其危机意识，出台专项政策，预防并解决从业人员安于现状、贪图享乐的问题，成立专门督察小组，加强对景区从业人员的监督，定期进行考核，实行技能等级认定，淘汰服务意识和服务质量较差的人员；健全激励机制，完善薪酬分配制度，优化工资津贴分配方案，提供职业保障措施，充分发挥从业人员能动性和创新性。

对于未来人才队伍，要完善留人用人机制，大力培育专业化人才。一是

加大校企合作力度，设立人才孵化基地，依托省内外骨干院校和职业院校，联合打造文旅从业人员产出机制，每年培育一批相关领域创新、管理和专业技术人员，保证从业人员队伍专业性。积极建立企业、院校、景区等协同共享的教培体系，依托院校建立教研中心，定期举行从业人员培训活动，切实建立人才队伍素质考核与培养机制，培育一支素质水平较高、专业技术过硬、专业知识扎实的人才队伍。二是完善留人用人机制，优化人才引进政策，积极对接周边地区专业人才，通过实施一系列激励政策，吸引人才到平山发展，出台相关政策做好人才家属保障工作，解决其后顾之忧；完善针对专业型人才、技术型人才的激励机制，建立专门的防流失机制。

（三）升级营销方式，拓宽交互渠道，创新平台体系建设

智慧营销是指借助多媒体信息平台和渠道对品牌、产品、服务等进行宣传，满足消费者在任何时间、任何地点的信息获取需求，适应消费者多元化的消费行为，以实现最佳的营销效果。平山应强化智慧旅游营销意识，提高市场敏感度，拓宽合作对象范围，构建营销平台联盟，在不同平台进行有效营销活动。一是建立完善的旅游营销模式，重视营销系统的信息化建设，完善信息化管理系统，有效地收集、统计和分析消费者信息，生成用户画像，结合各地旅游市场特点科学设计营销方案，并且要定期调研、收集游客反馈，及时优化营销方案。二是发挥从业人员的专业技能，在抖音、小红书、微博、微信公众号等平台发布特色美食、特色景区等，借助短视频、Vlog、微电影等宣传形式，配合趣味解说和幽默文案彰显自身特色，抓住游客眼球，也可以借助直播的方式拓宽服务渠道，线上解答游客疑问，向游客传递多样的旅游资讯，展现丰富的旅游资源，让游客感受到当地的热情。三是拓宽线上营销渠道，转变传统门店的经营理念，与当地人民、餐饮企业、工业产品生产厂家等加强合作，延长产业链条，开展跨界合作，将生活用品、旅行产品、特色农产品、特色文创产品等进行捆绑销售，开发专门的小程序平台供游客线上选购。通过开展线上贸易活动，在销售各类特色产品的同时向游客展示本地风土民情，带动游客线上消费，刺激游客线下体验。

（四）统筹交通网络，提升公共服务，优化旅游服务体系

为满足游客日益升级的消费需求，平山县应重点加大基础设施建设力度，不断提升公共服务水平。一是构建"外快内畅"的交通格局，不断完善各区域的旅游交通基础设施体系，合理布局旅游交通基础设施，全面统筹交通网络，为游客的出行提供高效快捷、功能健全、绿色低碳的交通体系支撑。加强规划引领，加快通往餐饮、住宿、观光等不同类型旅游目的地的道路建设，开通各区域旅游目的地之间的旅游专线等，扩大旅游交通基础设施覆盖面，使游客感受到高效便捷的服务。坚持位置合理、进出方便、数量充足、环保生态的建设原则，全面统筹建设和改造旅游景区场所停车场，为自驾游客提供完备的旅游交通服务体系。二是完善旅游公共服务体系，要在旅游目的地节点、公共交通节点等游客集中场所设立专门的非营利性游客咨询服务中心、集散中心、救援中心等，方便为游客答疑解惑、解决问题，提供安全保障措施，提升自身公共服务水平，满足游客公共服务需求。三是完善自助游服务体系，打造智慧化旅游住宿、餐饮、娱乐接待体系，系统化、全方位、多层次地完善相关产业要素的配套设施，加强接待标识引导，完善智慧旅游接待体系，加强旅游产业各部门间的沟通与交流，建立共同标准，实现协同发展，为游客提供精细化、标准化的旅游服务体验。

（五）数字科技赋能，活化表达形式，打造沉浸式新场景

数字技术给人们的生产生活带来了广泛而深刻的影响，各地也在大力推动数字技术深度融入社会的各个领域，平山县应充分利用数字科技赋能，将旅游特色资源与现代化元素结合，打造沉浸式文旅新场景。一方面，要充分了解旅游消费市场现状，摸清游客消费心理，探索游客多样化消费需求，利用数字技术开发自然资源与人文资源，深入挖掘历史文化底蕴和旅游特色资源内涵，加快文化资源创造性转化，将各地的文化旅游资源与文学、演艺、时尚等现代化元素融合创新，以手机和电脑为载体，构建"线上游"应用平台，开发线上景区游览、产品展示、咨询服务、在线预订等功能板块，使

游客足不出户就能观赏到旅游目的地的自然风光，感受到民风民俗文化的魅力。另一方面，要大力发展数字化旅游项目，加快红色遗址、文化展览馆等文旅产品的数字化转型升级。依托互联网、大数据、云计算等信息技术，秉持数字化展览的设计理念，采取多媒体与展览馆结合的方式，加快数字文化展览馆、数字剧场、数字红色装备等项目建设，打造虚拟现实体验平台，运用科技特效与游客进行互动，调动游客的好奇心和新鲜感，通过"科技+旅游"为游客提供文旅体验新场景，营造立体化的真实历史场景，消除游客与展览之间的距离感，给游客带来视听冲击。

参考文献

《以文带旅，旅游扶贫，全方位升级红色旅游区——河北省平山县西柏坡红色旅游发展案例》，国家发展和改革委员会，2021 年 6 月 8 日，https：//www.ndrc.gov.cn/xwdt/ztzl/qgxclydxalhjpxl1/hslyfzdxal/202106/t20210608_ 1282779.html。

《促进县域经济发展　加快实现城乡融合》，光明日报，2023 年 8 月 16 日，https：//epaper.gmw.cn/gmrb/html/2023-08/16/nw.D110000gmrb_ 20230816_ 2-11.htm。

《【走进我们的小康生活】金山银山　看看平山》，澎湃新闻，2020 年 10 月 16 日，https：//www.thepaper.cn/newsDetail_ forward_ 9476760。

杨小冬：《文旅融合赋能乡村振兴的机制与路径》，《人民论坛》2022 年第 24 期。

马婷婷：《文旅融合视域下甘肃文旅产业高质量发展研究》，《北方经贸》2023 年第 6 期。

李慧君：《红色西柏坡，绿色新平山》，《小康》2023 年第 15 期。

《平山县"红绿"融合走好新时代"赶考路"》，中国环保协会，2021 年 6 月 9 日，http：//zhb.org.cn/hbzx/news_ 2/2021-06-09/11719.html。

《平山："林长制"助力"林长治"》，澎湃新闻，2020 年 11 月 18 日，https：//www.thepaper.cn/newsDetail_ forward_ 10050452。

《【壮丽 70 年　奋斗新时代】河北平山：高质量发展迈出坚实步伐》，搜狐网，2019 年 9 月 27 日，https：//www.sohu.com/a/343718520_ 120209948。

活化利用非物质文化遗产促进县域旅游发展策略研究

——以青县盘古文化开发为例

张志国　边瑞雪　毛鹏辉　贾会敏*

摘　要： 文化是旅游之魂，旅游是文化之体，二者深度融合才能打造有品质的旅游。青县地处平原，自然山水资源禀赋不突出，唯历史悠久，非遗文化资源丰富，尤其是作为盘古择居地，影响深远。本文分析青县旅游业发展现状，采取实地调查、文献研究等多种方法分析青县盘古文化，认为青县盘古文化丰富、独特，但是包装不够、影响力不大，最后提出活化利用盘古文化、促进青县旅游发展的措施，以期为类似区域旅游业发展提供借鉴。

关键词： 非物质文化遗产　盘古文化　旅游产业　青县

一　青县旅游业发展现状分析

（一）青县概况

沧州市青县位于河北省东部沿海平原，北依京津，南连沧州，东望渤

---

* 张志国，中铁建安工程设计院有限公司规划总工、高级工程师，主要研究方向为历史文化遗产保护、城乡规划、区域经济；边瑞雪，中铁建安工程设计院有限公司设计师，主要研究方向城乡规划、旅游开发；毛鹏辉，中铁二十局第四工程有限公司沧州大运河项目副经理，主要研究方向为工程管理、旅游管理；贾会敏，河北外国语学院附属中学教师，主要研究方向旅游地理。

海，西通廊坊，号称"津南第一县"。青县境内地势开阔平坦，京沪铁路、京沪高铁、京沪高速、104 国道纵贯南北，津保公路横穿东西，交通便捷。境内有南运河、子牙新河、黑龙港河 3 条河流穿境而过。青县有世界文化遗产 1 项——京杭大运河，不可移动文物 181 处，非物质文化遗产 41 项。青县作为国家首批"沿海对外开放县"、河北省"环京津卫星城"，河北省文化产业赋能乡村振兴试点县，地处京津冀一体化中部核心区，环渤海新兴增长区，发展潜力巨大。①

（二）青县旅游业发展概况

青县是河北省全域旅游示范县创建单位，以全域理念提升县域旅游软实力，多举措盘活县域优质旅游资源，提出"盘古圣地、大运青县"定位，着眼元素互补，积极探索从旅游餐饮经济到休闲体验游转变路径。

1. 青县旅游资源概述

京杭大运河流经青县，衍生出具有地域特色的运河文化、盘古文化、武术文化、红木文化和哈哈腔、盘古王拳等众多非遗项目，有马厂炮台及军营遗址（第七批全国重点文物保护单位）、青县铁路给水所（第五批河北省级文物保护单位）、盘古庙遗址（沧州市文物保护单位）等文物古迹。流河镇是沧州火锅鸡的起源地，司马庄蔬菜观光园为国家 2A 级景区。

2. "一线三区"塑造青县旅游发展总体布局

青县文旅产业发展重在突出特色文化主题，着力发展特色文化旅游项目。以大运河文化带为主线，打造"拜盘古、吃蔬菜、赏红木、学武术"精品线路，重点建设"一线三区"：运河生态旅游线（董圈葡萄园—周官屯穿运枢纽—百年柿子园—青县铁路给水所—司马庄现代农业园—流河火锅鸡）、盘古文化旅游区（盘古公园—湿地景区—万亩梨园—盘古庙）、农业观光旅游区（青县武术训练基地—司马庄现代农业园—中古红木文化小镇）及武马文化旅游区（乾宁武马文化经济园—马厂炮台—流河火锅鸡）。

---

① 资料来自青县文体广电和旅游局。

3. "三全三新"模式推进旅游业稳步发展

青县在景区建设、客源推广、产业协同等方面积极探索，总结出"三全三新"工作模式。

全景式打造，激发县域景区新活力。一是加大旅游景区建设力度，完善景区相关配套设施，提升景区品质和接待能力。二是加大县城和重点镇公共基础设施建设力度，完善县域文体旅公共服务设施，推进大运河水系整治、景区景点间及景区内部道路等公共基础设施建设。三是加大招商引资力度，加大文旅项目建设力度，为全县旅游业发展注入新的生机和活力。

全媒体营销，打通客源组织新渠道。一是扩大宣传媒体运用范围，由传统媒体向新媒体延伸。通过举办旅游文化节，组织媒体达人"游"青县等活动提升青县旅游知名度。据统计，微博、微信、一点号、直播覆盖人群近6000万人次。二是市场对接渠道由主要依托旅行社向文体旅协会、社群组织延伸，以丰富多彩的活动聚人气、引游客，探索旅游市场开发新模式。三是旅游市场由主要吸引京津团体游向周边自驾游延伸。

全产业融合，打造协同发展新业态。以"旅游+"的思维积极探索融合发展新业态。一是"旅游+农业"，引导开发集农业采摘、体验、美食于一体的农业休闲体验游，培育田园综合体。二是"旅游+工业"，引导开发集特色产品展销、制作工艺展示、企业博物馆展览于一体的工业旅游产品。三是"旅游+文化"，依托青县市民文化活动中心、青县武术基地、中古文化红木小镇等，增加研学体验功能。

（三）青县县域旅游发展存在问题分析

青县为推动旅游发展做了大量工作，但旅游产业投资大、周期长、见效慢，叠加经济下行、疫情影响、消费降级等多重因素，旅游产业发展不温不火。

当下旅游产品以观光为主，主要方式是周末和节假日自驾游，游客停留时间较短。旅游收入以餐饮为主，门票收入有限，购物、住宿等二次消费更少，2022 年人均旅游消费仅 185 元①。旅游产品创新不足，缺少具有较大影响力的品牌，不少项目难以为继。青县旅游业要想实现大发展，还需进一步整合相关资源，形成全县一盘棋的合力。

二　青县盘古文化考证

盘古文化反映古人对世界本源、自然现象和社会生活的原始认知，社会基础广泛，利用价值独特，开发前景广阔。

（一）盘古文化概况

扎根于民间的传统文化具有深层次连续性，不会因为社会变迁而断裂。

1.盘古神话的演变

盘古是我国不同地域的多民族共同塑造的神话人物，是中华民族共同体、中华文明多元一体的代表。盘古神话内涵经历了"生于混沌—化生万物—开天辟地"的演变过程，到三国时出现"化生万物"的记载，到明朝出现"开天辟地"的记载。当下盘古神话的核心内容大体包括开天辟地、造化万物和兄妹成亲再造人类等三个部分，而青县盘古文化侧重于择居说，旨在说明青县良好的人居环境。

2.盘古文化地域分布

自三国时期徐整记录盘古神话之后，盘古在全国各地逐渐传播，1980年后，河南、湖北、浙江、重庆、四川、云南、甘肃、广西、辽宁、河北等地收集、出版的民间故事中有都有盘古神话。

盘古"发祥地"说法有很多，影响较大的有"两粤说"（分为广西"来宾说"和广东"花都说"）、河南"盘古山说"（分为"桐柏说"和"泌阳说"）、湖南"沅陵说"等。也有研究认为起源于以蚩尤为代表的三苗集团。

---

① 据青县文体广电和旅游局数据，2022 年青县接待游客 85 万人次，旅游收入 1.57 亿元。

3. 青县盘古的重要地位

青县盘古文化源远流长，传说起于大禹治水在青县发现盘古墓，宋代《元丰九域志》记载乾宁军（今青县）有盘古墓、盘古沟；《元史》记载会川（今青县）建盘古王祠；明代文献记载青县盘古墓、盘古沟；清朝《盘古传略》记述盘古传说和盘古里（村）；民国时期《津浦铁路旅行指南》介绍青县盘古庙、盘古沟。

2006 年，青县盘古文化入选首批河北省非物质文化遗产名录。2007 年，盘古庙会入选沧州市级非物质文化遗产名录。2008 年，盘古祭祀音乐入选沧州市级非物质文化遗产名录。2017 年，青县盘古王拳入选第六批河北省非物质文化遗产名录。

（二）青县盘古文化调研

盘古传说在青县、天津一带可谓家喻户晓。盘古庙、盘古墓等盘古遗迹在青县的相关记载见于《青县志》《天津府志》等多部志书。《秦汉间说》记载，盘古老死中山（今青县），大禹治水发现盘古墓，因墓建庙，迁人守墓看庙，是目前所知关于青县盘古文化的最早记载。

2023 年 3 月，笔者在青县实地走访了盘古镇、大小盘古村、盘古庙、盘古井、盘古沟、盘古寺、盘古墓、盘古商贸街、盘古湿地风景区、盘古公园、盘古广场及青县城区带有"盘古"字样的其他地物（如盘古宾馆、盘古地产、盘古市场等），对青县盘古文化进行实地调查。

1. 盘古镇和盘古村

地名一旦形成，就是一种很强的社会文化形态，能与其指代的地域并存数百上千年，并在一定程度上反映出当地在地名形成时期的社会状况。2016 年 4 月，青县撤销盘古乡设立盘古镇，镇政府驻大盘古村商贸街 66 号。据当地传说，大禹开九河导冀州之水，在治理青县徒骇河时发现盘古墓。舜下令重修盘古墓，在沟北岸修建盘古庙、享堂祭殿。大禹为盘古设祭，点燃第一炷香。大禹迁 200 户百姓驻守，其中 100 户在沟北看殿，100 户在沟南守墓。此 200 户百姓经世代繁衍生息，沟北看殿者形成大盘古村，沟南守墓者形成小盘古村。

2. 盘古择居青县

青县倡导的是盘古择居青县，和其他许多地方争夺的盘古传说发源地不同。当地民谣"先立盘古后立天，盘古受祭在会川（今青县）"。传说盘古开天辟地后漫游天下，到青县时看到这里草肥水美、木秀花香、百花争艳、蜂蝶翩翩、鸟唱高枝、鱼游浅底，天悬日月星辰、地缀水陆山川，于是便在此垫台筑巢、建房造屋，定居于此。

3. 盘古庙、盘古寺和盘古沟

庙宇是信仰实践的空间载体，是信仰延续的物质保证，青县盘古情结源于盘古庙。大盘古村西有两座大庙——盘古庙旧址和盘古寺，分别位于盘古商贸街南北两侧。

路南的盘古庙历史悠久，《三五历纪》记载，盘古庙建于大禹治水时期。《元史》记载，元世祖十五年（1278）四月修会川县盘古王祠，是中国史书中关于盘古王祠的最早记载。明弘治十七年（1504）重修。清康熙二十七年（1688）在旧址西南重建，光绪年间《青县村图》中标注有盘古庙。1916 年毁于大火，主持僧徒步去天津斋化，筹资重修。1946 年毁于战乱。

据统计，盘古王祠敕建至今 700 多年间共经过 14 次复建和扩建，明代扩建时达到顶峰，为中国盘古庙建筑规格最高者。明弘治十七年所建盘古庙状似北京太和殿，琉璃金顶、五脊十兽，金碧辉煌，颇为壮观。翰林院马政撰写 500 多字碑文纪念此事。"飙屃长玉、马政碑疗伤、盘古井水治病"被誉为盘古三奇。

盘古庙遗址（元—民国）于 2009 年列为沧州市级文物保护单位，现在的盘古庙是 2010 年在清康熙二十七年原址上复建，占地 42.3 亩，中线上依次排列有天王殿、盘古殿、大雄宝殿、藏经阁，两侧有钟楼、鼓楼和观音殿，地藏殿，另有寮房、井亭等建筑。盘古殿供奉主神盘古，坐于三山五岳之上，一手拖日、一手拖月。神龛两侧的戴氏楹联堪称千古佳对，上联是"日昭晶晿朝天地"，下联对"月朋朤朤明乾坤"。上联

前四个字为十个"日"字，下联前四个字为十个"月"字，上联的
"朝"拆开是"十日十月"，下联的"明"拆开是"一日一月"，内含盘
古开天和后羿射日两则神话。相传盘古开天地后为求光明普照，置十日
十月悬于太空，十日十月结为夫妻，依次轮值，一日值班，九日隐光。
后来十日同时出现在天上，后羿射九日，失去丈夫的九月自此闭门不出，
天上只剩下一日一月。

路北的盘古寺规模要小很多，也是后来复建，寺旁立有康熙所书"先
天至尊"碑。

开凿于 206 年的平虏渠即盘古沟、盘古港，流经盘古祭殿。

4. 青县盘古庙会

青县盘古庙会因盘古圣地而声名远播。相传庙会起源于禹王设祭，一年
两次，分别是三月初三（盘古忌日）和九月初九（盘古生日）。初春时节，
各地商贾云集于盘古庙旁备货洽谈，积极筹备三月三庙会；庙会过后，主持
僧抬着盘古像游街祈雨，雨后农民抢种庄稼。秋天，商贾再次蜂拥而至，搭
棚占地，筹备九月初九庙会。

青县盘古庙会是开放的节日，人员众多，五行八作，形形色色。庙会内
容丰富，主要包含：祭祀活动，善男信女烧香拜祖，庄雅隆重，场面宏大；
文化活动，南昆北曲，百艺汇集，杂耍娱乐，花样繁多；商贸活动，店铺林
立，货样齐全，琳琅满目。

盘古庙会辐射范围很广，鼎盛时期南及湖广，北抵内蒙古，西到云贵，
东至海滨，庙会一直延续到 20 世纪 90 年代，是当地重要的经济文化活动。

5. 文献中的青县盘古文化

在中国知网分别检索（主题检索）"盘古""盘古文化""青县盘古"
"青县盘古文化"。"青县盘古文化"主题相关文献 4 篇（会议论文 1 篇，硕
士学位论文 1 篇，特色期刊 2 篇）。"青县盘古"主题能够归入学术期刊的
较少。知网中关于盘古的文献多达 4372 篇，"青县盘古文化"主题文献占
比不足 1‰（见表 1），可见青县盘古的学术影响力不大，和实地调查相印
证，影响仅限于青县及周边区域。

表1　青县盘古文献相关搜索结果统计

单位：篇

文献主题	文献类型						数量合计
	学术期刊	学位论文	会议论文	报纸	特色期刊	其他	
青县盘古文化	0	1	1	0	2	0	4
青县盘古	4	4	1	5	3	0	17
盘古文化	90	7	1	41	10	1	150
盘古	2175	404	143	275	1325	50	4372

（三）青县盘古文化特征与存在问题

1. 青县盘古文化特征

青县盘古文化是在各地盘古文化的基础上，结合青县独特的地理环境和人文特色，以盘古神话为本源，以盘古遗迹、祭祀活动、庙会活动、民俗活动为传承，以"奉献、创造、宜居"为内核，经过历代传承而形成的一种文化现象。按内容大致可分成四个部分，即风物印记中的盘古文化（27项）、文字记载中的盘古文化（22项）、口头传承中的盘古文化（15项）和民俗记忆中的盘古文化（8项），共计70余项。

2. 青县盘古文化发展存在的问题

通过实地走访和文献查询，本文认为青县盘古影响范围有限，知名度不高，其价值有待挖掘，其影响力有待提升，其品牌形象有待包装。现在的盘古庙不再是盘古的自居地，庙内供奉盘古、如来、关羽等，庞杂无序，消解了当地盘古信仰的地方传统性。盘古庙作为地方文化标志的特性正在逐渐泯灭。

青县盘古名目繁多，风格各异，随处可见。带有"盘古"字样的地名、学校、公司等，在青县地图上反复出现，一定程度上提高了青县盘古知名度，但是当下的利用仅限于"盘古"二字，有蹭"盘古"热度之嫌。各种以"盘古"冠名的事物没有体现出盘古特色，缺乏对盘古文化内涵的系统阐释，需要系统整理盘古文化，把文化内涵具象化，打造不一样的盘古，建设有价值的盘古。

三 非遗与旅游关系辨析

当前文化消费需求旺盛，自然环境和地理人文相结合的文化体验消费项目颇受欢迎。参与型、体验性的精神文化消费需求快速增长，具有地域特色的文化景点是未来文化消费的主要趋势。

（一）非遗与旅游开发关系

2023 年 2 月，文旅部印发《关于推动非物质文化遗产与旅游深度融合发展的通知》，系统全面阐释了非遗与旅游开发的关系：非遗是发展旅游的重要资源，旅游开发价值巨大；旅游为非遗提供实践和应用场景，是非遗的创新性开发利用，是非遗保护与传承的当代表达。推动二者深度融合发展对于扎实做好非遗系统性保护工作、促进旅游业高质量发展意义重大。

旅游发展要尊重非遗的形式和内涵，保护非遗的传承环境和空间，保障传承群体合法权益，推动非遗长久保护和永续利用。非遗保护传承要创造性转化和创新性发展，不断丰富旅游活动的文化内涵。鼓励在相关基础设施建设中融入非遗，发展非遗旅游，让旅游见人见物见生活，让非遗走进现代生活，通过文旅融合方式积极塑造地域旅游文化品牌形象，推动当地经济社会发展。

（二）非遗活化利用主要模式和路径

1. 非遗旅游开发的主要模式

国内非遗旅游开发多以"非遗+"的形式出现，添加内容不同，决定了开发模式不同，如"+研学""+民宿""+文创""+演艺""+节庆"等，不一而足。文旅部曾发布非遗与旅游融合十大优秀案例：江苏南京（秦淮灯会），江西景德镇（古窑），江西婺源（乡村味道），福建龙岩（永定土楼），湖南雨花（非遗馆，首创活态传承模式），四川凉山（彝族火把节），陕西韩城（非遗+景区），湖北十堰（郧西七夕），贵州凯里（麻塘精准扶贫），浙江东沙（古渔镇）。①

非遗和旅游融合的主要模式有非遗节事旅游、非遗入驻景区（场馆）、非遗主题景区、非遗主题旅游线路等，可以开发在地性非遗旅游、移植性非遗旅游景区、原创性非遗旅游表演、活态性非遗旅游展馆、主题性非遗旅游活动、创意性非遗旅游商品等六类非遗旅游精品项目。目前各地主要有七种非遗展现模式：博物馆陈列、生态博物馆、实景舞台演出、节庆活动开发、民族村寨和主题村落、旅游纪念品、主题公园。

2.非遗活化利用的路径

以文化创意思维包装非遗，提升非遗旅游参与程度、体验深度，提升游客感知层次和内涵。一是文化提取。收集整理非遗资源，提取文化元素，保持原真性，还原非遗内涵。二是创意加工。运用新思维、新理念对文化元素进行创意加工，挖掘、提炼文化元素所蕴含的文化价值。三是产品设计。通过文化与科技融合、新技术应用、新材料应用、主题化、艺术再造等方式设计策划文化价值，使非遗的旅游文化价值显性化，设计非遗旅游产品。四是消费体验。通过购买非遗旅游产品，参加相关活动等方式获取旅游体验，将文化价值转化为经济价值。

3.建设非遗旅游体验综合体

非遗资源富集区考虑以产业链思维构建非遗旅游体验综合体。一是非遗项目层面：将非遗项目进行有机整合，形成非遗链（丛），为非遗旅游综合体打造提供文化基础。二是体验需求层面：全面观照旅游者在娱乐、教育、逃避现实和审美等方面的体验需求，在感官、情感和精神三个层次挖掘非遗链（丛）的多元体验价值。三是非遗旅游产品层面：统筹考虑旅游六大传统要素和六大新要素，打造旅游要素完整的非遗旅游产品链，不断丰富旅游业态，构建非遗旅游产品体系。

---

① 《文化和旅游部：2019非遗与旅游融合10大优秀案例》，澎湃新闻，2019年11月7日，https://m.thepaper.cn/baijiahao_4907303。

（三）相关案例借鉴

神话作为无形资产，是一个民族的"文化湿地"，其价值无法估量。

1.广州花都狮岭盘古文化资源开发利用

狮岭对于盘古文化的开发秉承文化传承与创新发展相结合思路，充分利用狮岭盘古文化历史悠久、文化遗存丰富、特色鲜明、影响广泛、区位优越等五大优势，从文化产业化入手，着力解决信仰主体年龄偏大，品牌意识不强、管理粗放，市场机制缺位、旅游产品缺乏三个主要问题，采取重塑文化品牌策略，运用自然与人文相结合的综合开发模式，活化利用狮岭盘古文化，打造产业一体化开发的典范。通过"经济搭台，文化唱戏"，使文化作为商品进入市场，创立狮岭盘古文化品牌，利用品牌优势打造盘古王民俗文化节，发展文化产业，延伸文化价值链，走文旅融合发展之路，深层次开发旅游产品。具体措施：一是增加配套服务设施，扩容文化资源项目，形成规模效应；二是融入广州旅游精品线路，借势广州发展盘古文化品牌；三是多种方式形成大的旅游消费市场。狮岭模式以经济实力为基础，适用于经济基础较好地区的非遗资源与旅游融合开发。

2.河南沁阳盘古文化开发利用

沁阳作为"中国盘古圣地"，秉持将盘古文化遗产转变为精神和财富的理念，统筹全县资源，深挖盘古山丰富的自然和人文资源优势，以寻根问祖为基调，以盘古文化为核心，科学规划，把旅游、商贸、文化等相关产业整合嫁接到盘古文化上，打造创世神话旅游品牌，发展盘古文化产业。

沁阳修建拜祖广场，建立盘古文化书画院、中国盘古文化纪念馆，引进"盘古文化研究中心"。自2003年开始，每年农历三月三举办为期一周的盘古文化节，在节庆期间发行个性化邮票、讲述盘古故事、举行书法笔会、举办民间文艺表演，以各种形式聚拢人气，推动民间物资交流大会召开。盘古文化节以盘古神话与盘古信仰为支撑点，保护传统文化的同时促进泌阳县经济社会发展。

现阶段发展重点转向盘古山景区旅游开发。盘古山景区荣获2016年度中国"最佳人文旅游胜地"，2017年被评为4A级旅游景区。但是该景区建设也存在景点与线路单一、缺少盘古神话内容与特色、盘古庙供奉诸神喧宾夺主、基础设施配套落后等问题。

四　活化利用盘古文化促进青县旅游发展策略

青县对盘古文化资源的包装及与包装相匹配的文化设施建设做得还不够，仅依靠"活"在信仰里的盘古，并不能带活青县旅游产业。本文基于前述分析，提出活化利用盘古文化促进青县旅游发展策略。

（一）包装，提升青县盘古名气

青县盘古文化开发采取"引进来"和"走出去"策略，针对具体问题制定不同的开发方案，做到有的放矢。将盘古文化和旅游项目有机结合，打造具有青县特色的文创产品，大力提升旅游品质和经济社会价值，形成品牌效应。

1. 引进外脑整合盘古资源，提升青县盘古影响力

针对青县盘古影响力不足问题，组织召开高水平的学术研讨会，系统梳理青县盘古文化，充分挖掘青县盘古的价值特色，拓展应用场景，提升知名度。

邀请民俗文化、宗教学、传播学等方面的专家学者来青县考察盘古文化，挖掘青县盘古文化的现代价值；邀请旅游开发、项目策划等方面的专家学者来青县考察盘古文化，探索青县盘古文化的开发模式；邀请规划设计、建筑方面的专家学者考察青县盘古文化，完善青县盘古文化的形象设计。经过群策群力，提炼青县盘古独特魅力，研发青县特色文娱产品，搭建青县盘古产业链条，拓展青县盘古文化空间。

2. 开拓市场推广盘古文化，叫响青县盘古品牌

加大对青县盘古文化独特性的宣传力度，采取现场推介会、网络宣传等多种形式，鼓励以青县盘古文化为母体进行创作，掀起宣传浪潮，提升市场

知名度。

铸盘古灵魂，树立中国盘古文化休闲旅游标志地形象。以盘古庙、盘古村、盘古沟、盘古墓等文化遗存为基础，打造以"盘古文化+养生度假+生态农业"为主题的盘古文化区，突出宗教朝觐、文化体验、康养健身、农业休闲等功能，整合相关产业资源，做活做大青县盘古庙会，树立青县盘古有文化底蕴、有武术健身、有特色美食、有商贸交流的整体形象，打造青县盘古品牌。

3. 以非遗旅游综合体理念建设青县盘古文化特色小镇

立足于盘古庙片区改造提升，以盘古庙为核心，整合周边盘古文化遗产资源，打造盘古文化特色小镇，擦亮集盘古文化体验、文化遗址探秘、健身养生度假、休闲游览观光于一体的"盘古圣地"文化旅游品牌。以"盘古文化"为吸引核，以"盘古王拳""盘古鸭梨"为特色，完善配套设施，形成"文化—体育—农业"三大板块相互支撑互动发展，集旅游观光、文化寻根、武术养生、农业休闲于一体的盘古文化特色小镇。

挖掘整理盘古文化，整治提升盘古沟，在盘古沟沿线布置相关景点，通过多种方式再现盘古事迹，打造盘古文化走廊。

建设盘古王拳武术表演、武术培训、国际武术大会、影视拍摄等项目，构建集康体健身、赛事表演、休闲度假于一体的"体育+旅游"产业体系。

注重农业本底建设，使农业基地成为景观、园区成为景区、生产成为表演，促进农旅融合发展，实现农业现代化、产业化、旅游化，实现农业产业价值综合提升。

（二）活化，融入青县全域旅游

以盘古文化为核心，推动文旅融合发展，进行文化活态转化，为游客提供可体验、可参与的文化休闲产品。大力发展文化观光、文化休闲、文化演艺、文化消费等相关产业业态，促进文旅融合。通过创意设计、文化研究等赋能景区，构建观光休闲、创作设计、生产体验、文化消费的特色文化产业链条。

以文化体验、故事传承、休闲娱乐、主题活动、时尚元素为引领，通过标志性建筑、实景演艺、情境体验、活态呈现、虚拟再现等多种旅游方式，深入挖掘青县盘古文化、运河文化等独特文化资源，打造青县旅游龙头工程，提升青县旅游品牌竞争力。

结合大运河世界文化遗产开发，充分发挥子牙新河穿运枢纽工程"水利枢纽工程博物馆"优势，打造大运河盘古水利城，使盘古文化和大运河相映生辉。

建立以华夏文明为主题、连接不同地域的旅游线路，做到跨区域协同发展。具体线路设计：青县盘古文化特色小镇（盘古开天辟地）—邯郸涉县蜗皇宫（女娲造人）—泥河湾遗址群（东方古人类从泥河湾走来）—涿鹿三祖文化景区（中华文明从涿鹿走来）—西柏坡景区（新中国从西柏坡走来）。

（三）配套，完善旅游基础设施

以打造高品质景区为目标，配套设施建设从软硬件两方面着手。

硬件方面加强旅游基础设施建设，营造贴近青县盘古神话内涵、体现青县盘古特色的高品位景点。积极推进景区标准化建设，重点加强景区标识系统、安全救援、无障碍设施、旅游厕所等建设，把盘古文化特色小镇打造成4A级景区。

软件方面主要指提高配套软实力，加强内部服务配套设施建设。加大相关从业人员培训力度，不断提升服务质量。加大对旅行社及导游人员的服务礼仪、知识内容培训力度，培养懂外语的导游人才，多措并举促进旅游业跨越式发展。

（四）保障，提供旅游政策支持

贯彻落实国家及有关部门旅游产业发展政策，联合青县多部门制定各项专项政策，鼓励旅游产业发展；加大土地保障力度，积极探索旅游用地政策改革和创新，开展差别化用地旅游试点；制定有力度、能落实的旅游投融资、税收、人才等专项政策，鼓励社会资本参与旅游开发建设。全力抓好创建全国一流旅游配套服务体系的五大公共服务体系和六大旅游公共服务工程建设；建立信息咨询服务系统、旅游交通便捷服务系统、便民惠民服务系统、旅游安全保障系统、旅游行政服务系统等五大公共服务体系，营造为民、惠民、便民的盘古圣地；建设旅游集散服务项目、旅游信息化项目、旅游厕所示范项目、旅游交通项目、旅游自驾服务项目、旅游安全救援项目等六大旅游公共服务工程，营造宜居、宜业、宜游的大运青县。

五　结语

当下旅游业成为经济发展新常态下的重要抓手和新增长点，京津冀世界级城市群的蓝图正加速实现，牢牢把握时代发展机遇，推进旅游与非遗保护、乡村振兴、绿色生态融合发展，建品牌、树形象，是青县旅游发展的使命所在。疫情之后旅游呈出游人次高、人均消费低的趋势，消费趋于务实、理性。旅游资源的品牌效应和独特性是保障旅游业突破困境、快速实现经济价值的先决条件，非遗与旅游的深度融合是打造旅游资源品牌效应和独特性的重要抓手。非遗文化具有脆弱性，如何在旅游开发中保持非遗文化生存环境的整体性与合理性，是非遗和旅游融合发展过程中的一大难题。非遗在传承中既要展现与时俱进的时代精神，又不能丢失其原真的精神内核。在保护前提下进行旅游资源开发，使非遗不因旅游的功利性而泯灭，青县在保护文化生态、保护非遗传承方面任重而道远。

参考文献

薛远增：《刍议桐柏山盘古文化的属性及价值》，《黄河·黄土·黄种人》2015 年第9X 期。

黄忠怀：《整合与分化——明永乐以后河北平原的村落形态及其演变》，博士学位论文，复旦大学，2003。

陈丽琴：《从传播学视角解读盘古神话》，《广西民族研究》2008 年第 2 期。

李斯颖：《"盘古"涵义新探》，《贵州民族大学学报》（哲学社会科学版）2016 年第 5 期。

龙海清：《关于盘古神话探源若干问题之我见》，《理论与创作》2011 年第 1 期。

覃乃昌等：《广西来宾市盘古文化的考察与研究》，《广西民族研究》2004 年第 1 期。

谭达先：《〈盘古开天地〉型神话流传史略》，《广西师范学院学报》（哲学社会科学版）2008 年第 3 期。

王庆安：《青县盘古遗迹考》，《化石》2007 年第 2 期。

唐艳丽：《河南泌阳盘古山地区盘古爷信仰的存在状态研究》，《戏剧之家》2020 年第 32 期。

《文化和旅游部关于推动非物质文化遗产与旅游深度融合发展的通知》，中国政府网，2023 年 2 月 17 日，https：//www.gov.cn/zhengce/zhengceku/2023-02/22/content_5742727.htm。

《绿维文旅大讲堂：非物质文化遗产旅游的理论与实践》，2023 年 11 月 30 日，https：//news.sina.com.cn/shangxunfushen/2023-11-30/detail-imzwkvxs5205368.shtml。

《中原神话资源价值几何?》，《河南日报》2006 年 8 月 11 日。

朱钢、朱炳帆、朱庆淼：《花都狮岭盘古文化资源开发利用刍议》，《文化遗产》2009 年第 1 期。

陈杰：《豫南盘古山文化产业开发研究》，《长江大学学报》（社会科学版）2019 年第 2 期。

B.21
遗产保护与商业化平衡[*]

——以大境门景区明德口街为例

张祖群^{**}

摘　要：　为解决遗产旅游中真实性缺失问题，有必要进行遗产保护与遗产商业化的平衡探究。本文以历史地理分析方法解析明德口街的发展变迁与地理格局、店铺空间分布等，以案例研究方法分析大境门景区明德口街的消费群体、商业业态等，认为明德口街商业店铺的遗产旅游特质在于"地方性"的带状文化空间，传统文化元素与现代文化元素在此交融，现代科技可以有效赋能中华优秀传统文化展示，最后对明德口街遗产旅游前景进行展望。

关键词：　遗产保护　商业化　遗产旅游　明德口街

一　研究背景

（一）问题的提出

遗产旅游已经成为游客的热门选择，各地古老的文化、历史悠久的建筑

----

* 本文系教育部学位与研究生教育发展中心 2023 年度主题案例"中华优秀传统文化的文化基因识别与文创设计"（项目编号：ZT-231000717）、中国高等教育学会 2022 年度高等教育科学研究规划课题重点项目"基于文化遗产的通识教育'双向'实施途径"（项目编号：22SZJY0214）、教育部首批新文科研究与改革实践项目"新文科背景下产品设计专业建设的探索与实践"（项目编号：2021160005）阶段性成果。

** 张祖群，中国科学院博士后（优秀出站），北京理工大学设计与艺术学院文化遗产系高工、硕士研究生导师，主要研究方向为文化生态旅游、文化遗产与艺术设计。郭莲娜、王浩然、李科成、张芸熙等同学负责收集资料并进行初步数据分析，特此致谢。

以及迷人的自然风光都吸引着游客。游客不再满足于简单的观光体验，而是渴望通过旅游深度了解当地文化、历史和自然奇观。这种旅游体验不仅是对过去的探寻，更是对人类文明多样性的尊重和欣赏。从古老的文明遗产到历史悠久的建筑，再到大自然的壮丽景色，遗产旅游提供了丰富多彩的旅程，让游客在探索的过程中感受到文化的魅力、历史的沉淀和自然的壮观。随着遗产旅游的迅猛发展，一些目的地往往面临真实性缺失问题，诸多景区被过度商业化和夸大宣传，导致游客在游览过程中难以感受到真实的历史、文化和自然，经济利益和文化传承产生冲突。一些地方为了吸引更多游客，过分追求短期经济效益，而忽视对文化遗产的真实性保护。真实的历史古迹、传统文化等往往被商业化包装，失去了原有的深度和内涵。一些景区倾向于迎合社交媒体上的"打卡热"进行夸大宣传，营造"虚假"美学。

为解决遗产旅游中存在的真实性缺失问题，有必要进行遗产保护与遗产商业化的平衡探究。本文探讨真实性在遗产旅游中的含义，明确文化、历史和自然真实性的具体要素，以便为后续研究提供清晰的理论框架；通过深入调查和分析，剖析导致遗产旅游真实性缺失的商业化、管理不善等原因；基于对真实性缺失问题的深入探讨，提出优化管理模式、加强文化教育、合理引导科技应用等解决方案，以期为遗产旅游景区未来发展提供借鉴。本文认为要推动真实性在旅游体验中得到更为全面的认知和应用，需要让遗产旅游保持其原有的文化、历史和自然特质，以提高游客的满意度为目标，促进文化传承，实现旅游目的地的可持续发展。

（二）不同利益主体的认知差异分析

本文利用网络爬虫技术，对2019年1月至2023年12月网络媒体推送（如百家号、微信公众号、中国新闻网）、网络综合评论、张家口市文化广电和旅游局有关大境门的官方推送（如张家口文旅惠民卡）和相关文件进行词频分析，共收集到有效信息近5300条，生成词云见图1。其中，网络媒体有效信息近1800条，张家口市文化广电和旅游局有效信息近900条，网络综合评论有效信息近2600条。

图1　大境门景区词云

从不同利益主体维度分析词频、提取关键词发现，张家口市文化广电和旅游局、网络媒体的高频词集中在"大境门""张家口""万里长城""玩""茶道"等，关注点有"历史文化""旅游规划""建议"等。张家口市文化广电和旅游局着重宣传历史文化底蕴，突出张家口历史地位与文旅、商业价值，吸引游客游玩、商户入驻。网络媒体则着重给游客提供旅游规划、建议和攻略，构成大境门旅游的"百科全书"。网络综合评论多关注旅游攻略、经历分享、景点特质、活动体验及性价比。从旅游体验者的角度分析网络评论，可以看出游客对真实性的认知差异明显。

（三）遗产旅游的政策背景

1. 管理部门差异

在大境门的遗产旅游开发中，文化管理部门和旅游产业部门所关注的侧重点不同，对于遗产旅游的真实性认知和管理政策也不同。遗产旅游的真实性是保护和传承文化遗产的基础，文化管理部门更注重对文物的保护和修复、对非遗的保护与传承，而旅游产业部门更关注市场需求和商业利益，推广旅游产品和服务。明德口街商业街要尽可能地平衡真实性与商业性之间的关系，既要坚持文物古迹修缮的真实性与非物质文化遗产的活态传承，也要不断满足日益增长的文旅市场需求。

2. 政策坚定支持

《河北省国民经济和社会发展第十四个五年规划和二〇三五年远景目标纲要》《河北省旅游业"十四五"发展规划》等文件提出加快建设京张体育文化旅游带、推动文化和旅游融合发展等指导意见。相关政策支持使得大境门景区的建设管理更加规范，对明德口街的创新型业态发展起到积极的推动作用。受益于河北省相关政策扶持，明德口街不断完善基础设施，优化营商环境，推动创新型业态发展。结合张家口市桥西区的发展方向，明德口街准确把握市场需求，建设新型技术支撑、基础设施完善的景区项目，严格审查入驻商户，联合商户进行正向营销活动，实现商业与文化的共赢发展。

3. 旅游市场不断扩大

随着国内旅游市场的不断扩大和消费水平的不断提升，大境门遗产旅游有着广阔的市场前景。大境门遗产旅游经历了引入阶段、成长阶段，在市场竞争日益激烈的背景下，正进入成熟阶段。明德口街商业街的建设为大境门带来全新的商业业态，凭借新的商业模式、商业空间和新型技术吸引了相当一部分客流量。明德口街的发展在一定程度上为大境门遗产旅游找到了再生的突破口，后续发展趋势逐渐向好。明德口街的建设吸引了更多的游客流量，为大境门文旅发展注入新的活力。

二 明德口街的时空展演

（一）明德口街的时间展演

一段残垣一腔血，大境门见证了中华民族的血泪史，也见证了张家口这座城市的荣辱兴衰。大境门与山海关、嘉峪关、居庸关并称长城四大关口，但只有大境门被称为"门"。"门"有连通内外之意，"关"则有拒人于外之意，关口易守难攻、居高临下，拒敌于门外，大境门则屹立在边疆之地、联通外邦，尽显大国风范。

明隆庆五年（1571），隆庆和议使张家口成为蒙汉互市之所。在边防战事中，马匹是极其重要的资源，大镜门周边的马匹和牛羊骆驼交易吸引了蒙、晋、冀乃至京城的各路商人。后来，布帛、皮革、茶叶等物品逐渐进入人们的生活。到了明万历年间，张家口的"茶马互市"贸易已成规模。

清顺治元年（1644），满蒙联姻让张家口成为京畿腹地，张家口是两族通商、省亲的重要通道。顺治年间，在往日雄兵驻守的关口修建了联通中原和北疆的国门，大境门成为清代历史地理的关键节点之一。

清顺治、康熙年间，张家口八大皇商为清政府输送军用物资，张库商道出现雏形。清康熙、雍正年间，大境门成为张库商道的起点。此后，张家口在北方的经济地位逐渐上升，成为知名陆路商埠与万里茶道的重要贸易节点。

1909 年京张铁路通车，当时大境门片区内各国洋行众多，商铺有 1500 多家，贸易仍盛行。[①] 晚清政府昏庸无能，民国政府内外交困，二三十年间中国商人位于北境之外的所有商号全部关闭，张库商道被迫中断。1937 年全面抗战爆发，张家口沦陷，巍峨大境门在枪林弹雨中默默记录着英雄故事。

新中国成立后，城市人口不断增长，由于工业的发展，大境门街区从商业中心逐渐转变为工厂，历史建筑和古庙被居民包围或损坏严重。

1981 年政府开始修缮西太平山山坡下的高危墙体，2002 年开始对大境门地段开展修缮保护工作，但保护工作不彻底。2012 年 8 月，由于遭遇连续强降雨，张家口大境门西段约 36 米长城墙体发生沉陷性坍塌，后启动抢险修复工程。2014 年，西安曲江文化旅游股份有限公司对明德口街进行旅游资源的全面规划和精细化设计，2020 年重新开街。2020 年 8 月 30 日至 2021 年 10 月 30 日进一步启动了大境门改建工程。

---

① 杜婉秋：《大境门历史街区改造更新对比研究》，河北建筑工程学院硕士学位论文，2022。

大境门见证了一个北方商埠的发展、崛起与沉沦。21世纪，北京冬奥会让大境门焕发新生、迸发活力。同时，大境门长城进行保护性修缮，也吸引了无数游客前往参观。

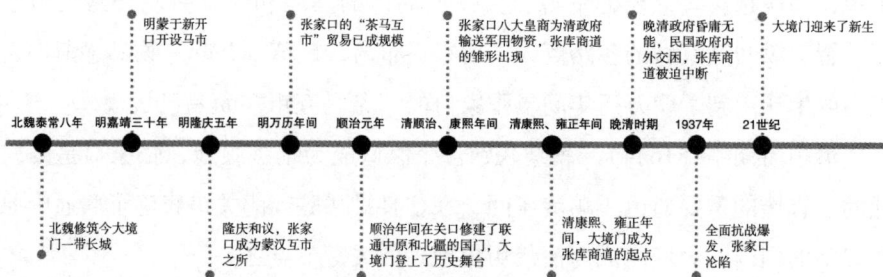

图2　大境门历史沿革

（二）明德口街的空间展演

1. 明德口街的地理格局

（1）因地制宜，布局合理

大境门是万里长城四大关口之一，是万里茶道重要节点，也是万里长城唯一以"门"命名的关口。大境门历史文化街区由大境门长城景区、来远堡遗址公园、明德口街三部分构成。早期设计者根据地形特征、水域流向等自然特征对大境门进行灵活布局。在山脚下修建大境门关口，沿山修建长城。根据山势地形层层向上，营建大门、城墙、衙门、商业建筑、住宅庭院等，最终形成实用性、古朴性、美观性的古镇，将人们的生产、生活和自然环境融合在一起。

（2）规划有序，功能性强

张家口是边防重镇，行使防御、互市、居住等职能，大境门当仁不让，兼具军事防御、经济贸易和文化交流三大功能。①军事防御：利用天然地形和长城构建的缓冲地带，大境门易守难攻，烽火台传递信息、瞭望敌情、召集部队。②经济贸易：位于北京通向内蒙古草原的交通要道，是蒙古高原与中原农耕地区经济文化交流中心。大境门是茶马互市主要市场，张库商道是中俄贸易通道，商号和钱庄蓬勃发展，遂成经济贸易中心。③文化交流：商业繁荣带来不同族群、不同商旅之间的文化交流融合，外国贸易商逐渐了解中华优秀传统文化。大境门还有三娘子庙、关岳庙、山神庙等传统庙宇，体现了中国民间信仰的多元化特质。

2.明德口街的店铺空间分布

依据店铺分布与功能分区，可以将明德口街划分为特色餐饮消费空间、休闲娱乐体验空间、精品民宿体验空间和四大文化展示空间。①特色餐饮消费空间包括境门涮肉、丰拾穗、贾氏市井罐罐茶等店铺，提供本地特色菜品和小吃，以及新兴的咖啡茶室，满足人群的不同需求。②休闲娱乐体验空间有闹不机密、镜曲社、大境门古玩城、杨氏面塑等，提供相声表演、传统文化面塑、古玩购物等丰富的体验项目。③精品民宿空间位于街尾，有以隐世·寒舍为代表的精品民宿，提供静谧高雅的住宿环境，让游客体验长城下的特色生活。④四大文化展示空间包括蔚·花园元宇宙乐园、长安牧人、司木集、苏酶咖啡等，展示了张家口蔚县剪纸传承、地理标志产品、创意设计等文化元素。

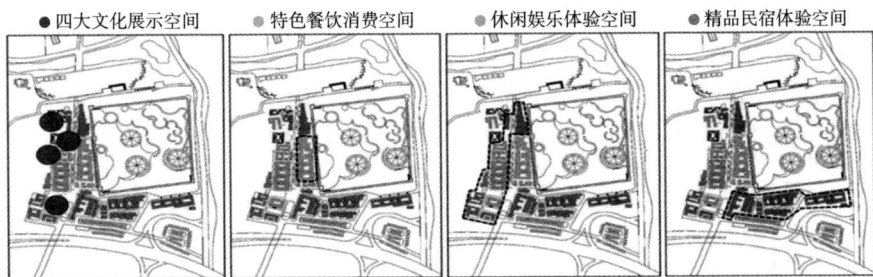

图3　明德口街店铺分布与功能分区

游客从大境门城门进入明德口街，街巷贯穿南北。整体上，明德口街空间功能分区明显，人流线简单明了，避免游客迷失方向。尤其是民宿空间远离喧嚣，相对僻静，环境优雅。

三 明德口街文旅产业发展现状

（一）消费群体

京张高铁于 2019 年底正式开通运营，张家口纳入京津冀"一小时都市圈"，有力带动沿线 200 公里范围内约 3000 万人口的人流、物流、资金流集聚发展。同时，京张体育文化旅游带的建设形成辐射效应。大境门的文化价值以及张家口作为冬奥城市的会客厅，文旅产业发展潜力巨大，商业价值高。大境门景区作为张家口的城市窗口，被赋予新的时代精神，借助国家利好政策，打造崭新的城市形象，把冬奥名片传播到世界各地。

到张家口的游客有七成以上会到大境门。明德口街作为大境门景区的一部分，数据较少。本文以张家口旅游数据和大境门旅游人群数据为参考，分析明德口街的主要消费群体。

在地域上，张家口游客来源以北京和天津为主，辐射全国一、二线重点城市（见图 4）。京津与张家口是明德口街最重要的客源市场。

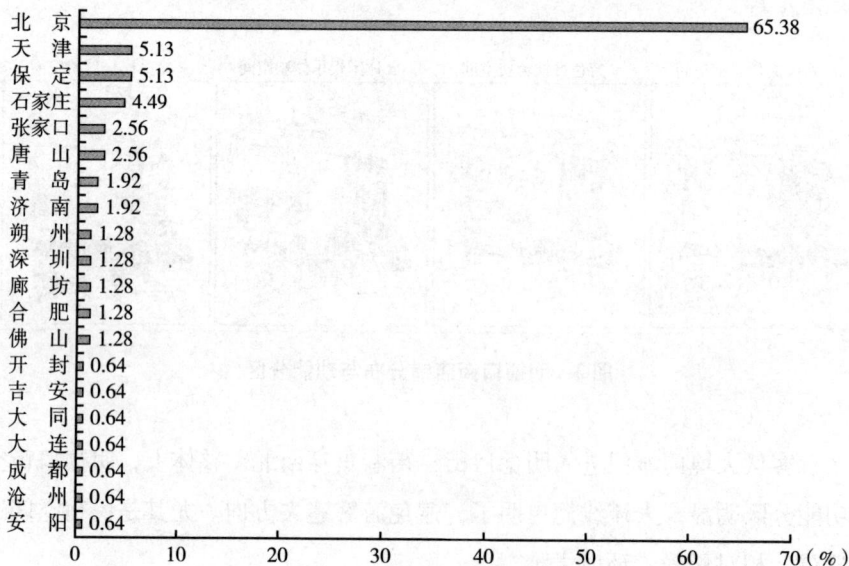

图 4　张家口游客来源

资料来源：全网 OTA 数据。

张家口旅游客群中男性占 53.66%，女性占 46.34%，消费特征主要为经济型（见图 5），旅游消费活力不足。

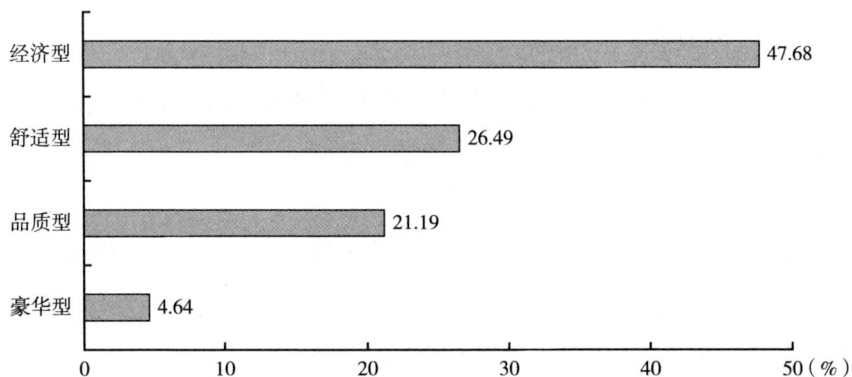

图5 消费特征分布

资料来源：全网 OTA 数据。

张家口旅游客群结构中，情侣出游占比最高，其次是跟团旅行，学生、中老年游客也占相当大比例（见图 6）。

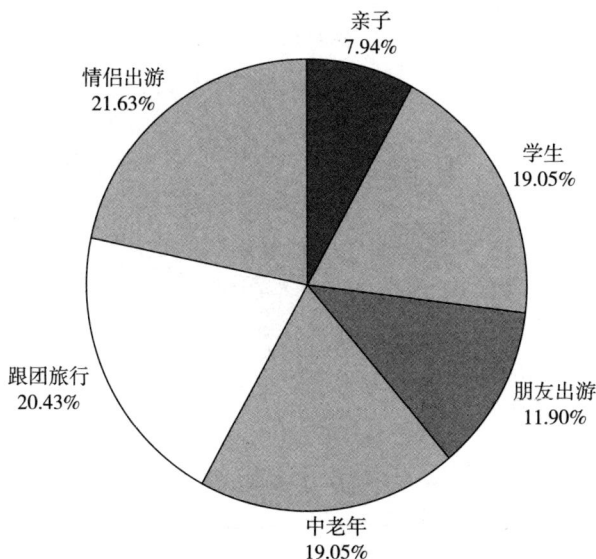

图6 大境门旅游客群结构

资料来源：全网 OTA 数据。

张家口旅游客群对大境门景区的整体印象最核心的是城墙和"大好河山"四个大字。

（二）商业业态

明德口街于2020年8月正式开街，商业建筑面积约4.7万平方米，是长城国家文化公园大境门段核心展示园的主要展示区，也是万里长城和万里茶道交会的长城文化主题展示区。明德口街有"山河长廊"中心景观街区、酒吧街、花鸟街和顺城巷等特色街巷，涵盖了特色文创产品、民俗文化、创意文化、研学体验等业态。街区西侧西太平山脚下的酒吧街作为"夜经济"补充，以"慢生活"业态丰富游客和市民消费体验。

在本文对明德口街商业业态需求调查中，住宿占比最高（40%），其后依次是休闲娱乐购物（21%）、餐饮（18%）、文化消费（12%）、公共服务（9%）（见图7）。为满足游客的多元化需求，本文基于遗产保护与商业化平衡，建议对明德口街文化遗产空间与商业空间比例进行优化调整，文化遗产类空间占比较高（见表1）。

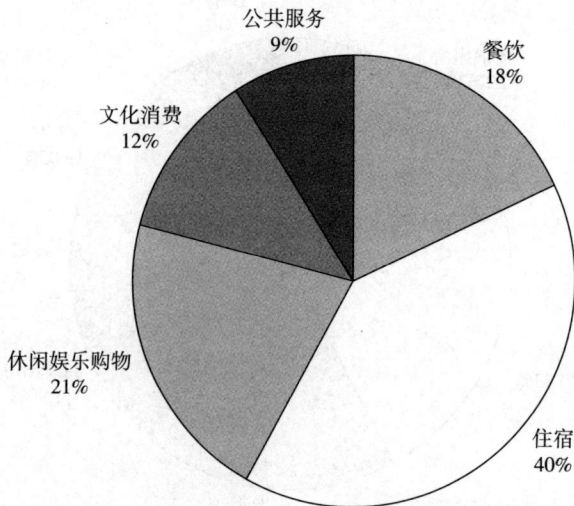

图7 大境门明德口街商业业态需求结构

表1　明德口街文旅业态空间结构调整

单位：%

大类	小类	占比
零售类	地方特产类	19.35
	创意文化类	9.68
	综合零售类	6.45
餐饮类	正餐类	6.45
	地方餐饮类	6.45
	咖啡店/酒馆/茶馆类	12.90
	特色小吃类	3.23
	饮料冷饮类	3.23
休闲娱乐类	生活娱乐类	6.45
	民俗休闲类	6.45
住宿类	非遗特色民宿	3.23
文化艺术类	文化展馆	16.13

资料来源：杜婉秋《大境门历史街区改造更新对比研究》，河北建筑工程学院硕士学位论文，2022。

入驻明德口街的各大商户为大境门整体发展注入了商业活力，扩大了大境门长城文化的推广与传承范围，商户的营业宣传进一步提升了大境门的知名度，积累了品牌效应，增加了客流量。随着商业业态的多元化发展，明德口街的商业性变得越来越强，过度商业化遮蔽了古建筑、城墙与相关遗址原本的真实性与人文韵味。商铺建设过程中也会对原有文物建筑形成保护性破坏，造成真实性损失。

商铺的多元化明显，但产品的同质化与单一化问题日益突出①，这会导致一部分客流损失，商铺经营不当等问题也会对大境门遗产旅游口碑造成消极影响。游客在某种手工艺品或文创商品的售卖店铺，可以看到商品的最终物质形态，但仅有售卖员而缺少非物质文化遗产传承人在场，

---

① 秦丹丹：《长城国家文化公园背景下风景名胜区规划研究——以大境门风景名胜区为例》，河北建筑工程学院硕士学位论文，2022。

311

"流水式"的讲解容易让游客失去探究文化遗产内涵的好奇心[1]，导致非遗商品以物态而非活态延续。多数商铺贩卖的商品是工业化流水线生产而不是艺术创作，这在一定程度上抹杀了中华优秀传统文化基因的创造性。

四　明德口街的遗产旅游特质

（一）构筑具有"地方性"的带状文化空间

1. 传承历史文脉，保留特色

明德口街对整体历史街区进行统一规划，保留了大境门长城本体和宗教寺庙建筑，逐渐恢复历史街区的风貌特征，重塑了街巷和院落空间，实现了文脉延续。在建筑外观和商铺室内装潢上体现地方文化特色，商铺外立面运用与遗址、古建筑相似的砌筑方式、营建风格，将现代商铺与长城、关城等融为一体。

2. 布局巧妙，浑然一体

明德口街的许多古建筑被保留下来，以明清建筑形式为主，集古寺庙、古商铺、古城墙、古戏台于一体。明德口街的古建筑及雕饰具有鲜明的地域融合特征，商铺的设计延续古建筑特色，与长城、周边寺庙浑然一体，不显突兀。通过统一规划，明德口街形成功能迥异、分工明显的四大功能区。

3. 公共空间，非遗传承

广场的规划及古戏台的保留为明德口街不定期组织各类民俗文化活动提供了公共空间，戏剧表演、舞龙、庙会等提升了明德口街的历史氛围感，增强了商业活力。

---

[1] 冀晶娟、郭穗仪：《东西巷非物质文化遗产保护与商业发展共生研究》，中国建筑学会建筑史学分会、华侨大学建筑学院：《中国建筑学会建筑史学分会年会暨学术研讨会2022论文集：发展中的建筑史研究与遗产保护》，中国建筑工业出版社，2022，第547～548页。

图 8　明德口街音乐喷泉广场

资料来源：笔者自摄。

4. 灯光映照，夜色迷人

考虑到"夜经济"的迅速发展，明德口街将建筑与灯光设计相结合，黄色灯光映照着屋顶，美丽而亮眼，红色灯笼塑造了喜庆热闹氛围，尽显活力。同时，开辟了夜游长城新路线，进一步激发夜生活潜力，吸引更多游客前往。

（二）传统文化元素与现代文化元素交融

历史上多位名人曾描写大境门的大好河山景色，以此为卖点，形成古色古香的文学景观。明德口街依托大境门深厚的文化底蕴，巧妙融合传统文化元素与现代文化元素，将传统美食、手工艺、戏曲等与现代商业业态相结合，形成独特的文旅氛围。古色古香的建筑外立面与景区环境相得益彰，将商铺融入大境门文化遗址，使整条街区充满人文底蕴，吸引大量游客。

明德口街主力业态和核心吸引物是四大文化展示空间，其中长安牧人文化空间以张家口传统地方美食技艺为主旨，以美食文化传承和文旅产品研究、创新为媒介，推广文化产业和旅游业创新发展理念，实现文旅产品转型升级。司木集和苏酶咖啡则将本地长城文化与现代餐饮体验空间结合，通过传统与现代的碰撞与对话，将传统文化元素融入时尚文化元素。蔚·花园元宇宙乐园以裸眼 3D 剧场、镜子迷宫、儿童画廊等构成沉浸式动画世界，在亲子活动、家庭互动、儿童创作中形成张家口立体印象世界。

明德口街四大文化展示空间为大境门文旅产业发展提供了新技术支持与商业发展新思路。现代技术与传统文化相结合，推动大境门遗产旅游市场化和商业化体系日趋成熟，旅游产品、服务更加丰富。长安牧人、苏酶咖啡、司木集、蔚·花园元宇宙乐园、"语众不同"访谈录、"非凡搭档"真人秀、街头艺人巡演、星光夜市、"口传心授"非遗美学互动展演、大境门研学等板块和活动，形成丰富多彩的文旅产品谱系，集非物质文化遗产、地方特色、长城遗址、文创于一身，形成地方文化的集中展示空间与网红打卡地。

图 9　苏酶咖啡内部装潢

资料来源：笔者自摄。

（三）现代科技赋能中华优秀传统文化展示

蔚·花园元宇宙乐园积极运用新技术，通过 5D 动感影院和沉浸式裸眼 3D 剧场等科技手段，将非物质文化遗产进行活态展示，赋予传统文化新的生命力，是一个将传统文化与现代科技有效结合的文化展示空间。作为明德

图10　司木集内部装潢

资料来源：笔者自摄。

口街新媒体艺术空间的代表，"蔚·花园元宇宙乐园"以非物质文化遗产蔚县剪纸传承人的原创作品为基本素材进行二次创作，通过裸眼3D技术与新媒体技术营造迭代艺术空间，实现中华优秀传统文化与现代游客之间的互动，从传统的"看与被看"的展示空间转型为"人与展品互动"的交互艺术空间，赋予了非物质文化遗产鲜活的生命力与创造力。

在数字化和智能化已经成为旅游业发展趋势的背景下，明德口街在建设过程中充分利用智能导览系统、在线预订、虚拟现实等新技术，为游客提供更加便捷、更加智能化的旅游体验。数字化和智能化不仅提升了游客的满意度，还能够带来更高效的运营管理和营销推广。

五　明德口街的遗产旅游展望

面对旅游市场日益激烈的竞争，明德口街为大境门遗产旅游带来了新的发展机遇。在京津冀协同发展大背景下，随着京张体育文化旅游带建设工作的推进，大境门遗产旅游有望吸引更多的国内外游客，更好实现经济效益、社会效益和生态效益的统一。明德口街凭借其独特的地理位置和影响力，成为遗产观光、文化交流的重要节点。在大境门景区的整体发展目标中，明德口街发展定位兼具休闲度假、遗产观光、文化交流、文创研发等功能，以极具地方特色的张家口文化谱系带动当地文旅产业发展。

随着人们旅游体验需求的多元化发展，传统的景点游览已经不能完全满足游客的需求，因此，提供更多样化的体验和活动是大境门遗产旅游未来发展的趋势之一。大境门遗产旅游要抓住万里茶道国门体验、非物质文化遗产活化体验、长城遗产观光等核心优势，利用新科技使现代文化元素和传统文化元素产生碰撞，激发多元化的旅游需求。明德口街为游客提供了更丰富的选择，满足了游客对遗产观光、文化体验、休闲娱乐、购物消费、亲子活动、情侣互动和美食体验等的多元化需求。明德口街作为一个集非遗文化传承、文化创意产业和旅游经济于一体的综合性商业街，以文促旅、以旅彰文，推动了非遗的传承创新与旅游融合发展。

在建筑设计上，明德口街应与大境门—西太平山整体风格保持一致，在明德口街与张家口其他遗产点之间形成流畅过渡，避免产生空间上的断裂感。商铺可进一步宣传推广非遗文创产品和手工艺品，深挖地方文化内涵，注重文创衍生品形式创新，促进中华优秀传统文化的创造性转化和创新性发展。

明德口街的建设和发展还应追求文化真实性，而不是单纯追求商业价值，以增强当地民众和游客的文化认同感和文化自信。平衡文化真实性与商业性，为当地民众和游客提供更好的文化体验。深入研究明德口街的功能分区、商业业态、历史文脉，通过改造景观和空间节点、注入历史文化元素、增加多元业态和合理运营等手段，挖掘文旅产业发展潜力，恢复大境门街区的历史风貌，进一步提升遗产旅游吸引力和竞争力。

参考文献

马国萍、赵鑫、张雪娇：《接续奋斗"后奥运"》，《张家口日报》2022年4月

20 日。

陈月、汪德根：《历史文化街区的"生活延续性"评价与保护更新策略——以扬州仁丰里、南河下与东关街区为例》，《中国名城》2022 年第 11 期。

王园、金承协、马芳芳：《基于历史街区整体性保护视角下"缓冲区"概念和理论研究》，《建筑与文化》2023 年第 8 期。

金霞：《利益相关者视角下线性文化遗产旅游形象整合策略研究》，《旅游与摄影》2023 年第 19 期。

社会科学文献出版社

皮 书

智库成果出版与传播平台

❖ 皮书定义 ❖

皮书是对中国与世界发展状况和热点问题进行年度监测，以专业的角度、专家的视野和实证研究方法，针对某一领域或区域现状与发展态势展开分析和预测，具备前沿性、原创性、实证性、连续性、时效性等特点的公开出版物，由一系列权威研究报告组成。

❖ 皮书作者 ❖

皮书系列报告作者以国内外一流研究机构、知名高校等重点智库的研究人员为主，多为相关领域一流专家学者，他们的观点代表了当下学界对中国与世界的现实和未来最高水平的解读与分析。

❖ 皮书荣誉 ❖

皮书作为中国社会科学院基础理论研究与应用对策研究融合发展的代表性成果，不仅是哲学社会科学工作者服务中国特色社会主义现代化建设的重要成果，更是助力中国特色新型智库建设、构建中国特色哲学社会科学"三大体系"的重要平台。皮书系列先后被列入"十二五""十三五""十四五"时期国家重点出版物出版专项规划项目；自2013年起，重点皮书被列入中国社会科学院国家哲学社会科学创新工程项目。

皮书网

（网址：www.pishu.cn）

发布皮书研创资讯，传播皮书精彩内容
引领皮书出版潮流，打造皮书服务平台

栏目设置

◆ **关于皮书**

何谓皮书、皮书分类、皮书大事记、
皮书荣誉、皮书出版第一人、皮书编辑部

◆ **最新资讯**

通知公告、新闻动态、媒体聚焦、
网站专题、视频直播、下载专区

◆ **皮书研创**

皮书规范、皮书出版、
皮书研究、研创团队

◆ **皮书评奖评价**

指标体系、皮书评价、皮书评奖

所获荣誉

◆ 2008 年、2011 年、2014 年，皮书网均
在全国新闻出版业网站荣誉评选中获得
"最具商业价值网站"称号；

◆ 2012 年，获得"出版业网站百强"称号。

网库合一

2014年，皮书网与皮书数据库端口合
一，实现资源共享，搭建智库成果融合创
新平台。

皮书网

"皮书说"
微信公众号

权威报告·连续出版·独家资源

皮书数据库
ANNUAL REPORT(YEARBOOK)
DATABASE

分析解读当下中国发展变迁的高端智库平台

所获荣誉

- 2022年，入选技术赋能"新闻+"推荐案例
- 2020年，入选全国新闻出版深度融合发展创新案例
- 2019年，入选国家新闻出版署数字出版精品遴选推荐计划
- 2016年，入选"十三五"国家重点电子出版物出版规划骨干工程
- 2013年，荣获"中国出版政府奖·网络出版物奖"提名奖

皮书数据库

"社科数托邦"
微信公众号

成为用户

登录网址www.pishu.com.cn访问皮书数据库网站或下载皮书数据库APP，通过手机号码验证或邮箱验证即可成为皮书数据库用户。

用户福利

- 已注册用户购书后可免费获赠100元皮书数据库充值卡。刮开充值卡涂层获取充值密码，登录并进入"会员中心"—"在线充值"—"充值卡充值"，充值成功即可购买和查看数据库内容。
- 用户福利最终解释权归社会科学文献出版社所有。

社会科学文献出版社 皮书系列
SOCIAL SCIENCES ACADEMIC PRESS (CHINA)

卡号：246469448434
密码：

数据库服务热线：010-59367265
数据库服务QQ：2475522410
数据库服务邮箱：database@ssap.cn
图书销售热线：010-59367070/7028
图书服务QQ：1265056568
图书服务邮箱：duzhe@ssap.cn

S 基本子库
SUB DATABASE

中国社会发展数据库（下设 12 个专题子库）

紧扣人口、政治、外交、法律、教育、医疗卫生、资源环境等 12 个社会发展领域的前沿和热点，全面整合专业著作、智库报告、学术资讯、调研数据等类型资源，帮助用户追踪中国社会发展动态、研究社会发展战略与政策、了解社会热点问题、分析社会发展趋势。

中国经济发展数据库（下设 12 专题子库）

内容涵盖宏观经济、产业经济、工业经济、农业经济、财政金融、房地产经济、城市经济、商业贸易等 12 个重点经济领域，为把握经济运行态势、洞察经济发展规律、研判经济发展趋势、进行经济调控决策提供参考和依据。

中国行业发展数据库（下设 17 个专题子库）

以中国国民经济行业分类为依据，覆盖金融业、旅游业、交通运输业、能源矿产业、制造业等 100 多个行业，跟踪分析国民经济相关行业市场运行状况和政策导向，汇集行业发展前沿资讯，为投资、从业及各种经济决策提供理论支撑和实践指导。

中国区域发展数据库（下设 4 个专题子库）

对中国特定区域内的经济、社会、文化等领域现状与发展情况进行深度分析和预测，涉及省级行政区、城市群、城市、农村等不同维度，研究层级至县及县以下行政区，为学者研究地方经济社会宏观态势、经验模式、发展案例提供支撑，为地方政府决策提供参考。

中国文化传媒数据库（下设 18 个专题子库）

内容覆盖文化产业、新闻传播、电影娱乐、文学艺术、群众文化、图书情报等 18 个重点研究领域，聚焦文化传媒领域发展前沿、热点话题、行业实践，服务用户的教学科研、文化投资、企业规划等需要。

世界经济与国际关系数据库（下设 6 个专题子库）

整合世界经济、国际政治、世界文化与科技、全球性问题、国际组织与国际法、区域研究 6 大领域研究成果，对世界经济形势、国际形势进行连续性深度分析，对年度热点问题进行专题解读，为研判全球发展趋势提供事实和数据支持。

法律声明

"皮书系列"（含蓝皮书、绿皮书、黄皮书）之品牌由社会科学文献出版社最早使用并持续至今，现已被中国图书行业所熟知。"皮书系列"的相关商标已在国家商标管理部门商标局注册，包括但不限于LOGO（▨）、皮书、Pishu、经济蓝皮书、社会蓝皮书等。"皮书系列"图书的注册商标专用权及封面设计、版式设计的著作权均为社会科学文献出版社所有。未经社会科学文献出版社书面授权许可，任何使用与"皮书系列"图书注册商标、封面设计、版式设计相同或者近似的文字、图形或其组合的行为均系侵权行为。

经作者授权，本书的专有出版权及信息网络传播权等为社会科学文献出版社享有。未经社会科学文献出版社书面授权许可，任何就本书内容的复制、发行或以数字形式进行网络传播的行为均系侵权行为。

社会科学文献出版社将通过法律途径追究上述侵权行为的法律责任，维护自身合法权益。

欢迎社会各界人士对侵犯社会科学文献出版社上述权利的侵权行为进行举报。电话：010-59367121，电子邮箱：fawubu@ssap.cn。

社会科学文献出版社

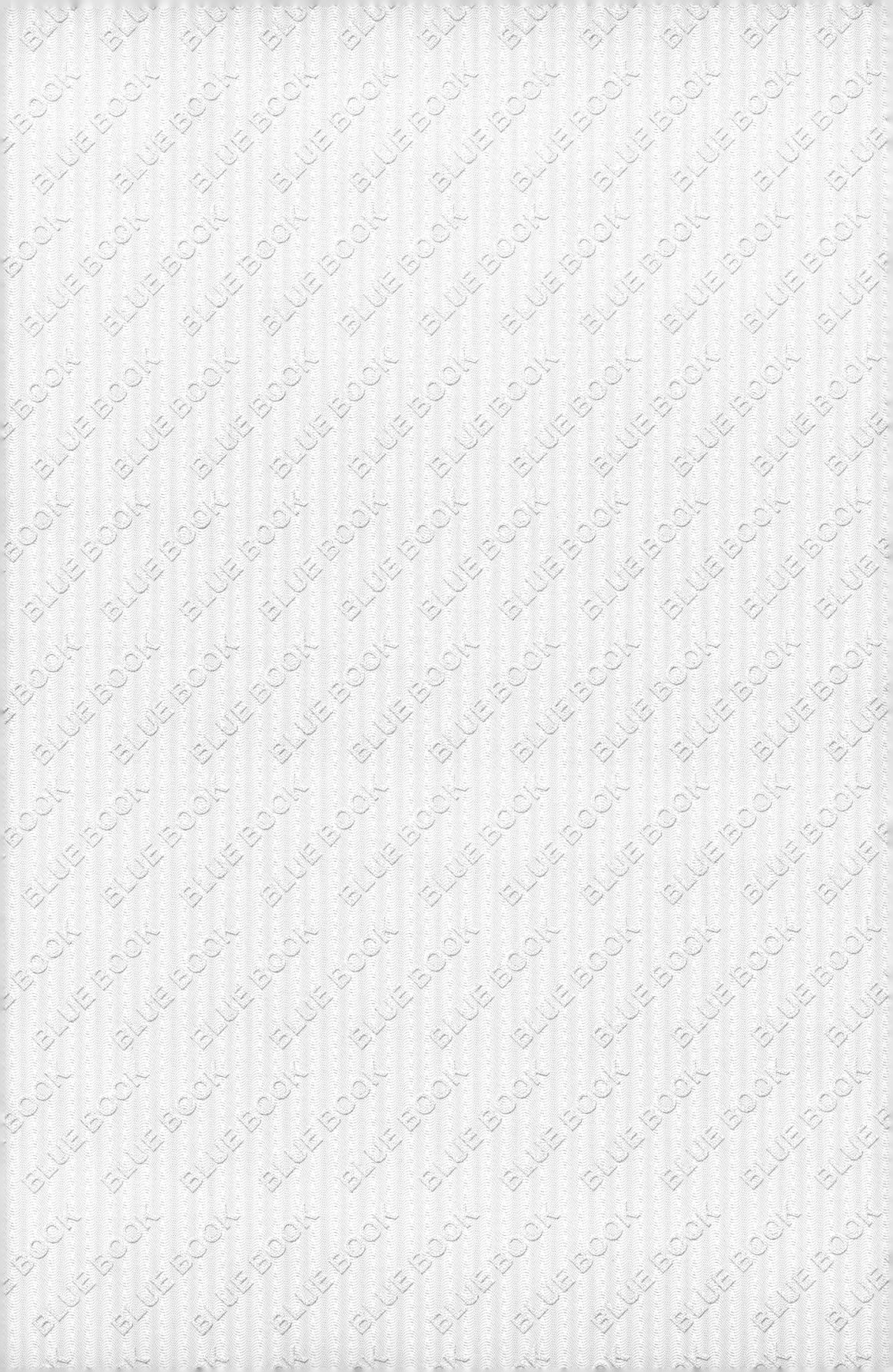